U0124215

大賣空

——預見史上最大金融浩劫之投資英雄傳

THE
BIG SHORT

INSIDE THE DOOMSDAY MACHINE

麥克·路易士 Michael Lewis —— 著

再難的主題，即使是對最遲鈍的人解說，只要他還沒有概念，都可以解釋清楚；再簡單的東西，如果最聰明的人已經堅信他都知道了，毫無疑惑，你也無法對他說分明。

——托爾斯泰，1897年

Contents

推薦序 比懸疑小說更精采的真實故事

元大證券總經理　李鴻基

當財信出版副總編輯來電邀請我為自己最喜愛的美國金融作家麥克·路易士（Michael Lewis）最新力作《大賣空》（*The Big Short*），以及向來關注的金融海嘯議題分享自己的看法時，我毫不考慮就接受邀稿了。我想，這多少跟我自身與書中所描述的場景、公司、甚至故事情節都有所關連之故，更別提自己對麥克·路易士的景仰之情了。

一般讀者若因書名，而把它當作一本敘述金融專業的教科書來閱讀，我認為是過度狹隘了，且輕忽地看待作者對於人物描寫，背景鋪陳，以及其深厚說故事的能力。麥克·路易士擅長以精煉的文字，生動地描繪金融產業界許多錯綜複雜的交易內幕或光怪陸離的現象，其以金融產業為主題的寫實文學創作，早已享有國際盛名；他早期的大作如1989年的《老千騙局》（*Liar's Porker*，最新中譯版2011年4月由財信出版），在美國儼然成為商學院學生必讀的經典課外讀物。

一如以往，麥克·路易士從他最擅長的華爾街題材入手，以華爾街各大投資銀行的交易員、基金經理人等高級金融（high finance）的人物為主角，以次貸引發全球金融海嘯前後的真實事件為主軸，完成這本寫實性的創作；其精細傳神的刻劃功力，我想就是身處行業內的專家，理解能力也相去不遠。書中雖有許多專有名詞和金融操作語言，例如CDS、CDO、LEAP……等，對一般讀者而言或許難以全然領略，但如果把它當一本驚悚的金融演義小說來讀，別太深究一些太過深奧的財務工程和金融操作內容，而充分享受本書行雲流水般的故事情節以及對書中人物與背景的深入刻劃，即便是不具金融專業背景的讀者，也能對書中精采故事與作者所要傳遞的普世價值產生共鳴。如果您會被史蒂芬·金（Steven King）小說的驚悚刺激感所吸引，那您肯定是本書鎖定的讀者群之一；再透過譯者深厚翻譯功力的加持，這是一本既輕鬆上手又愛不釋卷的財經

好書。

自2008年金融海嘯發生以來，國際間不斷有分析此事件的新書問市；許多觀察家、記者、小說家、金融史學家，甚至當事人（例如當時美國財政部長亨利‧鮑爾森〔Henry Paulson〕）都從各自角度去捕捉這件人類近代史中的大事。其中我自己最喜歡的二部書，其一為索爾金（Andrew Ross Sorkin）的《大到不能倒》（*Too Big to Fail*），另外就是本書；二本書如果都讀了，我想對於金融海嘯形成的前因後果，以及各國政府和投資銀行如何在幕前幕後折衝協調，和當代金融界各大風流人物的精采言行，幾乎能一網打盡！

本書的時空背景是描寫在次貸風暴尚未正式引暴的兩年前，一群在華爾街尚稱「小咖」的研究員及基金經理人（如當時任職於奧本海默〔Oppenheimer〕的分析師梅瑞迪斯‧惠特妮〔Meredith Whitney〕，尖端〔FrontPoint〕的操盤人史提夫‧艾斯曼〔Steve Eisman〕，傳人避險基金〔Scion Capital〕的創辦人麥克‧貝瑞〔Michael Burry〕，和德意志銀行債券交易員葛瑞‧李普曼〔Greg Lippmann〕等），即率先以價值型研究為基調，分別以發表研究報告或賣空CDO的交易方法等不同的專業方式，在當時由華爾街及國際性信評機構所壟斷的「做多次貸」一言堂中，勇敢地以實際行動，做出了不被當時主流市場所認同的行為。然而，其結果也證明：當全世界的政府、投資銀行、金融同業，乃至升斗小民為此付出數兆美元的代價，惟有他們是金融海嘯中少數的大贏家！至今主流經濟都還受到當年金融海嘯餘震的影響，如果讀者有興趣，不妨再參酌《大到不能倒》書中描寫美國政府和投資銀行如何力挽狂瀾，以及在九死一生之際，如何走入人類所可能想像中最離奇的人造浩劫。

我不想危言聳聽，但凡略具國際金融專業背景者，在聽完美國聯準會主席柏南克前些日子在美國政府金融危機調查委員會（FCIC）的陳述（「在金融危機正盛之時，美國只有一家金融機構沒有倒閉的危機，而那家並不是高盛。」），而不冒冷汗的人，真的算是神經大條！如同史蒂芬‧金的驚悚小說，不僅貼切，更可怕的是它真的發生過，而且離現在不遠！

對於台灣的讀者來說，或許書中所描繪的場景太過遙遠、事不關已，但如果真的只把本書當作金融類的奇情小說來讀，也就太過夢幻了些！凡是有投資股票、基金、債券、類存款型商品，結構型商品……等金融商品，甚至房地產經驗的讀者，那你就在本書的情節中，雖然你的名字沒有出現。就以大家比較熟悉的股市為例，雖然被許多人視為坑人的市場，但它起碼是個相對透明的競技場，投資人隨時都可看到任何公司的報價資訊，其遊戲規則也深受監管機構的嚴格把關，具有最基本立足式的平等。然而前幾年大受投資人歡迎的結構式商品，或類似經複雜包裝的固定收益類商品則不然。如同書中所述說的CDO（抵押債務債券）類商品，它不僅比單純的股權性商品不易了解，更是由相對少數的國際性投資銀行和機構投資人所設計及訂價，它的透明度低，相關的衍生商品既多且雜，報價亦多為櫃台詢價方式進行，散戶或是較單純的亞洲金融機構，在複雜且瞬息萬變的國際金融環境中，勢必處於投資判斷的劣勢。除非投資人具備相當的金融專業知識，能深入了解所投資之商品特性，並且具備高度的風險承受能力，否則最好還是三思而後行，儘量選簡單易懂的商品為之。

還記得在金融海嘯發生後不久，有機會聽到多位曾任國際性投資銀行固定收益部主管的告白，他們都非常善於設計或銷售此類型的商品，但論及個人投資，則鮮少購買此類商品，反而多以簡單的方向性股票或債券為主，頂多再加買有下檔保護的簡單性衍生性商品；本書中這些得以在金融海嘯中大獲全勝的基金經理人亦然。他們不約而同地看穿了次債市場的問題，以及因包裝次債而產生的CDO錯誤訂價，而且，他們也採取應有的避險方式，亦即是把過去用以保護債信違約的CDS轉而用來空CDO，這樣的操作觀念非常簡單，絕對比設計CDO的複雜財務工程來得淺顯易懂，又效果卓著。其實，能以簡單方式完成的投資，又何必多鑽牛角尖，畫蛇添足呢？國人在提起金融業管理品質及職業道德時，不需要凡事以以華爾街的投資銀行做為行為模範，政府更是應以協助台灣金融業產業升級為主要目標，對於有志在產品創新，或是願意投入資源在國際業務的優秀業者，多給予政策或是其它實質上的鼓勵才是上策。

最後，我想用這篇小文鼓勵對台灣金融業還沒有放棄的從業人員，以及對金融

業還有理想與熱情的年輕人，請繼續堅持你對正直信仰、商品創新、和發覺基本面研究與價值型投資的熱情。一如書中幾位主人翁在堅持拆穿次貸的真實面貌的長期努力，不盲目與追逐短期獲利的人云亦云，你也可如書中的主角一樣，小兵立大功，「B咖」變「大咖」！

本文稿酬捐贈世界展望會

推薦序 認清風險的真實面貌

「綠角財經筆記」部落格格主 綠角

假如你要出借金錢，你會借給誰？會還錢的人，還是很可能還不出錢的人？對大多人來說，答案很明顯是前者。但在2007年前，美國的次級貸款卻是將錢借給信用品質不良、還款能力不佳的購屋者的業務，蓬勃發展。為什麼？到底是誰在承擔借款者還不出錢的風險？

次貸業務讓債市的觸角延伸到債信品質不佳的區塊。在違約發生前，這塊日益擴增的版圖，成為眾多金融業者競逐的新樂園。

次貸發行公司樂於將錢借給更多貸款人。投資銀行收購貸款，包裝成抵押債券，再交由信評公司分級，其中一部分甚至可以拿到AAA 的投資級評等。之後賣給相信評級的投資人。評級不良的抵押債券，可以再次堆疊，讓其中一部分又取得AAA評級。

在這過程中，每位經手的業者都從中獲利，於是他們不斷重覆這過程。借錢給更多還債能力有問題的人，把錢借給還債能力更差的人，然後製造出更多的抵押債券，散布在金融系統中，讓愈來愈多的投資人與金融機構身陷其中。

在層層包裹後產出的抵押債與衍生金融工具，形成投資人與實際貸款者之間的無形隔閡。投資人已經根本不知道錢到底是借給誰了。他們單靠信用評等公司給的評級，以彷彿風險不存在的態度，安心買進這些債券與衍生金融產品。

不僅買進的投資人不明瞭風險，連涉足其中的投資銀行也渾然不覺已經逐漸陷入自己布下的流沙陷阱之中。

最為市場信賴的信評機構，在次貸相關抵押債券的評級方面得過且過。不僅沒有分析個別組成份子的還款能力，高評等也給得過於浮濫，成為次貸泡沫的重要幫兇。

AIG過去曾為許多公司債擔保，發行信用違約交換。這個部門為公司帶來豐厚利潤，所以公司高層讓它繼續營運。即便後來有人交給AIG承保違約風險的是次貸抵押債，AIG仍渾然不覺，快速承保，埋下日後鉅額虧損的地雷。

在房價節節高升的榮景中，在大家有錢賺的歡樂氣氛中，金融業者與投資人，手拉著手、歡唱跳舞，對於「風險」兩字，採取完全駝鳥的態度。

《大賣空》書中主角，那些如鳳毛麟角般稀有的金融界人士，則靠著自身的深入分析與堅定的信心，放空次貸及相關產業。

全書以連貫的故事性主軸，讓主角人物一一出場——本是律師，後來從證券分析師一職踏入金融產業的艾斯曼、原是醫師，後來自行成立避險基金的貝瑞、德意志銀行的債券交易員李普曼，以及似乎有點搞不清楚自己在做什麼，但就是要賭市場中微小機率事件會發生的雷德利。

來自不同背景的各式人物，因為他們都比眾人更早看清次貸的本質，採取了放空的做法而成為書中的主角。

故事從他們的布局開始。如何想盡辦法取得與次貸債券對做的信用違約交換，到次貸崩盤，獲利像洪水水位般迅速飆高。艾斯曼於2008年3月與持有價值超過2億貝爾斯登股票的傳奇基金經理人比爾·米勒出席一場座談會，同台發表對金融業前景完全相反的看法。這幕戲碼是全書高潮。就在座談會進行當下，貝爾斯登股價崩盤，米勒從聽眾口中聽到消息時一臉錯愕。

這些有如小說般的緊湊情節，取代一般人涉獵次貸相關資料時常會看到的

CDS、CDO、Alt-A等枯燥難解的術語，讓人得以輕鬆一窺次貸動亂的面貌。

《大賣空》書中主角的獲利或許讓人垂涎，但這本書倒不是要教投資人，如何成為一個眾人皆醉我獨醒的投資智者。而是用一個故事性的描述，將曾經發生過的事以簡單易懂的方式呈現，讓更多人知道這段歷史，或許也得以避免重蹈覆轍。

投資時，沒人愛風險。人人都喜歡穩定的獲利。但接受風險的存在，卻又是投資的先決條件。不能接受風險的人，往往有幾種共同特徵。首先是以為不要談負面事件、對未來保持樂觀，風險就不會發生。再者是以為將風險以多重包裝手法重新打包，換個說法陳述，風險就會消失不見。這兩者也剛好正是次貸泡沫參與者的行為表現。

追求獲利的投資行為，其根本仍是對風險的掌握。

希望每一位翻開此書的投資朋友，除了享受精彩緊湊的故事情節外，也都能對風險有新的體認。

推薦序 從《老千騙局》到《大賣空》——華爾街二十年起落

「普通人的自由主義」部落格格主　陳家煜

對商學院主修財務的MBA而言，如果有所謂「心照不宣的隱形招呼」（invisible handshake）的話，那大概就是麥克·路易士的《老千騙局》了。路易士初出茅廬，未到而立之年所寫就的半自傳《老千騙局》，對華爾街的影響力不下於奧立佛·史東的電影《華爾街》。成千上萬的年輕人，因為讀了《老千騙局》而立志從事金融業。但這樣「激勵人心」的效果，並非路易士的初衷。他寫《老千騙局》其實是為了暴露華爾街醜惡的一面，希望有志青年能勇敢地追求夢想，而不是追逐虛幻的金錢遊戲。但只能怪路易士自己太會說故事了，他固然把華爾街不堪入目的一面寫得令人生厭，但也把80年代華爾街金錢叢林遊戲冒險刺激的一面寫得引人入勝。從這個角度看來，路易士也可以算是貪婪遊戲的推手之一了。

二十年之後，路易士看著另外一波不可思議的金錢浪潮，看著金融風暴帶來的嚴重後果，他又寫作了另一傳世鉅作——《大賣空》。再次帶我們走到帷幕之後觀看這場泡沫大戲。我們可以說，路易士把自己起頭的金錢故事，用幾個深具反省力投資客的神奇經歷結尾，算是把二十年的華爾街起落告一終了。但《大賣空》這部路易士的「懺悔之作」，對我們的啟發到底是什麼？

先看路易士的書為什麼吸引人。我認為是他對金融業的了解、他的文筆和他對內幕故事的嗅覺，讓他的書非常好看。對一般人而言，到底這些「摧毀世界」的衍生性金融商品是什麼玩意兒？如果有機會問問圈內人，你會發現這些人要說明一個商品的時候，並沒有辦法不用到更多術語，所以只會把人弄得更頭痛。不少媒體上的評論家或政治人物，講到金融商品的問題時，固然可以很流暢地說出一長串話，但細究內容，不過是拼湊在一塊的一堆定義而已。但若要讀定義的話，我們讀教科書就好了，還需要這些人不稱職的「翻譯」嗎？要看懂這些金融商品的來龍去脈，我們需要的不只是一個圈內人，還需要寫作功力一流的作家。路易士在普林斯頓大學的藝術歷史主修、倫敦政經學院的經濟學

碩士和所羅門兄弟投資銀行的經歷，恰恰讓他成為講述《大賣空》故事的最佳人選。看他怎麼描述房貸抵押債券：

> 第一層的投資人就像在洪水中擁有一樓的屋主，第一波的貸款提前清償時，會先衝擊到他；但是相對的，他獲得的利率也比較高。第二層的投資人就像二樓買主，會受到第二波貸款提前清償的衝擊，獲得第二高的利率，依此類推。

路易士把個別房貸堆疊而成的債券比喻成大樓，而債券投資人面對的風險比喻成洪水，實在是再恰當也不過了。然後再把「信用違約交換」(Credit Default Swap)比喻成洪水保險，簡直是渾然天成。所以當他寫「不希望向高盛買了洪水保險後，等洪水真的來了，連高盛都被沖走了」時，會讓人不禁莞爾。

路易士文筆極佳，而且年紀越大，功力越見成熟。他年輕時多用比喻，比如說，在《老千騙局》裡，他描述菜鳥交易員第一次走進交易樓層時，對於身處巨大組織最底層的體會，像是到海底觸摸鯨魚排泄物的溫度一樣，低得不能再低了。而在《大賣空》裡，路易士更加純熟，不用誇張的比喻，簡單數筆描述他對人物的觀察，就可以傳神地表達情境。像是這段：

> 麥伊身材高挑，英俊挺拔，感覺公司負責人幾乎是非他莫屬。但他一開口就破功了，從明天會不會有日出到人類的未來，他都缺乏信心。麥伊有個習慣，話講到一半會停下來「嗯，啊」幾聲，結巴一下，彷彿他對自己的想法有些疑慮似的。

虛擬的故事，很多時候比不上真實人生來得精彩。路易士可以用幾近素描的方式講故事，很大的關鍵在於，他故事裡的主人翁本身就極具故事性。把路易士的作品一路看下來，我們不得不讚嘆他對內幕故事的獨到嗅覺。當大家驚奇於奧克蘭運動家棒球隊年年打入季後賽的時候，誰能像他一樣，往這個「奇蹟」的背後挖，而發掘出《魔球》（*Moneyball*）這樣子的故事呢？又或者路易士

怎能從美式足球防守方的左阻衛（left tackle）居然是僅次於四分衛的第二高薪現象，找出了《攻其不備》（*The Blind Side*）這樣扣人心弦的故事？

就像股神巴菲特一樣，過往的成功紀錄，會讓投資標的自動上門。路易士的作品一再成功，也讓他在嗅到內幕的時候，使他的「標的」容易接受他的訪談。親身訪談換來的，當然是第一手，最熱、最精彩的故事。在《大賣空》裡也一樣。金融風暴來襲，他心裡一直抱著「為什麼沒有人預見金融危機」的疑惑，然後有機會在媒體上看到露臉的少數警世者（whistle blower），他的靈敏觸覺，驅使他和這些警世者連絡，從而追縱到四組不但預見危機，還從中獲利的投資客，同時也讓路易士的完美說故事紀錄，再下一城。

路易士自己也想把《老千騙局》和《大賣空》串在一起。為了寫《大賣空》的結局，他撥電話給他過去在所羅門兄弟的大老闆，也就是事業被路易士「一手摧毀」的古弗蘭相約見面。路易士想知道這些年過後，當年在他心目中的大魔頭，是怎麼看待華爾街一場又一場金錢遊戲。我不確定路易士是否真從古弗蘭處聽到他想聽的，但卻可以清楚知道，路易士一路走來，對華爾街文化搖頭不已的心態從何而來。

美國有三類富人很容易成為同情弱者的左派，一種是好萊塢的巨星，一種是高科技的新貴，而另一種則令人意想不到，是一些靠華爾街致富的年輕人。這些人看起來好像沒什麼相似之處，但我把他們歸為一類，是因為他們很多都是還沒經歷人生起浮，就擁有鉅額財富的幸運族群。很多時候他們也不是很清楚到底錢財從何而來，成功的關鍵到底在那。但正因為沒經歷人生起浮就成功了，他們的理想性格沒有被社會大染缸磨合過，他們始終看不慣弱勢族群被欺壓，他們始終不明白人的「自私自利」，他們也始終不願意接受人性的醜惡。因為他們不需要接受現實的壓迫，所以他們保有理想，他們不需要妥協。路易士也是這樣的人，二十啷噹歲就擁有許多人一輩子也賺不到的財富，他可以盡情地質疑「華爾街的文化為什麼這麼貪婪」，「為什麼沒有人可以預見並阻止這場金融風暴」而不用真正知道為什麼，當然更不用為任何政策負責。

《大賣空》裡的這幾位神奇投資客，故事激勵人心。但真的可以就此證明，金融風暴是可以預見並預防的嗎？退一萬步來看，就算金融市場真有扭曲資源的地方，但解決的方法是什麼？更多的道德教育，讓人不要貪婪？更多的政府監管，讓金融市場不要失序？正因為路易士是這樣厲害的說書人，所以我們自然而然地接受了這些結論。但什麼是正確的金融市場秩序，政府是不是比市場更懂這個對的秩序，是不是能比市場更不容易搞砸，經濟學界並沒有定論。少數幾個「先知」的存在，並沒有辦法幫我們人類得到系統性的知識。因為就算是壞掉的鐘，一天也會準個兩次，一個「先知」的背後，更有千千萬萬的「先錯」。

但路易士和一般年輕富豪左派還是有不一樣的地方。路易士是懂市場的，或者應該說，他知道市場一般情況下是好的，但有時候就是會失靈。許多他故事裡的主人翁，其實就是知道市場缺陷的聰明人。《魔球》裡的運動家隊經理Billy Beane，就是看到球探一再追求球速快、打擊率高這樣的錯誤指標，而能找到大量被低估的具潛力選手。而《大賣空》裡的投資客，也是因為沒有其它人預見房市泡沫破滅，才讓他們有機可趁。相信效率市場的經濟學家，會毫不猶豫地告訴我們，這些聰明人正是讓市場趨為有效率的重要力量。自從運動家成功的故事被路易士寫出來之後，這些魔球策略在大聯盟裡被廣泛地抄襲，讓Billy Beane再也不可能輕鬆地撿到便宜的好球員了。也正是《大賣空》裡的這些聰明投資客，才讓泡沫早日破滅，讓總體經濟回到現實，不是嗎？

不管你是來看華爾街的叢林文化熱鬧，還是省思人類的未來，讀路易士的書都會讓你有心滿意足的感覺，閣上書後，更會回味再三。在我的財務課裡，有時我會要學生寫《老千騙局》或《大賣空》的讀書心得報告。在簡略介紹路易士的書之後，我都會引一句美國人常講的話告訴學生：「我羨慕你們即將可以有第一次讀這本好書的經驗。」這也是我想在這篇推薦文的最後告訴讀者的話。

序言 喧鬧鬼

華爾街的投資銀行願意付我數十萬美元年薪為成年人提供投資建議，至今我還是參不透原因。當年我24歲，沒經驗，也不是特別有興趣猜測哪支股票或債券會漲或跌。華爾街的基本功能就是資金分配——決定誰該獲得資金，誰不應該。我說我毫無概念是真的，沒蓋你。我沒修過會計課，沒開過公司，甚至沒有積蓄可以理財，1985年就這樣誤打誤撞地進了所羅門兄弟公司（Salomon Brothers），1988年又莫名其妙地離開那裡，而且身價更高了。即使我把當時的經驗寫成書，這一切還是讓我覺得非常荒謬——這也是從華爾街那麼容易撈錢的原因之一。我覺得這種情況不可能持久，很快就會有人看穿我和很多人一樣是在瞎掰。很快就會出現「大報應」，華爾街會覺醒，成千上百個像我一樣不該拿別人的錢豪賭，或說服別人豪賭的年輕人，都會被趕出金融界。

當我坐下來，把我的經驗寫成《老千騙局》（*Liar's Poker*）時，我是抱著趁情況尚未惡化、快點離開的心態。我不過是隨手寫下一個信息，把它塞進瓶子裡，好讓在遙遠未來跨進相同領域的人也能看到。我心想，除非有局內人把這一切寫出來，否則未來不會有人相信這事發生過。

在那之前，關於華爾街的一切敘述都是在談股市。從一開始，股市就是華爾街多數人賴以維生的地方。我的書主要談債市，因為那時華爾街靠著包裝、販售、胡搞美國愈來愈多的債務，賺進更多鈔票。我認為那也是無法持久的。我覺得自己寫的是美國80年代的時代作品，描述一個為錢瘋狂的金融國度。我預期未來的讀者看到所羅門兄弟的執行長約翰·古弗蘭（John Gutfreund）在1986年時把公司搞垮，還能獲得310萬美元時會非常震驚；我預期浩伊·魯賓（Howie Rubin）的故事（所羅門的抵押債券交易員，後來轉戰美林，馬上虧空了2.5億美元）會讓他們覺得不可思議；我預期大家看到從前華爾街有些執行長對於債券交易員涉入的複雜風險一無所知時，會大吃一驚。

我大致上是那麼想的，卻沒想到未來的讀者回顧這些事或我的特別經驗時的反應竟然是「真奇妙」。我太天真了——完全沒料到80年代的金融界會再延續二十多年；沒想到華爾街和一般生活之間的差異會膨脹到全然不同的境界；沒想到債券交易員年薪高達4,700萬美元，還會覺得自己被耍了；沒想到所羅門兄弟交易室發明的抵押債券市場，會造成史上最純然的金融慘劇；更沒想到在浩伊·魯賓賠了2.5億元而成為家喻戶曉醜聞人物的二十年後，摩根士丹利（Morgan Stanley）另一個也叫浩伊的傢伙，會以單筆抵押債券交易賠掉90億，而且除了摩根士丹利內部一小撮人聽過他做了什麼或為什麼之外，外界還沒人知道。

我寫第一本書時，除了想講述一個我覺得很不尋常的故事以外，並沒

有什麼遠大的目的。如果你灌我幾杯酒，然後問我那本書會對世界產生什麼影響，我可能會說：「我希望在思考職業生涯的大學生可以讀一讀，知道為了擠進金融業而偽裝專業、放棄熱情或甚至假裝有興趣都是愚蠢的。」我希望俄亥俄州立大學某個真的想當海洋學家的聰明孩子在讀過我的書以後，可以不理會高盛（Goldman Sachs）的錄取通知，航向大海。

不知怎的，這瓶中信就這樣消失了。《老千騙局》出版六個月後，我從俄亥俄州立大學收到雪片般飛來的信件。學生爭相問我，有沒有其他的華爾街秘辛可以分享，他們把我的書當成指導手冊來研讀。

我離開華爾街的二十年間，一直在等待當年預期的華爾街末日到來。離譜的紅利、層出不窮的囂張交易員，讓德崇證券（Drexel Burnham）崩解破產的醜聞，擊垮古弗蘭和所羅門兄弟的醜聞。然後是我前老闆約翰・梅利韋勒（John Meriwether）[1]的長期資本管理公司（LTCM）崩解後引發的危機，還有網路狂潮泡沫化，金融體系一再爆出問題。但位居核心的華爾街大銀行卻持續壯大，他們請26歲的年輕人做一些對社會無明顯效益的事，付給他們的薪資愈來愈高。美國年輕人不曾反抗金錢文化，畢竟，當你可以把上一代打拼的事業買下來，再分段出售時，又何必去顛覆它？

所以我後來就不再寫了，我心想，沒有什麼醜聞或逆轉會大到足以拖垮整個金融體系。

---

1. 譯註：前所羅門兄弟公司的交易天王，有華爾街債務套利之父的稱號。

接著梅瑞迪斯・惠特妮（Meredith Whitney）帶著消息出現了。惠特妮在不起眼的奧本海默金融公司（Oppenheimer and Co.）擔任不起眼的金融業分析師，但在2007年10月31日以後，她再也不是不起眼的無名小卒。當天她預測花旗集團的經營糟到必須大砍股利，否則就會破產。股市裡的任何一天，是什麼原因導致什麼事件向來不很清楚，但顯然在10月31日，惠特妮讓股市就這樣垮了。當天交易結束時，一個基本上沒人聽過、大家都認為籍籍無名的女子，讓花旗的股價大跌8%，讓美國股市蒸發了3,900億美元。四天後，花旗執行長查克・普林斯（Chuck Prince）辭職。兩週後，花旗大砍股利。

從那時起，惠特妮突然變成了賀頓（E. F. Hutton）──她一開口，大家就乖乖聽。[2]她的訊息很明確──如果你想知道這些華爾街公司的真正價值，就必須嚴格檢視他們用借來的錢所持有的爛資產，想像他們在跳樓大拍賣時可以賣多少。她覺得這些公司裡聚集的高薪人才根本毫無價值。2008年一整年，每次銀行家與券商宣稱他們已經用提撥壞帳或增資的方式解決問題時，她都以下面的論點反擊：**你們錯了，你們還沒坦承你們把事業經營得多糟，還沒承認你們在次貸債券上虧損了數十億，你們的股價就像你們的人力價值一樣虛幻**。對手指責惠特妮譁眾取寵，部落客說她是瞎貓碰到死耗子。但不可否認，她說的大抵上沒錯，只不過有部分她應該是猜的。她不可能知道華爾街公司會發生那些事，或他們在次貸市場中虧損的程度，畢竟連執行長都不曉得了，更何況是她。「真相要不是我說的那樣，就是他們都在說謊，」她說，「不過，我覺得他們其實只是搞不清楚狀況。」

---

2. 譯註：賀頓公司的著名廣告金句是：「賀頓一開口，大家乖乖聽。」（When EF Hutton talks, people listen.）

如今看來，顯然，惠特妮並沒有搞垮華爾街。她不過是以最明確、響亮的方式表達看法，而那看法對社會秩序所產生的顛覆效果，竟然比紐約檢察長打擊華爾街弊案更強大。如果光是醜聞就能擊垮華爾街的大型投資銀行，他們老早就消失了。這個女人不是在說華爾街的銀行家貪腐，而是在說他們很笨。這些以配置資金為業的人，顯然連怎麼管理自己的資金都不懂。

我坦承，我心裡曾想過：**要是我在金融業待得夠久，這種災難或許就是我掀起的**。花旗亂象的核心人物就是當初在所羅門兄弟和我共事的人，其中幾位還跟我一起上過所羅門的培訓課程。後來，我實在忍不住，就打電話給惠特妮，那是2008年3月，就在貝爾斯登（Bear Stearns）崩解之前，當時我還覺得這場金融風暴的結果懸而未決。如果她是對的，這回真是把金融界重新整頓回1980年代初期，亂象還未開始時的大好時機。我除了很好奇她的立論是否合理以外，也很想知道這位用一字一句壓垮股市的年輕女子來自何方。

1994年，惠特妮從布朗大學英文系畢業後就進了華爾街。「我來到紐約，甚至不知道有研究部這種東西。」她後來在奧本海默公司找到了工作，運氣又特別好，碰到一位不可多得的恩師，不僅帶她入行，也為她打下扎實的世界觀。惠特妮說，她的恩師是史提夫‧艾斯曼（Steve Eisman）。她說：「我發表對花旗的看法後，最開心的就是接到艾斯曼的電話。他告訴我，他真的以我為榮。」我從來沒聽過艾斯曼這號人物，所以也沒多想這件事。

但後來我看到新聞，提到一名鮮為人知的紐約避險基金經理人約翰‧保爾森（John Paulson）為他的避險基金賺進約200億美金，也為他自己賺了近40億。在那麼短的時間內，從來沒有人在華爾街賺那麼多錢。此外，他就是對賭如今拖垮花旗及其他華爾街大型投資銀行的次貸債券辦到的。華爾街的投資銀行就像拉斯維加斯的賭場，他們設定投注賠率，和他們對玩零和遊戲的玩家可能偶爾會贏個一局，但從不可能連贏好幾局，也不可能贏到搞垮莊家。然而，保爾森一直是華爾街的玩家，他面對的就是讓惠特妮一炮而紅的金融界無能現象。莊家嚴重誤判賭局的賠率，至少有一個人發現了。我在詢問其他人時，又打了一次電話給惠特妮，問她知不知道有任何人早預料到次貸風暴，所以預先對賭，海撈了一票？還有誰在莊家驚覺事態不對以前，就發現輪盤可以破解？誰又在現代金融的黑盒子裡掌握了它的機關缺陷？

那時是2008年年底，已經有愈來愈多事後諸葛宣稱他們預見災難，但真正事先命中的人很少，這其中有勇氣大膽為自己的看法下注者更是鳳毛麟角。在集體歇斯底里的情況下，要偏離主流立場（亦即認為財金新聞大多是錯的，多數金融界重要人物都在說謊或被蒙蔽）又保持清醒並不容易。惠特妮馬上給了我六、七個名字，那些大多是她親自提供建議的投資人，保爾森就出現在名單中央，而名單上的第一位就是艾斯曼。

1 秘密源起

史提夫‧艾斯曼大約在我退出金融界的時候跨進這行，他在紐約市成長，念猶太學校，以優異的成績從賓州大學畢業，接著又以出色表現從哈佛法學院畢業。1991年他30歲，擔任企業律師，懷疑怎會以為自己愛當律師。「我恨死了，」他說，「我痛恨當律師，我爸媽在奧本海默擔任證券經紀人，他們設法幫我拗到一份工作，這麼說是不大光彩，不過我的確是這樣入行的。」

奧本海默是老式華爾街合夥事業中碩果僅存的一家，靠著高盛和摩根士丹利吃剩的生意生存，感覺不像公司，比較像是家族事業。麗莉安和艾利特‧艾斯曼（Lillian and Elliot Eisman）從1960年代初期就開始為散戶投資人提供投資建議（麗莉安在奧本海默裡開了證券經紀事業；艾利特原本是刑事律師，後來因為太常被中階黑手黨客戶恐嚇，也跟著太太加入奧本海默）。他們深受同仁與客戶的喜愛和尊重，想雇用誰都可以。他們把兒子從律師生涯中解救出來以前，就已經把兒子小時候的保母也安插到奧本海默交易室工作了。所以艾斯曼每次去向爸媽報告時，會先經過那位曾幫他換尿片的女士。不過，奧本海默對於

任人唯親有個規定，如果麗莉安和艾利特想要雇用自己的兒子，第一年必須自己付他薪水，其他人則從旁觀察，看值不值得讓他留下來。

艾斯曼的父母骨子裡正是價值投資法的奉行者，從以前就一直灌輸他一個觀念：了解華爾街的最好方法就是當股市分析師。所以艾斯曼從分析股票開始，擔任股票分析師的助理。奧本海默有25位左右的分析師，華爾街大多不太理會他們的分析。艾莉斯・施洛德（Alice Schroeder）表示：「想在奧本海默當分析師，唯一的方法就是眼光準確並引起騷動，讓大家都注意到。」施洛德在奧本海默時負責分析保險業，後來轉往摩根士丹利，最後成了巴菲特正版傳記《雪球》（*The Snowball*）的作者。她補充：「奧本海默有個異於業界的特點，不像別家大公司注重的是分析要有共識。」艾斯曼剛好在引起騷動和顛覆共識方面特別有天分，他一開始是基層分析師，是資深分析師的助理，沒人期望他提出自己的看法。但這狀況在1991年12月以後就變了，當時他進公司還不到一年，一家名叫艾美斯金融公司（Aames Financial）的次級房貸業者上市，奧本海默裡沒人想對這檔股票發表看法。奧本海默裡有位員工剛好想到艾美斯工作，他晃到研究部，想找懂房貸業的人。「當時我只是分析助理，還在摸索，」艾斯曼說，「但我告訴他，我當律師時，曾經接過金貸公司（Money Store）的案子。」於是他馬上被指派為艾美斯的首席分析師，「我沒告訴他的是，我當初只

負責校對文件，根本對案子毫無概念。」

艾美斯和金貸公司都屬於新型態的貸款機構，專門貸款給資金緊絀的美國人，講好聽一點是「特殊融資」。這一行裡看不到高盛或摩根大通（J.P. Morgan）等大型業者。1990年代初期，有許多鮮為人知的公司參與蓬勃發展的次貸市場，艾美斯是第一家上市的次貸業者。艾斯曼獨自負責分析的第二家公司是洛瑪斯金融公司（Lomas Financial Corp），當時洛瑪斯剛擺脫破產陰霾，重振旗鼓。「我把它評為『賣出』，因為它根本一無是處，我不知道我不該喊賣。我以為有三個格子：買進、持有、賣出，你可以選你認為該選的那格。」公司逼他分析股票時要樂觀一點，但艾斯曼原本就不是樂天派。他可以裝樂觀，會偶爾裝一下，但他寧可不裝還快樂些。一位前同事說：「我從大老遠就可以聽到他對著電話，開心地痛批他分析的那幾檔股票，他腦子怎麼想，就會直言不諱地講出來。」即使洛瑪斯對投資人宣布，他們已經為市場風險避險，不用擔心他們的財務狀況，艾斯曼還是持續喊賣。艾斯曼表示：「我當分析師時，寫過最棒的一句評論，就是在洛瑪斯宣布他們避險以後。」他直接背出：「『洛瑪斯金融公司是一家完全避險的金融機構：在任何利率下都是虧損。』那是我寫過最得意的一句話。」在艾斯曼寫完這話幾個月後，洛瑪斯又宣告破產了。

艾斯曼很快就變成奧本海默裡少數幾位意見可能驚動市場的分析師，「那感覺就像回到學校一樣，」他說，「我先去了解一個產業，接著就寫一篇報告分析它。」華爾街逐漸把他當成一號人物。他的穿著說不上講究，彷彿有人特地幫他買了很好的新衣服，但沒教他該怎麼穿似的。他的平頭金髮看起來像是自己理的，表情豐富的臉上，最引人注目的是嘴巴。主要是因為他通常半開著嘴，連吃東西時也不例外，好像他擔心自己無法馬上說出腦中一閃即過的想法，所以乾脆一直保持大腦和嘴巴的連線。他的其他臉部特徵全都自動地配合他的思考運作，和面無表情的人正好相反。

艾斯曼和人打交道的方式逐漸出現一種模式，為他效勞的人都很喜歡他，或至少覺得他很有趣，欣賞他願意割捨金錢和分享知識的大方態度。「他天生就是當老師的料，」一位當過他助理的女子說，「對女性相當保護。」他自己不曾淪為弱勢份子，卻很能體會小人物和受迫者的感受。一些權貴人士可能以為艾斯曼會對他們另眼相待或比較尊重，但往往都被他嚇到或是惹毛。「很多人不了解艾斯曼，」惠特妮告訴我，「但了解他的人都很喜歡他。」美國某大券商的老闆就不了解艾斯曼，他聽艾斯曼在午餐餐會上對著數十位投資人解釋，為什麼他身為券商老闆卻對自己的事業毫無概念，然後眼看著艾斯曼在餐會席間起身離開，就再也沒回來了。（「我得去洗手間，」艾斯曼說，

「我也不知道我為什麼就沒回去了。」）餐會結束後，那位大老闆宣布，以後有艾斯曼出現的場合，他絕對不踏入。日本某大房地產公司的執行長也不了解艾斯曼，他先把公司的財務報表寄給艾斯曼，然後在口譯員的陪同下，請艾斯曼發表投資建議。雙方經過典型客套的日式商業寒暄後，艾斯曼說：「你自己都沒持有自家公司的股票了。」口譯員和執行長討論了一下。

「在日本，管理階層通常不會持有自家的股票。」最後口譯員說。

艾斯曼發現那家公司的財務報表並未揭露真正重要的細節，但他沒這麼說，而是把財報拋向空中，像拋垃圾一樣。「這……這是衛生紙吧。」他說，「翻譯給他聽。」

「那個日本人拿下眼鏡，」當時看到這奇怪場面的目擊者回憶，「嘴唇顫抖，彷彿第三次世界大戰就要爆發了，『衛生紙？衛生紙？！』」

有位避險基金經理人是艾斯曼的朋友，他本來要向我描述艾斯曼此人，但是他只說一分鐘就放棄了（他提到艾斯曼揭開好幾位權貴人士根本是騙子或白癡的真相），接著笑了起來，「他的個性就是有點機

車，但是人很聰明，實話實說，天不怕地不怕。」

「即使是在華爾街，有些人還是覺得他很無禮、討厭、喜歡挑釁。」艾斯曼的太太維勒莉·費根（Valerie Feigen）說。維勒莉原本在摩根大通工作，辭職後自己開了一家女裝店Edit New York，並扶養孩子。「他根本不在乎禮貌，相信我，我勸過他千百遍了。」她第一次帶艾斯曼回家見父母時，她母親說：「他對我們是沒什麼幫助，不過我們絕對可以把他送到猶太聯合捐募協會（UJA）上拍賣。」艾斯曼就是有得罪人的天分，「他不是要故意得罪你，」維勒莉解釋，「他只是實話實說罷了。他知道每個人都覺得他很怪，但他自己不那麼想，他活在自己的世界裡。」

艾斯曼被問到總是得罪人這件事時，他一臉困惑，甚至看起來有點受傷，接著聳聳肩說：「我有時候會渾然忘我。」

關於艾斯曼這種特立獨行的個性，有很多種說法，其中一種解釋是：他只對腦子裡運轉的想法感興趣，對正巧站在他面前的人沒什麼興趣，所以腦子想的東西完全凌駕在應對禮儀上。對很了解艾斯曼的人來說，這種說法還不夠完整。他母親麗莉安提出第二種解釋，「艾斯曼其實有雙重人格。」她小心地說，其中一個人格像小孩子一樣單

純。她曾經幫艾斯曼買了一輛他非常渴望的全新腳踏車，結果他騎到中央公園把腳踏車借給不認識的孩子，就這樣眼睜睜地看著腳踏車一去不回。另一個人格是他少年時期就決定研讀猶太法典，不是因為他對神有任何興趣，只因為他對猶太法典裡的自相矛盾相當好奇。艾斯曼的母親麗莉安是紐約市猶太教育協會的會長，他卻喜歡細探猶太法典的矛盾之處。他母親問：「還有誰會為了找出裡面的錯誤而研讀猶太法典？」後來，艾斯曼變得非常富有，富有到開始思考捐錢做公益，他找到一個名為「足跡」（Footsteps）的組織，該組織致力於協助哈西德派（Hasidic）的猶太教徒脫離宗教。你看，他連捐錢都得挑起爭端。

幾乎每個人都覺得艾斯曼是個怪人，他踏入華爾街的時候也正是一個奇怪階段的開始。十年前，抵押債券市場的開發讓華爾街把觸角延伸到前所未及的地方——一般美國人的債務。原本債市機制只接觸比較有償債能力的美國人，如今抵押債券市場觸及了債信較差的美國人，所以債市開始從償債力較差的貸款中獲得新的動力。

抵押債券和傳統的公司債及政府公債很不一樣，抵押債券沒有固定期限的單筆鉅額貸款，而是從數千筆個人房貸中獲得現金流量的債權。這些現金流量向來都有問題，因為借款人有權隨時還清，這是債券投

資人一開始不願投資房貸市場的最大原因——房貸借款人通常在利率下滑時還款，改貸較低利率貸款，但抵押債券的投資人只能把那些還款投資在利率較低的標的上，他不知道投資時間有多長，只知道自己會在最不想收到錢的時候拿到還款。為了降低這種不確定性，所羅門兄弟裡創造抵押債券市場的人想出一個巧妙的解決方法。他們把房貸集合起來，把屋主的還款分成幾個區塊，名為層級（tranche）。第一層的投資人就像在洪水中擁有一樓的屋主，第一波的貸款提前清償時，會先衝擊到他；但是相對的，他獲得的利率也比較高。第二層的投資人就像二樓買主，會受到第二波貸款提前清償的衝擊，獲得第二高的利率，依此類推。最高層的買家收到的利率最低，但是他最能確定投資不會在他不想結束時終止。

1980年代，抵押債券投資人最擔心的就是借款人太快還款，而不是借款人無力還款。抵押債券的標的貸款在規模和借款人的信評方面都符合聯邦住宅抵押貸款公司（Freddie Mac，俗稱房地美）、聯邦國民抵押貸款協會（Fannie Mae，俗稱房利美）、政府全國抵押協會（Ginnie Mae，俗稱吉利美）等政府機構所訂定的標準。這些貸款其實就等於有政府的擔保，萬一借款人違約，無法還款，政府會幫他們還清。艾斯曼無意間跨入特殊融資這個迅速成長的新產業，這時的抵押債券正要拓展新的用途——提供無法取得政府擔保的貸款。這種做法的目

的，是貸款給債信愈來愈差的屋主，不是要讓他們買房子，而是讓他們用目前擁有的房產變現。

次貸債券也是沿用之前解決房貸提早還款的邏輯，來應付借款人無法還款的問題。第一層的投資人不是受到提早還款的衝擊，而是承受實際的損失，直到資金完全虧光為止，再換第二層的投資人承受虧損，依此類推。

1990年代初期，只有兩位華爾街分析師專門研究這個市場，深入了解核准信用額度給信用較差的顧客會有什麼影響。艾斯曼是其一，另一位是賽・雅各布（Sy Jacobs）。雅各布和我上過相同的所羅門兄弟培訓課程，目前在一家名為亞歷布朗（Alex Brown）的小型投資銀行工作。他回憶當時受訓的情景：「我上完所羅門的培訓課程，有機會聽到利維・拉涅利（Lewie Ranieri）發明的證券化新模型有什麼功用。」（拉涅利幾乎稱得上是抵押債券市場的創造者）。把房貸轉變成證券的意義相當驚人，一個人的負債向來是另一個人的資產，但是把房貸變成債券則表示：愈來愈多的債務可以變成書面證明，販售給任何人。沒多久，所羅門兄弟的交易室就創造出數個債券市場，都是由奇怪的東西建構而成的，例如信用卡應收帳款、飛機租賃、汽車貸款、健身俱樂部會費等等。想創造一個新市場，只要找一種新資產出來抵押就好

了。美國尚未開發的資產市場中,最明顯的還是住家。身負第一筆房貸的人,財產大多套在房子上,所以何不把這個未開發的資產拿來證券化?雅各布表示:「一般認為拿房子做二次貸款很丟臉,但是次級抵押貸款則主張我們不該這麼想。你的信用評等有點差時,你必須多付利息,那金額比你該付的多出許多。如果我們可以大量發行債券,就能壓低借款者的成本。他們可以用較低的抵押債券利率取代高昂的信用卡利率,久而久之這就變成一種自我實現的預言。」

一般認為,鉅額融資和美國中低層社會之間的介面日益成長,對中下階級的人來說有好處,可以幫他們有效降低利率。1990年代初期,第一批次級抵押房貸業者(例如金貸、綠樹〔Greentree〕、艾美斯)紛紛上市發行股票,以加速成長。到了1990年代中期,每年市場上都會新增數十家小型的消費者貸款公司,整個次貸產業相當零散。由於貸款業者是以抵押債券的形式把許多貸款(雖然不是全部)銷售給其他投資人,所以這產業裡也充滿了道德風險。「這是個迅速獲利的行業,」雅各布表示,「任何可以靠銷售產品獲利、又不必擔心績效的事業,都會吸引賊頭賊腦的人加入,那是好點子的黑暗面。艾斯曼和我都覺得這個次貸市場是個很棒的想法,但我們也碰到一些真的很卑劣的角色。我們的任務,就是找出適合落實這個好點子的對象。」

當時次貸市場的規模相對於美國的信用卡市場仍顯得微不足道（每年貸款金額約數百億美元），但還是有它存在的理由，連艾斯曼都覺得很合理。「我想，它的出現一方面是為了因應收入不平等的日益擴大，」他表示，「美國的收入分配扭曲，且扭曲程度愈來愈大，結果便導致次貸顧客日益增多。」當然，艾斯曼的任務就是看出次貸市場的意義，奧本海默之所以能迅速成為分析這個新產業的佼佼者，艾斯曼是次貸市場主要支持者是一大原因。「我曾協助很多家次貸公司上市，」艾斯曼說，「他們喜歡說的故事是：『我們是在幫助消費者，因為我們幫他擺脫高昂的信用卡利率，換成較低的抵押利率。』我自己也相信那樣的故事。」但後來情況出現了轉折。

———

文森‧丹尼爾（Vincent Daniel）在皇后區長大，不像艾斯曼那樣含著金湯匙出生。但如果你和這兩人見面，你會以為文森才是在公園大道的豪宅裡成長，而艾斯曼則是在82街的兩層樓小公寓長大的。艾斯曼狂妄大膽，不拘小節，鎖定大目標。丹尼爾小心謹慎，注意細節。他年輕，身材好，深髮濃密，五官標緻，但總是一臉憂心忡忡，好像嘴角隨時都可能下垂，眉毛隨時都會驚訝地揚起似的。其實沒什麼事情值得他擔心的，但他還是一直煩惱自己可能突然失去什麼重要的東

西。他小時候父親遇害身亡（儘管沒人談過那件事），母親在商品交易公司當記帳員，獨力扶養丹尼爾和弟弟長大。或許是因為皇后區的成長環境，也或許因為父親遇害的事件，又或者丹尼爾先天就是這樣的個性，總之他對旁人總是充滿懷疑。艾斯曼提到丹尼爾時，就像冠軍得主以敬畏神情談及另一位更優秀的冠軍一樣：「丹尼爾深不可測。」

艾斯曼來自中上階級家庭，當他申請賓州大學而非耶魯時，大家還有點意外。丹尼爾來自中下階級家庭，他能上大學母親就已他為榮。1994年，當他從紐約州立大學賓漢頓分校畢業，獲得曼哈頓的安達信會計師事務所（Arthur Andersen）錄取時（就是數年後在安隆醜聞案中垮台的事務所），他母親更為他感到驕傲。「在皇后區成長，你很快就知道錢在哪裡。」丹尼爾說，「錢都在曼哈頓。」他在曼哈頓當會計助理時，第一個任務就是到所羅門兄弟查帳。投資銀行帳冊的晦澀難懂馬上令他大為震驚，其他會計師都無法解釋交易員為什麼會做那些事。「我不知道自己在做什麼。」丹尼爾說，「但可怕的是，我的上司也一無所知，我提出一些基本的問題，例如他們為什麼會持有這些抵押債券？他們是在押注嗎？還是這些都是屬於較大策略的一部份？我覺得我必須搞清楚，沒搞懂來龍去脈很難查帳。」

他後來斷定，負責為華爾街大型公司查帳的會計師，其實無法確定這家公司究竟是賺是賠。這些公司就像巨大的黑盒子，裡面隱藏的裝置不斷地運轉。丹尼爾查了幾個月的帳以後，老闆開始對他的問題感到厭煩。「他沒辦法對我解釋，他說：『丹尼爾，這不關你的事，我找你做什麼，你就做什麼，少囉唆。』我走出他的辦公室，對他說：『我不幹了。』」

丹尼爾開始找另一份工作。他的同學剛好在奧本海默上班，薪水不錯，同學幫他把履歷表送到人事處，結果那份履歷表送到了艾斯曼手中，他剛好在找人幫忙分析次貸創始機構（subprime mortgage originator）所用的會計原則，因為那些會計數字愈來愈深奧難懂了。「我對數字沒輒。」艾斯曼說，「我是用故事思考，數字方面需要有人協助。」丹尼爾聽說艾斯曼可能很嚴厲，但當他們見面時，丹尼爾意外發現，艾斯曼似乎只在意他們合不合得來。丹尼爾說：「他似乎只是想找個正派討喜的人。」他們見過兩次面以後，艾斯曼突然打電話給丹尼爾，丹尼爾以為他快被錄取了，但是兩人講不到幾句話，艾斯曼就接到另一支分機的緊急電話，他請丹尼爾在電話上稍候。丹尼爾就這樣靜靜地等了15分鐘，但艾斯曼再也沒回來通話。

兩個月後，艾斯曼又打電話給丹尼爾，問他何時可以開始上班。

艾斯曼不太記得他為什麼會讓丹尼爾在電話另一頭空等，就像他不記得為什麼他在和知名執行長的餐會進行到一半時去洗手間，後來就再也沒回去一樣。丹尼爾很快就發現原因何在：艾斯曼接起另一支分機時，得知他剛出生的兒子麥克斯過世了。感冒的維勒莉被夜間值班的護士搖醒，護士告訴維勒莉，她（指護士）在睡覺時壓到嬰兒，導致嬰兒窒息。十年後，最親近艾斯曼的人都說，那件事改變了他和周遭世界的關係。維勒莉說：「艾斯曼一直覺得有天使守護著他，所以他從來沒遇過什麼噩耗。他覺得自己受到保護，是安全的。但麥克斯夭折後，守護他的天使就走了。任何人在任何時候都可能發生任何事。」此後，維勒莉注意到先生出現許多大大小小的變化。對此，艾斯曼並不否認，他說：「從宇宙史的觀點來看，麥克斯的死沒什麼大不了，但對我來說卻無比重要。」

總之，丹尼爾和艾斯曼從來沒談過發生了什麼事，丹尼爾只知道後來和他共事的艾斯曼，顯然和幾個月前見面的艾斯曼不太一樣。以華爾街分析師的標準來說，面試丹尼爾的艾斯曼是誠實的，也不會完全不合作。奧本海默是接觸次貸業的領先銀行業者，如果艾斯曼這個最愛大聲嚷嚷的分析師不願說些次貸業的好話，奧本海默就永遠做不到貸款的生意。雖然艾斯曼很愛痛批較差的公司，但他認同次貸業對美國經濟是有利的。也因為艾斯曼願意不顧情面地痛批少數次貸創始機構

（即使整體而言次貸業對市場有利），他的其他建議因而更具可信度。

此時艾斯曼對次貸業的看法開始轉趨負面，這對奧本海默的獲利來說並沒有好處。丹尼爾說：「艾斯曼似乎覺得事有蹊蹺，要我幫忙找出問題所在。」艾斯曼想寫一篇報告痛宰整個產業，但他需要比平常更加小心。丹尼爾說：「當你屬於賣方（sell side）[3]時，可以做出正面評論，看走眼也沒關係，但若你做出負面評論又是錯的，你就完了。」幾個月前，穆迪信評公司（Moody's）才提供足以掀起爭戰的論據：穆迪現在擁有並開始販售各種有關次級抵押貸款的新資訊，它的資料庫雖然不讓人檢視個別貸款情況，但提供某檔抵押債券背後的貸款組合概要，例如有多少貸款採用浮動利率、多少抵押的房子是屋主自住，最重要的是：有多少違約戶逾期未還貸款。艾斯曼只是對丹尼爾說：「這是資料庫，你進去那房間，沒搞清楚這些數據以前不要出來。」丹尼爾有預感，艾斯曼應該已經知道那些數據意味著什麼了。

除此之外，丹尼爾就只能自食其力。「我當時26歲，」丹尼爾說，「不太懂什麼是房貸抵押擔保債券。」艾斯曼自己也不清楚，他是股市分析師，奧本海默連個債券部都沒有，丹尼爾必須自學。他搞懂一切後，針對艾斯曼從次貸業嗅到的異狀提出解釋。這些公司只揭露日

---

3. 譯註：Sell Side是指國外零售經銷商或研究部門，主要工作內容是服務券商經紀業務的客戶，調升、調降評等與目標價，提供投資建議訊息給投資大眾。Sell Side Analyst是指在券商經紀業務工作，提供研究報告給一般投資人的外資券商分析師。

益成長的收益，其他的便不再多說。他們沒揭露的許多東西裡，有一項就是房貸違約比例。艾斯曼向業者要過這些資料，他們都假裝那些事實不重要，宣稱自己已把那些貸款賣給外部公司包裝成抵押債券，所以風險已經不屬於他們。這並非事實，他們都留下少部分自己貸出的貸款，還可以把這些貸款的預期未來價值認列成獲利。會計原則允許他們假設這些貸款都會還清，不會提早清償，這個假設也成了驅使他們毀滅的關鍵。

丹尼爾第一個注意到的異象是：有個名為「組合屋」的類別（manufactured housing，亦即移動式房屋〔mobile home〕的委婉說法）提前清償率很高。組合屋和固定式房屋的差別在於：他們一出廠，價值就下跌了，像汽車一樣。組合屋買家和普通購屋者不同，不能兩年後重新貸款，抵押變現。丹尼爾自問，為什麼他們會那麼快提前還款？「我覺得不合理，後來才明白提前還款率那麼高並非自願。」「非自願提前還款」比「違約」好聽多了。當組合屋買家無法償還貸款時，組合屋會被收回，貸款給他們的業者只能回收部分資金。「最後我發現，所有次貸類別都是以驚人的速度提前償還或違約。」丹尼爾表示，「我看到這些貸款組合裡出現極高的違約率。」這些放款的利率不高，業者並沒有理由為了放款給這些美國的特殊族群而承擔高風險。整個次貸市場看起來，彷彿是金融界為了因應社會

問題，已經把一般金融原則完全拋諸腦後。於是，丹尼爾的腦中閃過一個念頭：當薪水成長停滯時，如何讓窮人覺得富有？就是給他們便宜的貸款。

為了仔細檢查次級抵押貸款的每個組合，丹尼爾花了整整六個月的時間。當他完成任務時，他走出房間，告訴艾斯曼這個消息。所有次貸公司都成長得非常迅速，全都使用那種詭異的會計方法，掩蓋他們毫無實質收益，只有虛幻的會計收益，基本上具備了龐茲騙局（Ponzi scheme）[4]的特質──為了維持獲利企業的假象，他們需要愈來愈多的資本，以創造愈來愈多的次級貸款。「我其實不完全確定我的想法沒錯。」丹尼爾說，「但我告訴艾斯曼：『這真的看起來不太妙。』他只需要知道這些就夠了，我想他只是需要證據，以便大砍那些股票的評等。」

艾斯曼在報告裡大貶所有的次貸公司，他一一拆穿十幾家公司的騙術，他指出：「這就是他們塑造的世界和實際數字的差別。」次貸公司當然不會感謝他下了這些功夫，丹尼爾說：「艾斯曼掀起軒然大波，所有次貸公司群起反彈，對他大吼：**你錯了，你的資料錯了**。而艾斯曼只是大吼回去：『我的資料不就是你他媽的資料！』」艾斯曼的報告之所以會惹火那麼多人，原因之一是他沒給這些公司適度的警

4.譯註：如老鼠會一般非法吸金。

告，違反了華爾街的行規。「艾斯曼知道這一定會掀起軒然大波。」丹尼爾說，「他自己也想掀起軒然大波，不希望有人勸阻他。如果他事先提出警告，這些人一定會想辦法勸退。」

「我們之前一直無法評估貸款，因為我們向來都拿不到資料。」艾斯曼後來表示，「我的名字和這個產業緊密結合，完全是靠分析這些股票起家的，萬一我錯了，我的職業生涯也就此結束了。」

艾斯曼於1997年9月發表那篇報告，那時正值美國史上經濟最蓬勃發展的時期。不到一年，俄羅斯就發生違約風暴，一家名叫長期資本管理的避險基金破產。後續出現「資金流向安穩資產」的趨勢，早期次貸業者得不到資金，迅速集體破產。市場把他們的失敗解讀為會計認列失當，那種會計方式允許他們在獲利實現以前就先認列。丹尼爾認為，除了他以外，之前從來沒有人了解過這些貸款有多糟糕。他表示：「還好這市場如此缺乏效率，因為要是市場反應很快，我可能找錯工作了，畢竟光看這些晦澀難解的東西並無法兜出真相，那又何苦費心鑽研？但是我知道，在這輩子會遇到的最大榮景中，只有我一個在分析這些即將全數倒閉的公司。我知道這些爛帳是怎麼回事，真相真的很詭異。」

———

那是第一次能明顯看出艾斯曼其實不光只是憤世嫉俗而已,他腦中的金融界全貌和金融界的自畫像截然不同,真相並不像表面上看起來那麼光鮮。幾年後,他從奧本海默辭職,轉往大型避險基金公司奇爾頓投資(Chilton Investment)工作,他已經對建議別人投資什麼失去興趣,覺得自己操盤並根據自己的判斷投資,或許還有點意思。奇爾頓投資公司在聘請他之後倒是猶豫了起來,一位奇爾頓的同事說:「大家對艾斯曼的看法是:『這人的確很聰明,但是他會挑股票嗎?』」公司覺得他應該沒辦法,所以又叫他重操舊業,為真正做投資決定的人分析上市公司。艾斯曼痛恨這樣的安排,不過他還是做了,這也讓他學到一項東西,剛好幫他做好準備,面對即將發生的危機——這份工作助他了解消費信貸市場的真正內幕。

當時是2002年,美國已經沒有上市的次貸公司,不過市場上有一家老字號的消費信貸巨擘——家戶融資企業(Household Finance Corporation)。這家公司成立於1870年代,向來是消費信貸業的領導者。艾斯曼以為他很清楚這家公司,後來才發現他根本不了解。2002年年初,他拿到家戶公司新推出的房產淨值貸款(home equity loan)[5]銷售文宣。該公司執行長比爾・艾爾丁格(Bill Aldinger)在競爭對

---

5. 譯註:房產淨值(home equity)是房子的評估價值或公平市價與你的貸款(Primary Mortgage)之間的差額。如果房子有淨值,就可用這個淨值做抵押,向銀行貸款,這種貸款稱為房產淨值貸款,又叫第二順位貸款(有別於First Mortgage/Primary Mortgage)。

手陸續破產之際,依舊讓公司持續壯大。正在消化網路狂潮泡沫的美國人似乎沒有能力再舉新債,但家戶公司的放款速度卻比過去還快,它的一大成長來源是次級房貸。那份銷售文宣販售的是十五年期的固定利率貸款,但文件上卻詭異地偽裝成三十年期的貸款。它把屋主在十五年間該付給家戶公司的還款,假設性地攤分於三十年間,然後問:如果實際上分十五年支付的款項,變成在三十年間償還,你的「有效利率」是多少?這是奇怪又不老實的推銷辭令。他們告訴借款人「有效利率是7%」,其實利率大約是12.5%。艾斯曼表示:「這擺明就是詐欺,他們在欺騙消費者。」

沒多久,艾斯曼就看到借款人發現他們被騙了,提出申訴。他翻遍全國各地的小報,結果在華盛頓州的貝靈漢(Bellingham,美加邊界附近)找到《貝靈漢新聞》(*Bellingham News*)的記者約翰·史塔克(John Stark)。史塔克在突然接到艾斯曼的電話以前,就已經寫了一篇報導,提到當地四位居民覺得自己被家戶公司騙了。他們找到一位願意對該公司提告的律師,要求業者取消抵押合約。「一開始我是抱著懷疑的態度。」史塔克說,「我心想,這人不過是借了太多錢,雇用律師幫他討回公道,我不是很同情。」但消息見報後,引來一群人關注:貝靈漢鎮上與鄰近地區有數百人看了報紙後才發現,他們的7%抵押貸款其實是12.5%。史塔克說:「這些人突然間冒了出來,他們

都很生氣,很多人原本不知道這些事情發生在自己身上。」

艾斯曼把其他原本要做的事情擱在一邊,開始專心對抗家戶公司。他通報記者,打電話給雜誌社的寫手,和美國社區再造組織(ACORN)合作(想必這是第一次有華爾街避險基金的人對致力捍衛窮人利益的組織那麼感興趣),一再糾纏華盛頓州的檢察長。艾斯曼發現檢察長調查家戶公司後,該州法官竟然不准他公開調查結果,令他難以置信。艾斯曼拿到調查結果的副本,內容證實了他猜疑的最糟情況。「我問檢察長:『你為什麼不逮捕這些人?』他說:『他們是很大的公司,萬一倒了,誰為華盛頓州提供次貸?』我說:『相信我,會有一卡車的人來這裡提供貸款。』」

這其實是聯邦政府的問題。家戶公司在全美各地推銷這些詐欺式貸款,但聯邦政府都沒有採取行動。2002年底,家戶公司還庭外和解了一樁集體訴訟案,同意支付4.84億美元分給12個州。隔年,家戶公司以155億美元的價格,把自己和龐大的次貸組合賣給英國匯豐集團。

艾斯曼對此大為震驚,他說:「我完全沒料到會發生這種事,這不是隨便一家公司,而是最大的次貸公司。它的業務擺明是在詐欺,政府應該將他們的執行長繩之以法,結果沒有,反而讓他們把公司賣了,

執行長還賺了上億美元。我心想，什麼！竟然沒得到報應！」他原本對鉅額融資業的態度偏向消極，後來因為政治理念而產生變化。「那時我才開始明白這對社會的影響。」他說，「如果你要從頭改革法令，應該把法令設計成保護中下階級的人民，因為他們被剝削的機率太高了，然而我們現在的法律給他們的保護卻是最少的。」

每週三中午，艾斯曼都會從公司前往中城漫畫館（Midtown Comics），買剛上架的漫畫。他比任何大人都了解各種超級英雄的故事，例如他可以把綠燈俠的誓言背得滾瓜爛熟，他比蝙蝠俠本人更了解他的內心世界。在兒子夭折之前，艾斯曼把小時候讀過的英雄漫畫成人版都讀遍了，他的最愛是《蜘蛛人》。現在他只看最黑暗的成人漫畫，喜歡那些把家喻戶曉童話加以改編，但不更動事實的故事。他說，那是「用之前的元素講故事，但故事完全不一樣，讓你用不同觀點看以前的故事」。他比較喜歡白雪公主和七個小矮人之間的關係多點緊張。如今，金融市場的童話故事就在他眼前重新改寫。「我開始更深入觀察次級抵押債券究竟是什麼。」他說，「就某方面來說，次級汽車貸款是誠實的，因為它是固定利率。他們可能收費很高，讓你心如刀割，但至少你知道自己被剝削了。次級抵押貸款則是欺騙，基本上他們是在欺騙客人：『你貸這個款，就可以還清其他所有的貸款，例如卡債、車貸等等，而且你看那利率有多低！』但是那個低利

率並非真實的利率,而是誘你上鉤的利率。」

艾斯曼一心想對抗家戶公司,他參加了一家大型華爾街公司舉辦的午餐會,主講人是儲貸業巨擘金西財務公司(Golden West Financial Corporation)的執行長赫伯‧桑德勒(Herb Sandler)。「有人問他認不認同免費支票帳戶模式。」艾斯曼回憶,「他說:『請關掉你們的錄音機。』大家都關掉錄音機以後,他解釋他們不提供免費支存帳戶,因為那對窮人來說其實是一項重擔,是迫使顧客為支存帳戶的透支繳交罰款。推出這類帳戶的銀行其實是看準他們可以從窮人身上剝削到比一般支存收費更多的錢。」

艾斯曼問到:「有任何管理當局盯上這個業務嗎?」

「沒有。」桑德勒說。

「那時我才確定這系統其實是在『惡搞窮人』。」

———

艾斯曼年輕時曾是立場尖銳的共和黨員,他加入右派組織,兩次都投

票支持雷根，甚至很喜歡勞伯・波克（Robert Bork）[6]。怪的是，在進入華爾街後，他的政治立場逐漸往左偏。他覺得冷戰結束是他政治立場開始偏移的起點，「我變得沒那麼右派，是因為右派沒什麼好支持的了。」家戶公司的執行長艾爾丁格靠著出售公司賺進上億美元時，艾斯曼正逐漸變成金融市場的第一個社會主義份子。他說：「當你是個保守的共和黨員時，你從來不會想到有人是靠著剝削別人致富。」這時他的想法已經完全開放，接受任何可能，「我現在知道有一個產業叫消費信貸，基本上就是靠著剝削別人而存在。」

由於奇爾頓不讓他操盤，他便辭職自己成立避險基金，名為尖端夥伴事業（FrontPoint Partners），沒多久這事業就納入摩根士丹利旗下，裡面包含好幾支避險基金。2004年年初，摩根士丹利同意讓艾斯曼成立一支專門投資金融機構的基金，例如華爾街的銀行、房產業者、抵押貸款創始機構、有大型金融服務分部的公司（例如奇異〔GE〕[7]），以及接觸美國金融的任何機構。摩根士丹利降低收費，提供辦公室、設備、支援人員，唯一沒提供的是資金，艾斯曼必須自己籌資。他飛往世界各地，見了數百位大金主。「我們設法籌資，但效果不彰。」他說，「每個人都說，『很高興認識你，再看看吧。』」

2004年春季，他處於停滯不前的狀態，沒籌到資金，也不知道會不會

---

6. 譯註：人稱新保守主義教父，雷根曾提名他為最高法院法官，但因共和黨參議院的席次少於民主黨而未通過。
7. 譯註：旗下有奇異資融（GE Capital）。

籌到，甚至不確定他能不能做到。他當然不相信這世界是公平的，或事情一定會有最好結局，或是他可以免於人生挫折。他在清晨四點驚醒，嚇出一身冷汗。他也接受治療，不過他還是艾斯曼，所以不是一般的治療，而是所謂的「工作團體」。幾位專業人士和受過專業訓練的心理治療師聚在一起，在令人安心的環境裡分享他們的問題。艾斯曼常遲到，他在團體裡述說困擾他的事，但在別人還來不及分享自己的問題時，艾斯曼就匆匆離開了。在參加幾次治療後，治療師對他提起這件事，但他似乎都沒聽進去。於是治療師找上艾斯曼的太太（他們兩人本來就認識），請她勸勸艾斯曼，結果還是勸不聽。「我都知道他什麼時候去參加治療課。」維勒莉說，「因為治療師都會打電話來說：『他又給我來這套了！』」

維勒莉顯然厭倦了這種無止境的競爭壓力，她告訴艾斯曼，如果那個避險基金沒成功，他們可以搬離紐約，到羅德島州開民宿。維勒莉物色了幾個地方，常提到她想多花點時間陪雙胞胎，甚至養雞。艾斯曼和認識他的人都很難想像他養雞是什麼樣子，但他還是答應了。「退隱養雞的概念對他來說實在太難接受了，」他太太說，「於是他變得更加投入。」艾斯曼跑遍歐洲和美國，尋找願意提供資金讓他操盤的人，結果只找到一家：一家保險公司給他5,000萬美元。那金額不足以設立一個持久的股票型基金，但至少是個開始。

雖然艾斯曼無法吸引到資金，倒是吸引到不少和他一樣對世界悲觀的人才。那時丹尼爾剛和人合寫了一份悲觀的報告，名為〈沒有淨值的房屋，不過是背負債務的租屋〉，他馬上加入艾斯曼的團隊。波特・科林斯（Porter Collins）也來了，柯林斯是兩次奧運划槳的國手，和艾斯曼曾在奇爾頓投資公司共事過，他一直不懂為什麼艾斯曼有那麼棒的點子，公司卻不多給他一點權限。丹尼・摩斯（Danny Moses）是第三位加入者，他後來成為艾斯曼的首席交易員。摩斯曾在奧本海默擔任業務，對於艾斯曼過去異於多數券商分析師的論點和行為，印象相當深刻。例如，有一天交易日還沒結束，艾斯曼走到奧本海默的交易廳中央，請大家注意，他向大家宣布：「以下八支股票會下市。」接著列出八家公司，後來那八家公司真的都破產了。摩斯在喬治亞州長大，父親是財務學教授。他不像丹尼爾或艾斯曼那麼相信宿命論，不過他和他們一樣，都覺得慘劇可能發生，也的確會發生，尤其是在華爾街上。一家華爾街公司找他做一筆看起來毫無問題的交易時，他對那業務員說：「謝謝，但是我只想知道一點：你打算怎麼敲我一筆？」

嘿嘿嘿，別這樣，我們從來不會那麼做，交易員說。摩斯雖然很有禮貌，卻很堅持對方必須講清楚。

業務員解釋完後，摩斯就做了那筆交易。

他們都非常喜歡和艾斯曼一起操盤，為艾斯曼工作從不會讓你覺得是在為他賣命，他會教你，但不會管你。艾斯曼也會坦率地指出他們周遭隨處可見的荒謬情境。丹尼爾說：「帶艾斯曼去參加任何華爾街的會議都很有趣，他會說『跟我解釋』三十次，或是說『你可以進一步解釋嗎？我是說，用英文解釋。』」因為這麼說，就會學到一些東西。首先，你會知道他們是不是真的懂自己在講什麼，通常你會發現，他們其實不懂！」

2005年年初，艾斯曼的小團隊都覺得華爾街有很多人不可能了解自己在做什麼。次貸市場又死灰復燃，彷彿從來沒消失過一樣。如果說以前的次貸市場是詭異，這次根本就是恐怖。在1990年代，300億美元的生意對次貸業來說已經是大豐收。2000年，次貸市場規模高達1,300億美元，其中550億美元的貸款被重新包裝成抵押債券。2005年，次貸市場規模是6,250億美元，其中有5,070億美元變成抵押債券。一年就有5,000億元的次貸債券！就連利率上揚時，次貸市場依舊蓬勃發展，完全違背常理。更驚人的是，貸款條件變了，讓違約的可能性變得更高。1996年，有65％的次貸是固定利率，也就是說，一般次貸顧客可能被剝削，但至少他們確定每個月要還多少錢。2005年，75％的次貸

都是某種形式的浮動利率，通常只有前兩年是固定利率。

以前那批次貸業者因為帳上還掛著部分貸款而被抓到小辮子，理論上市場應該會記取這個簡單的教訓：不要放款給無力償還的人。結果沒有，業者反倒記取了另一個比較複雜的教訓──你可以繼續放款，只要別掛在帳上就好。放款，然後把它轉賣給大型華爾街投資銀行的固定收益部門，他們會重新包裝成債券，賣給投資人。長灘儲蓄銀行（Long Beach Savings）是第一家採用所謂「創始與銷售」模式的銀行，結果太成功了（連你不肯買的貸款，華爾街都肯買！），後來出現一家新公司，名叫B＆C抵押公司（B&C mortgage），專做創始與銷售。雷曼兄弟覺得這點子實在太棒，還收購B＆C抵押公司。到了2005年年初，華爾街所有大型投資銀行都已經深入參與次貸業。貝爾斯登、美林、高盛、摩根士丹利都有次貸商品，他們稱之為「貨架」（shelves），個個都有HEAT、SAIL、GSAMP之類的怪名字，讓一般投資人比較難看出這些次貸債券是由華爾街的大公司承銷。

艾斯曼和他的團隊對美國房市和華爾街都有透徹的了解，他們知道大部分次貸業者（那些實際製造貸款的人）都是上次造成1990年代市場崩解的原班人馬。艾斯曼原本就覺得高盛可能把中下階級美國人的貸款玩出問題，也做了最壞的打算。「你必須了解，」他說，「我最早

接觸次貸，比任何人都還早經歷過最糟的情境，這些傢伙撒謊是毫無極限的。我從過去的經驗學到，華爾街根本不在意他們賣的東西是什麼鬼。」他不解的是，究竟是誰在買這批第二波的次貸債券。「我們從一開始就說：『總有一天，我們會因為做空這東西而致富。這市場一定會爆炸，只是不知道它何時會以什麼方式爆開。』」

艾斯曼所謂的「這東西」，是指那些參與次貸的公司之股票。股價可能做出各種瘋狂的事，他要等這些貸款開始出問題時才放空股票。為此，丹尼爾密切注意美國次貸借款人的行為。每個月25日，他的電腦都會收到匯款報告，他會檢視逾期還款的數量是否增加。丹尼爾說：「我們追蹤的資料顯示，信用品質還不錯，至少到2005年下半年為止都還不錯。」

艾斯曼自己經營事業的前十八個月，他突然發現他忘了關注一個明顯的東西。他現在想挑出該做空的股票，但股票的命運和債券愈來愈息息相關。隨著次貸市場的成長，每家金融公司多多少少都會受到影響。「債券市場的規模讓股市顯得微不足道。」他說，「整個股市和債市比起來就像小巫見大巫一樣。」各大華爾街投資銀行基本上都由債券部門主導，那些執行長以前大多是做債券的，例如雷曼的迪克・富爾德（Dick Fuld）、摩根士丹利的麥晉桁（John Mack）、貝爾斯登

的吉米‧凱恩（Jimmy Cayne）。1980年代起，所羅門兄弟在債券市場的獲利驚人，讓它看起來彷彿和其他公司處於不同產業。從那時起，債市就一直是鉅額獲利的所在。「那是永遠錯不了的準則。」艾斯曼說，「規則都是有錢人訂的。」

多數人不明白長達二十年的債市榮景是怎麼凌駕一切的，艾斯曼以前也不明白。現在他知道了，他必須盡可能了解債券市場的一切，他對債市有一些打算。但他不知道的是，債市對他也有一些盤算，正要製造一個坑讓他跳進去。

2 在盲目國度中[1]

給了錢才算數，否則都只是隨口說說。

——巴菲特

2004年年初，另一位股市投資人麥可‧貝瑞（Michael Burry）第一次深入探索債券市場，他學會了美國借貸的一切運作，但他沒告訴任何人他最近沈迷什麼，他就只是坐在加州聖荷西的辦公室裡，研讀書籍、文章和財務報告。他特別想知道次級抵押債券是怎麼運作的。大量的個人貸款像高塔般堆疊起來，頂層先收到錢，所以穆迪與標準普爾給它的信評最高，利率最低。底層最晚拿到錢，先承受損失，所以信評最低。投資底層債券的人因為承擔較多的風險，所以獲得的利率比頂層的投資人高。買抵押債券的人必須決定他們想投資哪一層，但貝瑞並沒有要買抵押債券，而是想知道如何做空次級抵押債券。

每種抵押債券都有一大疊枯燥的公開說明書，厚達130頁，讓人看了就傷腦筋。如果你讀那些說明書的附屬細則，會發現每檔債券都是獨立的小公司。貝瑞從2004年底到2005年初掃讀了數百份說明書，細讀了數十份。儘管一年只要付100美元就可以從10K Wizard.com[2]取得這些說

---

1. 譯註：原文in the land of the blind，通常後面會接the one-eyed man is king，意指山中無虎，猴子稱霸。
2. 譯註：10-K Wizard在美國證券交易委員會的EDGAR電子檔案平台上提供財報與文檔，透過10Kwizard.com網站為法律、金融、傳媒、企業界的專業人士提供服務。

明書，但他相信，除了撰寫這些說明書的律師以外，應該只有他會這樣詳讀這些東西。他在電子郵件中提到：

> 拿新星金融（NovaStar）這樣的公司為例，這是一家創始與銷售次級抵押債券的公司，在當時是這類公司的典型。他們的債券名稱是NHEL 2004-1、NHEL 2004-2、NHEL 2004-3、NHEL 2005-1等等。舉例來說，NHEL 2004-1是包含2004年前幾個月及2003年最後幾個月的貸款，2004-2則包含年中的貸款，2004-03是包含2004年年末的貸款。你抽幾本這樣的說明書來看，就可以馬上了解創始與銷售業的次貸市場脈動。你會發現「2/28[3]無本金」[4]的機動利率抵押貸款在2004年年初只占全部抵押貸款的5.85％，但到了2004年年底，已經增為17.48％，2005年夏末更是高達25.34％。可是全部貸款的平均FICO（消費信用）得分、「無證明」[5]貸放成數[6]（loan-to-value，簡稱LTV）的比例、其他指標等等幾乎都沒變……我要說的重點是，這些衡量數據可能大致上不變，但是他們發行、包裝、銷售的抵押貸款，整體品質卻在惡化，因為以同樣的平均FICO分數或同樣的平均貸放成數，你獲得的無本金貸款比例較高。

2004年年初，如果你看到這些數字，可以清楚看出放款標準正在惡化。貝瑞認為，標準不只是下降，而是已經觸底。這個底部甚至還

---

3. 譯註：三十年期的機動型房貸，前兩年利率極低，是固定利率，後二十八年利率開始跟著指數浮動，借款人通常沒考慮到之後的利率可能大漲。

4. 譯註：指借款人在一定期間內，每月只需支付利息，不必繳本金，一旦過了上述期限，就必須在剩餘期限內攤還利息和本金。

5. 譯註：購屋者不須提供有能力償還貸款的證明。

6. 譯註：例如一棟房子的價值為$1,000,000，如果自備款的部份為$200,000，貸款的金額為$800,000，則LTV就是80%。

有一個名字——無本金負攤還[7]機動利率次級抵押借款（interest-only negative-amortizing adjustable-rate subprime mortgage）。身為購屋者的你，可以選擇完全不還款，把積欠銀行的利息加入本金裡，讓本金變得更高。不難想像什麼樣的人會喜歡那樣的貸款：當然是沒收入的人。貝瑞不解的是，放款人怎麼會想推銷這樣的貸款。「你應該注意的是放款人，而非借款人。」他說，「借款人永遠都想為自己找好的交易，貸款限制是放款人設的，當放款人也不設限時，大家就該小心了。」2003年，他已經知道借款人失控了；到了2005年年初，他發現連放款人也失控了。

很多避險基金經理人花時間和投資人閒聊，把每季寫給投資人的信當作形式上的例行公事。但貝瑞不喜歡和人面對面交談，他覺得那些信是讓投資人知道投資狀況最重要的東西。他在信中自創一詞，用以說明當時市場的狀況——「為了放款而放款」。也就是說，很多人無法以老方法償還貸款，業者為了讓貸款合理化，特地為此發明新的工具。貝瑞說：「這是放款人已經失控的明顯徵兆，他們為了增加放款金額，一再降低放款標準。」他可以看出放款人為什麼會這麼做：他們沒把貸款留在自己身上，而是轉賣給高盛、摩根士丹利、富國銀行（Wells Fargo）等金融機構，讓他們把這些貸款包裝成債券銷售。他認為次貸債券的買家都是一些不懂箇中道理的「傻錢」（dumb money）[8]，他也會研究一下這些人，不過稍候再說。

---

7. 譯註：負攤還允許借款人的每期還款少於利息，把未償還的部分加入本金裡，所以借款人在每月還款後，會欠銀行更多的錢。

8. 譯註：「聰明錢」(smart money)和「傻錢」(dumb money)，前者是先知先覺，後者是後知後覺，最後被套牢，為前者的利潤買單。

貝瑞現在有個技術性的投資問題，次級抵押貸款的各層級都有一個共通點——不可能賣空債券。要賣空股票或債券，必須先借券，這些抵押債券的分層很小，不可能找到。你可以選擇買或不買這些債券，但不能明顯和它對做。次貸市場基本上不給人看空的空間。你可能確信整個次貸債券市場一定會完蛋，但卻無法採取行動。你不能賣空房子，但你可以賣空建商的股票——例如普特房屋（Pulte Homes）或托爾兄弟公司（Toll Brothers）——但這樣做的成本太高，不夠直接，也很危險，因為股價上漲的時間可能比貝瑞能忍受放空虧損的時間更久。

數年前，貝瑞發現信用違約交換（credit default wap）之所以令人混淆主要因為它其實不是交換，而是保單，通常是公司債的保單。保費每半年繳一次，是定期合約。例如，你可能為價值1億美元的奇異公司債，一年花20萬美元買十年期的信用違約交換。萬一後續十年內奇異的公司債違約，債券持有人拿不到錢，你頂多只會損失200萬元的保費（一年20萬，共十年），但最多可賺1億元。那是一種零和賭局——如果你賺1億元，賣你信用違約交換的人就損失1億元。這也是不對稱的賭局，就好像拿錢賭輪盤上的某個數字一樣。你頂多輸掉你下注的籌碼，但如果賭對號碼，則可賺賭注的三、四十倍，甚至五十倍。「信用違約交換幫我解決了風險不設限的問題。」貝瑞說，「如果我買了信用違約交換，下檔風險已經確定了，上看的利潤則是賭注的好幾

倍。」

貝瑞已經在市場上買過公司債的信用違約交換。2004年，他開始針對他覺得可能因房市低迷而受害的公司買保險，這些公司包括抵押放款業者、抵押貸款保險公司等等。但貝瑞覺得這樣還不夠，房市崩盤可能導致這些公司虧損，但並不保證他們會破產，他想尋找和次貸市場直接對賭的工具。2005年3月19日，貝瑞在辦公室裡，把門關上、放下百葉窗，研讀一本談信用衍生產品的深奧教科書。結果貝瑞有了一個想法——買次貸債券的信用違約交換。

他是在讀到美國債市的演進，以及1990年代中期JP摩根（JP Morgan）設計第一個公司債的信用違約交換時，才想到這點子的。他讀到一段文字說明銀行為什麼會覺得他們需要信用違約交換，那理由並不顯而易見。畢竟，避免奇異違約的最好方法就是完全不要放款。一開始，信用違約交換原本是避險工具，當奇異要求的貸款金額比銀行想放款的額度還多時，銀行怕得罪老客戶只好放款，別家銀行可藉此迴避風險。不過，這種新的衍生性商品很快就變成投機工具：很多人想賭奇異違約的可能。於是貝瑞想到，華爾街一定也會對次貸債券做同樣的事。從當時房市狀況和次貸業者的做法來看，最後很多聰明人會想針對次貸債券從旁下注（side bet），唯一的做法就是買信用違約交換。

信用違約交換可以幫貝瑞的投資構想解決最大的問題：時機問題。他覺得，2005年年初所發行的次貸債券幾乎一定會出問題，但由於他們最初的利率刻意壓低，要兩年後才會重設，所以出問題也是兩年後的事。次級抵押貸款幾乎都採浮動利率，但它們前兩年大多是採用固定的「優惠利率」（teaser rate）。2005年年初開始的貸款可能有兩年的固定利率是6％，到了2007年突然躍升為11％，掀起一股違約潮。這些貸款如今發出微弱的滴答聲，這聲音會隨著時間經過變得愈來愈大聲，到最後會有很多人像他一樣開始懷疑那些貸款就是炸彈。一旦出現那種情況，就不會有人想賣次貸債券的保險了，所以他必須現在下注，等候莊家覺醒，改變遊戲賠率。理論上，三十年期的次貸債券信用違約交換就是為了延續三十年而設計的賭注，但他覺得應該三年就可以獲得報酬了。

唯一的問題是，市場上沒有次貸債券的信用違約交換，至少貝瑞沒看到。他必須慫恿大型華爾街公司創造這東西，但是找哪一家好呢？如果他料的沒錯，房市真的垮了，這些處於市場核心的公司一定會虧損慘重。如果信用違約交換可以賠你鉅額賭金時，這家銀行也倒了，那向它買保險也沒有用。他根本不想找貝爾斯登和雷曼兄弟，因為它們承受的次貸市場風險比其他公司還多。他覺得高盛、摩根士丹利、德意志銀行、美國銀行、瑞銀、美林、花旗是最有可能在市場崩盤後依舊存在的業者。所以他打了電話給這幾家公司，其中五家不知道他

在講什麼,有兩家回覆:「這市場雖然不存在,但有一天可能會出現。」結果不到三年,次貸債券的信用違約交換就變成價值上兆美元的市場,讓華爾街大型公司虧損數千億美元。但在2005年年初貝瑞去煩這些公司時,只有德意志銀行和高盛有興趣和他繼續談。在貝瑞看來,華爾街裡沒人發現他看到了什麼。

———

在還不懂事以前,貝瑞就覺得自己和其他人不一樣。2歲時,他罹患一種罕見的癌症,移除腫瘤的手術讓他的左眼因此失明,獨眼男孩看見的世界和其他人不太一樣。但沒多久貝瑞就能以比較豐富的方式看待自己的差異。大人總是要求他正眼看人,尤其是和人說話的時候。「我正眼看人時會佔用所有的注意力,」他說,「如果我看著你,我就沒辦法聆聽你說的話。」他的左眼無法對準他想對話的人,他在社交場合和人聊天時,和他說話的人會持續往左偏。「我也不知道該怎麼阻止,」他說,「所以對方會一直往左移,直到站在我的左邊為止。我會試著不再轉頭,最後我變成面向右,用沒有失明的右眼穿過鼻樑往左看。」

貝瑞覺得,那隻義眼是導致他每次和人面對面互動時,幾乎都沒什麼好結果的原因。他也覺得自己很難解讀別人的非語言信號,又太相信

別人言語的表面意義。當他竭盡所能想和他人溝通時，往往表現得最糟。「我的讚美通常會讓別人聽起來怪怪的。」他說，「我很早就學到，稱讚別人反而適得其反。例如，**以你的體型來說，你看起來不錯。那件洋裝真好看，好像自己做的一樣。**」他覺得義眼變成他無法融入群體的原因。那隻眼睛會分泌東西、流眼淚，需要經常注意，也不是他想不在意那隻眼睛，其他孩子就會放過他。他們說他是斜眼，即使他不是。每年，那些孩子都會懇求他把義眼從眼窩拿出來，但當他照做時，眼睛就會感染、變得很噁心，其他小孩也因此更加排斥他。

貝瑞從義眼找到自己擁有一些獨到特質的原因，例如，他對公平與否特別在意。當他發現職籃大牌明星在比賽中，相較於其他小牌球員比較不會被判走步時，他不只會對裁判叫囂，而且會乾脆拒看籃球比賽。不公平扼殺了他對運動的興趣。雖然他很好強、體格很好、相當勇健，也是運動好手，但他不喜歡團隊運動，他的義眼也幫他解釋了這點。因為多數團隊運動都是球類運動，深度知覺不好、邊緣視野有限的男孩無法把球類運動打好。貝瑞努力加入美式足球隊中比較不被重視的位置，但當他太用力撞人時，義眼就會彈出來。

他也很難看出自己的身體極限在哪裡，心理限制又始於何方。貝瑞覺得這些都是義眼造成的。他受不了有些教練會對自己的孩子比較偏

心，漏看犯規的裁判也會讓他在看球時分心。他比較喜歡游泳，因為那幾乎不需要和人互動。沒有隊友，沒有模稜兩可之處，只管游就是了，不是贏就是輸。

過了一陣子，連貝瑞自己都不覺得經常獨處有什麼好奇怪的。到了快30歲的時候，他覺得自己是沒有朋友的人。貝瑞從聖荷西聖塔泰瑞莎高中畢業後，就讀於加州大學洛杉磯分校（UCLA），後來又進入范得堡大學（Vanderbilt University）醫學院。這段期間，他完全沒有結識很久的朋友。他的友情是靠電子郵件培養的，真正認定的朋友只有兩位，認識時間長達二十年之久，但總共只見過八次面。「我生性就不適合交朋友。」他說，「我覺得活在自己的世界很快樂。」不過，他結過兩次婚，第一任妻子是韓裔美國人，後來搬到不同城市居住。（「她常抱怨我比較喜歡關係的概念，而非活在實際的關係裡。」）目前第二任太太是他在Match.com認識的越南裔美國人。貝瑞在Match.com的個人檔案坦白形容自己是「獨眼的醫學院學生，不善社交，還揹著14.5萬美元的就學貸款」。他對個人坦白的執著，就像他對公平的執著一樣。

執著——那也是他覺得自己與眾不同的另一個特質。他的腦中沒有中庸地帶，要不是滿腦子想著一個主題，就是完全沒有興趣。這樣的特質有個明顯的缺點，例如他比較難假裝自己對他人關注的事物感興

趣；但這也有好處，貝瑞從小就有驚人的專注力和學習力，不管有沒有老師，他都可以學習。只要是他感興趣的東西，他學起來都是輕而易舉。例如他在UCLA念大學時，可以雙修英文和經濟，還可以接受足夠的醫學院預科培訓，讓他後來申請到全美最好的醫學院就讀。他覺得自己之所以有過人的專注力，是因為他對人際互動不感興趣，以及缺乏人際互動……基本上他會說，發生在他身上的一切都是那隻義眼造成的。

這種能力和專注力也讓貝瑞有別於其他醫學院學生。1998年，他在史丹佛醫院神經內科擔任住院醫師，他告訴老闆，他在兩次值班之間（兩次值班各14個小時），連續熬夜兩晚，拆開又組裝他的個人電腦，只是想讓電腦跑快一點。他的老闆一聽便送他去精神科檢查，診斷結果是他有躁鬱症。貝瑞馬上知道自己被誤診了，如果你從不曾沮喪，又何來躁鬱症？或者說，如果你只有在巡視病房及假裝你對行醫感興趣時才覺得沮喪，研究醫學時卻沒有沮喪的感覺，那怎麼會是躁鬱症呢？他當醫生不是因為他喜歡醫學，而是因為他覺得醫學院不難唸，但實際行醫則讓他感到無聊或噁心。他提到第一次上大體解剖課的情況：「有一個場景是大家把屍體的腿扛在肩上，走到水槽清洗排泄物，我覺得很反胃，之後就不想再碰大體解剖課了。」至於對病患的感覺，貝瑞則說：「我想幫助別人，但其實也不是那麼熱切。」

貝瑞對電腦很感興趣，但不是因為他喜歡電腦運算，而是因為電腦能幫他投入一生的最愛——股市的內部運作。在小學時，貝瑞的父親就帶他看過報紙背面的股價表，並告訴他股市是個很賊的地方，千萬別相信，更別說是投資。從那時起，貝瑞就對股市深深地著迷。就連小時候，他都想為這個數字世界冠上一套邏輯。他開始把研究股市當成嗜好。很快他就發現，那些圖表、波浪以及自封為股市專家者所講的話毫無邏輯可言。後來網路狂潮出現，突然間是整個股市都變得毫無邏輯可言了。他表示：「90年代末期差點就讓我以價值型投資人自居，因為其他人的投資實在太瘋狂了。」所謂的「價值投資法」，是指班傑明·葛拉漢（Benjamin Graham）在經濟大蕭條期間因應金融市場的方法，那方法必須不斷地尋找因不熱門或遭誤解而導致股價被低估的公司。價值投資法的最簡單形式是一條公式，不過它已轉變成其他形式，其一就是最知名的價值型投資人巴菲特（他是葛拉漢的學生）所採用的投資方式。

貝瑞並不覺得投資可以濃縮成一條公式，或從任一位榜樣學習。他愈是研究巴菲特，就愈覺得巴菲特難以模仿。事實上，巴菲特給我們的啟示是：想以驚人之姿成功，必須有驚人的獨特性。「如果你想成為傑出的投資人，就必須找到適合自己的投資方式。」貝瑞說，「我在某個時點發現巴菲特雖然有充分優勢可以師法葛拉漢，但他並沒有仿效葛拉漢，而是走出自己的路。以自己的方式，根據自己的原則投資

……我也馬上學到，沒有任何學派可以教人成為傑出的投資人。如果真有某個學派可以教人成為優秀的投資人，那會是全世界最熱門的學派，學費高得嚇人。所以一定沒有那種事。」

所謂投資，是你必須自己學會該怎麼做，以你獨有方式去做的事。貝瑞沒什麼資金可以投資，但是他從小到高中、大學、醫學院，一直都對投資深深著迷。貝瑞到史丹佛醫院工作以前，從未修過財務或會計課，更別說是到華爾街公司上班了。他可能有40,000美元的現金，但是也揹了14.5萬美元的就學貸款。他前四年都在醫院實習，但他還是有時間靠自修成為金融專家。「時間是一種變動的延續。」1999年週日早上，他在寫給朋友的電子郵件中如此寫道：

> 下午可能轉眼間飛逝，或是有五個小時，我充實地填補了那些多數人視為瑣碎的空檔。我想過得更充實，那股衝勁可能讓我失去第一次的婚姻，幾天前也害我差點失去未婚妻。我上大學以前，曾聽軍方說過一句話：「我們早上九點前完成的事，比多數人整天做的還多。」我曾覺得我做的事比軍方還多。你也知道，有些人對某些活動的幹勁就是可以取代其他一切。

他不是躁鬱症，只不過是孤立、疏離罷了，但是他並不覺得孤單或特別不快樂。他不把自己當成悲劇，他覺得他的獨特個性讓他比別人更

專注，這都是那隻義眼造成的扭曲效果。「那是我覺得別人認為我異於常人的原因。」他說：「那也是我覺得自己和大家不一樣的原因。」他雖然覺得自己不一樣，卻不覺得自己和華爾街的相逢有什麼好奇怪。

1996年11月某日深夜，貝瑞在田納西州納什維爾的聖湯瑪士醫院心臟科輪班時，登入醫院電腦，連上techstocks.com的討論板。他在那裡開了一個名為價值投資法的討論串。讀完所有關於投資的資訊後，他決定多了解「現實世界的投資」。當時網路股狂潮籠罩股市，矽谷投資人的網站自然不是清醒的價值型投資人會去的地方，不過還是有很多人去了，而且人人各有一套想法。有些人抱怨醫生對投資哪有什麼見地，但是貝瑞逐漸主導了討論。麥克‧貝瑞醫生（他在網路上使用的名字）發現討論串裡的其他人真的聽了他的建議，也因此獲利。

當貝瑞覺得自己已經無法從那個討論串學到新東西時，就不再去了，改為自己開部落格（當時還不叫部落格，只是一種奇怪的溝通模式）。他在醫院一天值班16個小時，只有半夜到凌晨三點間有空寫部落格。他在部落格上貼出他的股市交易，以及他做那些交易的觀點。一位在費城大型價值基金公司工作的基金經理人表示：「我第一個想到的是，他是什麼時候做這些事的？這傢伙是實習醫生，我只有機會看到他非醫生的那一面，但他實在寫得很棒，他讓大家看見他的交

易,眾人馬上即時追蹤。貝瑞在網路狂潮中做價值投資!他買價值型股票,那正是我們做的,但我們都賠了,客戶也跑了。但是,他卻是怎麼買怎麼賺,好運不斷,獲利50%,實在太不可思議了,他真的很神,而且不只我們在關注他而已。」

貝瑞不知道確切有哪些人跟著他投資,但他可以看到他們來自什麼網域。一開始,他的讀者是從地聯(EarthLink)和AOL連過來的,只是一些投資散戶。但過沒多久就不是如此了。有些人從富達(Fidelity)之類的共同基金,或摩根士丹利等大型華爾街投資銀行網站連過來。某天他痛批先鋒的指數基金,馬上就收到先鋒基金的律師發來的警告禁止令。貝瑞懷疑,投資大戶可能也跟著他的部落格內容投資,但他不知道他們是誰。「是市場找到了他,」費城共同基金的經理人說,「因為他找到了別人都沒發現的型態。」

1998年,貝瑞轉往史丹佛醫院擔任神經內科住院醫師時,他在每天半夜到凌晨三點間寫的東西,已經讓他在價值投資界變成小有份量的人物。這時網路股狂熱已經完全失控,連史丹佛大學的醫學界也為之瘋狂。「尤其是住院醫生和一些教授,他們都被網路狂潮迷得團團轉。」貝瑞說,「有不少人什麼股票都買,還會拿出來討論,我印象比較深刻的幾支股票是Polycom、Corel、Razorfish、Pets.com、TIBCO、微軟、戴爾、英特爾,不過我覺得那些網路股都很瘋狂……我閉口不

談，因為我不希望醫院裡有人知道我閒暇時在做什麼。我覺得萬一那裡的醫生發現我並非110％投入醫院，我麻煩就大了。」

會擔心自己看起來不夠投入的人，可能就真的沒有充分投入醫院的工作。貝瑞當醫生愈久，愈覺得自己難以和人相處。他曾經短暫逃避到病理科，至少那裡面對的是死人，但還是沒有用。（「死人，死人的器官；更多的死人，更多的死人器官。我心想，我想接觸比較需要動腦的東西。」）

貝瑞搬回聖荷西，埋葬了父親，再婚，被專家誤診為躁鬱症。這時他關掉網站，宣布辭掉神經內科的工作，改行當基金經理人。史丹佛神經科的主任覺得貝瑞瘋了，要他好好考慮一年，但他已經想清楚了。「我深信如果我能把投資組合管理好，這輩子就有成就。別人怎麼看我都無所謂了，即使我早就很清楚自己是個好人。」貝瑞的40,000美元資產相對於14.5萬美元的就學貸款，讓他開始思考自己能管理什麼樣的投資組合。貝瑞的父親因誤診而過世（醫生沒從X光片中發現癌症），家人因此收到一小筆和解金。他的父親生前不認同股市，但那筆和解金卻成為資助兒子投入股市的基金。靠著母親拿出的20,000美元；以及三個哥哥各拿出的10,000美元，貝瑞成立了「傳人避險基金」（Scion Capital，源於他幼時喜愛的書《夏那拉傳人》〔*The Scions of Shannara*〕）。他寫了一份野心勃勃的備忘錄，以吸引親屬以外的人

加入投資：「投資人的最低淨值是1,500萬美元。」這句話很有趣，因為不但他自己不符資格，基本上他認識的人也都不符合。

當貝瑞匆忙尋找辦公地點、添購家具、開證券戶時，他接到兩通意外的電話。第一通來自紐約市大型投資基金公司高譚資本（Gotham Capital）。高譚資本由價值投資大師喬‧葛林布雷（Joel Greenblatt）創立。貝瑞讀過葛林布雷的著作《如何變成股市天才》（*You Can Be a Stock Market Genius*），他說：「我討厭這個書名，但喜歡這本書。」葛林布雷的員工告訴貝瑞，靠著他的投資方法，他們已獲利好一段時間，希望能繼續這樣，能否請貝瑞考慮讓高譚資本挹注資金到他的基金裡？「葛林布雷親自打電話來說：『我一直在等你棄醫從商。』」高譚公司請貝瑞和他太太一起到紐約，安排他們住進洲際飯店的套房，那是貝瑞第一次飛到紐約，也是他第一次搭頭等艙。

貝瑞去見葛林布雷的途中，無法和人面對面溝通的問題讓他極度焦躁不安。高譚資本的人似乎都讀過他寫的東西，這點讓他稍微放心了些。「如果你先讀過我寫的東西，再和我見面，會面過程就會很順利。」他說，「沒看過我寫的東西就和我見面，幾乎沒有一次順利的，即使在高中時也是，就連老師也一樣。」貝瑞可以說是最好的盲測[9]標準——你必須先判斷是否認同他，才會注意到他。在這種情況下，貝瑞其實很吃虧，因為他完全不知道大型基金經理人會怎麼打

---

9. 譯註：在測試過程中，把測試品的品牌、名稱、包裝或其他可識別的內容隱藏起來，不給受試者過多的提示。比如，讓顧客從兩種未標明品牌的商品中，選擇一種更喜愛的商品。

扮。「在會面的前一天，貝瑞打電話給我，」常和貝瑞通信的朋友（他本身也是專業基金經理人）說，「問我：『我該穿什麼？』他沒半條領帶，只有一件藍色的輕便西裝外套，是喪禮時穿的。」這是貝瑞的另一個怪癖。他的書寫內容看來四平八穩，甚至有點沉悶，但是穿著打扮卻很隨性。在前往高譚資本的途中，貝瑞突然慌了起來，連忙鑽進領帶屋（Tie Rack）買了一條領帶。

貝瑞以這輩子最正式的打扮抵達紐約的大型資金管理公司，卻發現合作夥伴都穿著T恤和運動褲。他們的對話如下：

> 「我們想投資100萬元。」
> 「什麼？！」
> 「我們想以100萬元買下你避險基金的四分之一股權。」
> 「真的嗎？」
> 「沒錯，我們想挹注100萬元。」
> 「稅後！」

不知怎的，貝瑞的腦子裡一直有個想法，他希望有天能有100萬美元的身價，且是稅後價值。總之，他不經意地脫口說出「稅後」兩字，之後才完全明白對方的意思，而他們也真的給他資金！當下，他從一個還揹著14.5萬美元就學貸款的醫學院學生，搖身變成只負擔少部份貸

款的百萬富翁（這是他在部落格上寫的）。貝瑞當時並不知道這是葛林布雷第一次這麼做。「他實在太出色了，這種人才鳳毛麟角。」葛林布雷表示。

在那次奇遇後不久，貝瑞又接到白山保險控股公司（White Mountains）的電話。白山由接近巴菲特人士傑克·波恩（Jack Byrne）所經營，他們已和高譚資本談過了。他們告訴貝瑞：「我們不知道你在賣貴公司的部分股權。」貝瑞解釋，也是因為幾天前有人挹注稅後100萬元的資金，才有這樣的事。原來白山已密切關注貝瑞好一段時間，「我們最好奇的是，他是神經科住院醫師。」當時於白山任職的奇普·歐柏丁（Kip Oberting）說，「他到底在什麼時候做這些事？」白山以60萬美元買下貝瑞較小部分的基金，並承諾挹注1,000萬元投資。「沒錯，」歐柏丁說，「他是我們唯一在網路上找到、冒昧打電話給他，並給他資金的人。」

貝瑞經營事業的第一年，曾為了基金管理的社交面而短暫掙扎了一陣子。「通常在和人有順利的會面後才能籌到資金，」他說，「偏偏我又不喜歡和人互動，和我見過面的人通常會自己發現這點。」美國銀行有次主辦一場會議，將新的基金經理人介紹給投資大戶認識。貝瑞也參加了，其他與會者都發現了這點。當天貝瑞在演講時提到，多數人衡量風險的方法很愚蠢，總是用波動性來衡量風險，亦即過去幾年

股票或債券的變動程度；但真實的風險其實不是波動性，而是愚蠢的投資決策。「大體上來說，」他後來解釋，「最有錢的富豪都覺得多數經理人績效平平，比較好的經理人可以用低於平均的波動性達到平均報酬。照這樣的邏輯來看，1美元某天以0.5元賣出，隔天以0.6元賣出，再隔一天以0.4元賣出，比連續三天都用0.5元賣出更沒價值。我則認為，能以0.4買進代表機會，而非風險，1美元的價值還是1美元。」貝瑞講完後大家都默不做聲，之後他獨自一人坐在一張大圓桌用餐，看著別桌的人愉快地閒聊。

在和人面對面交談時，貝瑞從無法分辨究竟是他講的話、還是他這人得罪了對方。他曾仔細研究巴菲特，巴菲特就是有辦法大受歡迎又有驚人投資績效，但巴菲特年輕時也不善與人往來，他靠卡內基課程學習如何改善人際互動。貝瑞在不同的金錢文化下成長，網路取代了卡內基，他不需要和人見面，可以藉由網路闡述自己的想法，等著投資人找上他。「巴菲特的超人氣對我來說太難了。」貝瑞說，「我永遠無法給人那種和藹老爺爺的印象。」

這種吸引資金的方法正適合貝瑞，更重要的是，真的有效。貝瑞創立傳人避險基金時，資金約100萬美元出頭（包括母親與哥哥的投資和他的稅後100萬）。開始投資的第一年（2001年），S&P 500跌了11.88％，傳人避險基金則上漲55％。隔年，S&P 500又跌了22.1％，但

傳人依舊上漲16％。2003年，股市終於止跌回升，漲了28.69％，貝瑞的績效還是打敗大盤，他的基金上漲了50％。2004年年底，貝瑞管理的資金規模高達6億美元，開始婉拒資金加入。「如果他操盤是為了讓基金規模最大化，他可以吸引到數十億資金。」一位紐約避險基金經理人這麼說，他對貝瑞的績效表現愈來愈嘖嘖稱奇，「他刻意讓傳人基金不適合擴大，但適合投資。」

貝瑞或許是想告訴投資人，他其實不在意他們是否喜歡或認識他，他在寫給投資人的信中提到：「儘管籌資像一種人氣競賽，聰明投資卻正好相反。」

巴菲特有一位很冷酷的合作伙伴，名叫查理‧孟格（Charlie Munger）。他顯然比巴菲特更不在意別人是否喜歡自己。1995年，孟格到哈佛商學院演講，主題是「人性誤判的心理」。孟格說，如果你想預測別人的行為，只需要看他們的動機。聯邦快遞（FedEx）想讓夜班人員準時完成任務，但是試過所有加快速度的方法都沒效；後來他們不再按工時給付夜班人員，改按班次給薪，情況就改善了。全錄開發出更好的新機器，結果銷量比舊機種還差，後來他們發現是因為業務員賣舊機種可拿到較多的佣金，修正抽佣制度後情況才改善。「你可能會說：『這道理大家都懂。』」孟格說，「我想，我這輩子一直都比同年齡的人更了解動機的威力，但我始終低估它的力量。每年我

都會驚訝地發現一些事，讓我更進一步地拓展極限。」

孟格這番話充分說明了貝瑞對於市場及市場組成份子的看法。「我讀了那篇演講稿後心想，我完全同意裡面的字字句句。」貝瑞說，「孟格也有隻義眼。」貝瑞對這主題有他自己的看法，那看法源自於他在醫學界的期間。即使在面對生死的情況下，醫生、護士、病患仍隨著不好的動機反應。例如，當割盲腸的健保給付金增加時，醫生就會動較多的盲腸手術。眼科手術的演進也是一個很好的例子。1990年代，眼科醫生主要靠白內障手術獲利，因為這種手術只要半小時不到的時間，但開一次刀健保給付1,700美元。1990年代末期，健保把給付金額削減至450美元左右，愛動手術的眼科醫生收入大減。後來全美各地的眼科醫生又發現另一種較不為人知、但有風險的手術，名為放射狀角膜切開術。剛好此時視力矯正手術大為風行，於是他們把這種研究仍不夠充份的手術包裝成隱形眼鏡配戴者的救星。貝瑞說：「他們的動機其實是想維持高達一、兩百萬元的年收，所以才會為這種手術找理由。眼科業迅速開發出一種不像放射狀角膜切開術那麼危險的手術，於是雷射近視手術就這樣誕生了。」

所以貝瑞創業時，他要求自己必須抱持正確的動機，他不認同一般避險基金經理人的做法。多數避險基金經理人收取總資產的2%當手續費，這表示他們光靠累積大量資金就有收入。傳人避險基金只向投資

人收取實際的費用，那費用通常不到資產的1％。為了幫自己賺錢，貝瑞必須先讓投資人的資金成長。「你想想傳人基金的源起，」一位傳人的早期投資人說，「這傢伙本來沒錢，但他決定放棄其他避險基金視為理所當然的費用，這是前所未有的事。」

傳人基金一開始就非常成功，績效好到近乎誇張。2005年年中，大盤指數有段期間下跌6.84％，貝瑞的基金卻上漲242％，而且還婉拒投資人加入。對愈來愈多的追隨者來說，大盤的漲跌似乎一點都不重要，貝瑞總是可以找到精明投資的標的。他不用財務槓桿，避免放空股票。他不過就是買普通股，坐在房間裡研讀財報而已。他每年花約100美元訂閱10-K Wizard，傳人資金的決策機制就靠他一個人關在房裡、拉下百葉窗，研讀10-K Wizard上的公開資訊和資料。貝瑞也會去找法院裁決、成交、政府法規變革等可能改變公司價值的資料。

貝瑞也常做一些他所謂的「訝」投資。2001年10月，他在給投資人的信中解釋：「『訝』投資是指對乍看之下讓人搖頭的股票，投以特別的關注。」

前衛公司（Avant! Corporation）就是一個很好的例子。貝瑞是在新聞裡搜尋「接受」（accepted）時，找到這家公司的。他知道，自己站在市場邊緣，必須找出非正統的投資方法才有利，那通常是指找出大家還

不清楚的罕見情況。他說：「我不是在找詐騙報導，那太遲了。我是在找『搶先一步』的機會。我從法院發生的事裡，尋找可能出現的投資主題。例如，法院接受某個論點、抗辯或和解。」競爭對手指控前衛軟體公司盜取軟體程式碼，那程式碼是前衛公司的事業基礎，但法院接受了前衛軟體公司的抗辯。前衛的銀行帳上有1億美元現金，每年仍創造1億美元的自由現金流量，但公司的市值才2.5億美元！貝瑞開始細探這家公司，等他研究完畢時，他比世上任何人都更了解這家公司，他可以看出即使該公司管理高層入獄，罰款也付了，他們的價值還是比市價高出許多。工程師大多是持有工作簽證的中國人，所以不會跑；在公司結束營運以前，沒有工程師辭職的風險。不過，想靠前衛公司的股票獲利，貝瑞可能必須承擔短期虧損，因為投資人看到當時的負面消息會拋售股票。

貝瑞於2001年6月第一次以每股12元買進前衛公司股票，接著前衛公司的管理高層出現在《商業周刊》封面，標題寫著「犯罪值得嗎？」股價應聲下挫，貝瑞又加碼買進。後來前衛公司管理階層入監服刑，股價又跌，貝瑞再買，一路買到股價只剩2元。結果貝瑞變成前衛公司最大股東，於是他開始對管理高層施壓，要求他們改變。他寫信給新的管理高層：「在前執行長的罪刑不再干擾營運管理下，前衛有機會展現對股東的重視。」8月，他又寫了另一封電子郵件：「貴公司還是讓我覺得像是和一個破鞋（village sllut）上床——不管我有多滿足，我也

永遠不會到處吹噓。你們的改變實在太龜速了。我猜，要是我把貴公司逼得太緊，可能會遭到中國黑幫威脅。」四個月後，前衛以每股22元的價格被併購。「那是典型的貝瑞交易。」貝瑞的投資人之一這麼說，「股價在翻10倍以前會先腰斬。」

這不是多數投資人喜歡的投資方式，但貝瑞認為這就是價值投資的精髓。他的任務就是大聲否決主流看法。要是他受短期市場波動影響，就無法達成目標。所以貝瑞像多數避險基金一樣，規定投資人不准突然贖回基金。如果你把資金交給傳人，就至少必須投資一年。貝瑞也把他的基金設計成吸引想在股市裡「做多」的人，也就是看好股市上漲，而非看空股市的人。「我生性不喜做空。」貝瑞說，「通常我不會去找我想做空的公司。基本上我想找上檔獲利遠高於下檔風險的標的。」他也不喜歡承擔賣空股票的風險，因為理論上，賣空的風險無限。股價最低頂多跌到零，但上漲潛力卻是無窮的。

所謂的好投資，就是為風險付出適當的價格。但貝瑞愈來愈覺得自己並沒有做好投資，問題不單是個別股票而已。網路泡沫已經破了，但聖荷西的房價（泡沫中心）仍持續上漲。他深入研究建商的股票，接著研究承保房貸的公司，例如私人抵押貸款保險（PMI）10。2003年，貝瑞在寫給朋友的信中提到（這朋友是東岸一位知名專業投資人），房貸業者的非理性行為（隨便放款）讓房市泡沫愈來愈大。「你只需

---

10. 譯註：當買屋者無法付出20％的頭期款時，就必須購買私人抵押貸款保險。但此保險是用以保障銀行，萬一屋主無法償還貸款，保險公司必須幫忙理賠，拍賣房子或填補餘額。

注意連近乎毫無限制的放款也無法刺激房市上漲的時點就行了。」他寫道，「我對房市相關悲觀，覺得美國房市最後很可能跌50%……要是大家都覺得房價不會再漲，目前很大一部分的房屋需求都會消失，連帶的損害可能是大家現在所想的數十倍或數百倍。」

———

2005年年初，當貝瑞決定和次級抵押債券市場對賭時，他遇到的第一個大問題是，可能賣他信用違約交換的華爾街投資銀行並不覺得這很急迫。貝瑞覺得他必須現在就押注，在美國房市覺醒、恢復理智之前。他說：「我預期抵押貸款的惡化在兩年後才會達到臨界點。」（亦即當優惠利率消失，每月應繳房貸大增時。）但他覺得市場最後一定會發現他現在看到的情況，並開始調整，華爾街會有人注意到次貸風險大增，跟著大幅調高保險價格。「我怕這一切會在我押注前就爆開。」他在電子郵件中寫道。

由於貝瑞是靠著寫電子郵件過日子，他在不知不覺中，以第一位零售顧客的觀點留下了新市場誕生的記錄。如今回顧起來，令人訝異的是，華爾街公司從完全不知道貝瑞在講什麼，到改弦易轍的速度有多快。原始的抵押債券市場也是以類似方式誕生，是在一小群對鉅額融資的利益很感興趣的人連哄帶騙下，才出現在市場上。但那市場發展

了好幾年才成熟;相較之下,信用違約交換市場則在幾個月內就開始運作,交易風險價值高達數百億美元。

如果貝瑞想買許多次貸債券的保險,他首先必須創造某種大家普遍認同的標準化合約。只要有人賣他次貸債券的信用違約交換,將來就得賠他很多錢。他擔心券商可能會賴帳,有了合約後,對方就很難賴掉了。此外,貝瑞也比較容易拿同樣的合約說服別家券商和他交易,方便他到處比價。有一組織名為國際交換及衍生性金融商品協會(International Swaps and Derivatives Association,ISDA),它的任務就是為新的衍生性商品訂定正式條款。[11]ISDA已經有一套制度用來規範公司債的信用違約交換,但公司債的保險比較簡單。所謂的「違約」事件有可能發生,也可能不會。當公司無法支付某次利息時,你必須結算,買保險的人可能無法回收100%的債款(就像債券持有人可能不會賠光一樣,因為公司的資產還有一些價值),但是獨立的法官通常會以公平與令人滿意的方式裁定補償金額。如果債券持有人每一元可獲得0.3元的補償(亦即損失70%),買信用違約交換的人可獲得0.7元。

買美國房貸組合的保險則複雜多了,因為這組合不會一次全部違約,而是屋主逐一違約。券商(以德意志銀行和高盛為主)想出一種聰明的解決方法:現收現付信用違約交換(pay-as-you-go credit default

---

11. ISDA是1986年由我在所羅門兄弟的老闆成立的,目的是為「利率交換」這種創新商品解決相關問題。本來看似簡單的交易(我付你固定利率,你付我浮動利率),結果卻需要奇怪的規則來管理。這些規範的背後,其實是因為利率交換的雙方都擔心另一方破產而無法履約。利率交換就像信用違約交換一樣,以新的方式讓華爾街公司面對其他人的信用風險,也讓其他人面對華爾街公司的信用風險。

swap）。信用違約交換的買家（買保險的人）不是在貸款組合整個違約時才一次收到付款，而是在個別屋主違約時就逐一收到。

ISDA合約在律師和大型華爾街公司的交易員間爭論了好幾個月。貝瑞的律師史蒂夫・德拉斯金（Steve Druskin）因為某原因還可以在電話上旁聽，甚至有時還會跳出來，提出華爾街顧客的觀點。以往，華爾街公司會擔心顧客的可信度，顧客通常相信莊家會償付贏家。但貝瑞對莊家缺乏信心，他表示：「我不是在和債券對賭，而是和一個系統對賭。」他不希望向高盛買了洪水保險後，一旦洪水真的來了，連高盛都被沖走了。貝瑞希望高盛和德意志銀行能隨著保險合約價值改變（就像洪水逼近，但尚未摧毀建築一樣）提出擔保品，以反應他的保險增值。

2005年5月19日，就在合約條款確立前一個月，貝瑞做了第一筆次貸交易。他從德意志銀行買進6,000萬元的信用違約交換——六種不同債券各1,000萬元。這些叫「參考證券」（reference securities），你買的不是整個次貸債券市場的保險，而是某檔債券的保險。貝瑞費心找出該對賭的債券有哪些，研讀數十份債券的公開說明書，也迅速掃讀了其他幾百份說明書，以找出最不可靠的房貸組合。當時他還是很肯定，除了撰寫說明書的律師以外，自己是唯一讀過那些東西的人（後來又更加肯定了）。所以他很可能也是唯一一位對這些房貸做了傳統銀行授

信分析的投資人（銀行早該在放款以前就做這樣的分析）。只不過，貝瑞和傳統銀行家的目的相反，他要找的不是最好的貸款，而是最糟的貸款，以便和它對賭。

貝瑞分析房貸的貸放成數、二胎房貸、房屋地點、缺乏貸款證明文件及借款人收入證明等十多個因素的相對重要性，以判斷2005年左右美國貸出的房貸有多大的違約可能。接著他去找以最糟的房貸為標的所發行的債券。他很意外德意志銀行似乎不在意他挑什麼債券對賭。貝瑞覺得，在他們眼中，所有次貸債券都是一樣的。保險價格不是由獨立分析決定，而是根據穆迪和標準普爾等信評機構給的評等而定。[12] 如果貝瑞想為理當無風險的AAA級買保險，他可能要付20個基點（亦即0.2％，一個基點是0.01％）；為風險較高的A級買保險，他可能要付50個基點（亦即0.5％），為更危險的BBB級買保險，他必須付200個基點（亦即2％）。他想找的就是BBB層級，這種債券的標的抵押貸款只要出現7％的損失，其價值就變成零。貝瑞覺得這是很保守的賭注，他可以透過研究確定這些債券一定會違約。即使是掃讀公開說明書的人也可以看出，某檔BBB級債券和另一檔BBB級債券之間有很多重大差異，例如標的貸款集合中的無本金貸款比率。於是他開始仔細挑選最糟的債券，還有點擔心投資銀行會發現他對特定的抵押債券知道太多，而調整信用違約交換的價格。

---

12. 這兩大信評機構採用稍微不同的分級術語來代表相同概念。例如標準普爾的AAA是穆迪的Aaa，兩者都代表違約風險最低的債券。為簡化起見，本文採用標準普爾的用法。

2008年，當大家發現一堆次貸相關債券的評等其實毫無意義時，這些級別所表達的意義引起了熱烈的爭論。長久以來，華爾街投資人把那些級別解釋成違約機率。例如，AAA級債券通常第一年違約機率小於萬分之一，AA級債券違約機率小於千分之一，BBB級債券違約機率小於五百分之一。2008年，信評公司表示他們從來沒教大家把他們的評級視為那樣確切的衡量標準。信用評級只是信用評等公司對風險排序的最佳臆測。

結果這些投資銀行又讓貝瑞嚇了一跳，讓他大為驚喜。高盛還用電子郵件寄給他一長串垃圾抵押債券清單，讓他挑選。「其實我很震驚，」他說，「他們完全根據三大信評公司中某家的最低評等來訂價。」他可以直接從清單挑，也不怕他們發現他對這些債券有多深入的了解。這就好像你可以用同樣價格分別為山谷及山頂的房子買淹水保險一樣。

那市場看來毫無道理，但其他華爾街公司並沒有因此止步，貝瑞一直纏著他們賣是部分原因之一。他緊追著美國銀行數週不放，後來他們同意賣他500萬美元的信用違約交換。美國銀行寄出電子郵件確認那筆交易後，才隔二十分鐘，他們又收到貝瑞的來信：「我們可以再做一筆嗎？」於是，貝瑞在幾週內就從六家銀行買了價值數千萬美元的信用違約交換，每筆交易都是500萬美元。似乎沒有一個賣方在意他

們賣的是哪支債券的保險。貝瑞還發現，有一個抵押貸款組合完全由負攤還的機動利率抵押貸款所組成，借款人可以選擇完全不付息，持續累積愈來愈多債務，直到倒帳為止。高盛不僅賣那檔抵押債券的保險給他，還寄了一封小信，恭喜他成為華爾街裡裡外外第一個為該債券買進保險的人。貝瑞在電子郵件中得意地寫道：「我在教育這些專家。」

貝瑞沒浪費太多時間擔心這些理當精明的投資銀行家為什麼願意以低廉的價格賣他保險，他比較擔心萬一別人跟著學，機會就消失了。他表示：「我常裝傻，讓他們覺得我其實不知道自己在做什麼。當他們告訴我其實很簡單的東西時，我都會說『你是怎麼辦到的？』『喔，我可以去哪裡找這些資訊？』或『真的嗎？』」這是多年來幾乎完全與周遭世界疏離的額外福利——他可以輕易相信自己是正確的，別人都是錯的。

愈多華爾街公司投入這門新生意，貝瑞要下注也變得愈簡單。前幾個月，他最多可以一次做空1,000萬美元的債券；到了2005年6月底，他接到一通來自高盛的電話，問他要不要把每筆交易金額提高到1億美元。「要記住的是，」他做完交易的隔天寫道，「這是1億美元，那金額高得嚇人，但對他們來說卻像幾百塊一樣。」

7月底時，他已持有7.5億美元的次貸債券信用違約交換，私底下也開始吹噓了起來。「我相信全世界沒有其他避險基金有這種投資，即使有，也沒有這樣的規模。」一位投資人聽說貝瑞有新奇的投資策略時，貝瑞這樣回信給他。現在貝瑞不禁懷疑這些交易的另一方究竟是誰，是哪個瘋子會賣他那麼多他覺得必倒無疑的債券保險？信用違約交換是一種零和遊戲，如果貝瑞靠那些倒帳的次貸債券賺進1億美元，一定有人相對賠了1億美元。高盛明確表示最終賣家不是高盛，他們只是仲介買賣雙方，賺取手續費而已。

不管是誰願意賣貝瑞那麼多的便宜保險，這讓他有了另一個點子：乾脆設立一個基金，專門買次貸債券保險。在6億美元的股票基金中，現在他押的賭注已經非常龐大了，如果他可以專門為這個新目的籌資，他還可以再多做一筆數十億元的交易。8月，他為名叫「彌爾頓巨作」（Milton's Opus）的基金寫了一份提案，寄給他的投資人。（大家問的第一個問題總是：「什麼是彌爾頓的巨作？」他回答：「《失樂園》〔Paradise Lost〕。」但這樣的回答通常會讓人接著問另一個問題。）多數投資人並不知道他們的王牌基金經理人已如此沈迷於「信用違約交換」這種深奧的保險合約。很多人根本不想碰那玩意，有些人甚至懷疑他是不是已經用他們的資金投資那種東西。

結果，貝瑞不僅沒有因此籌到更多資金購買次貸債券信用違約交換，

反而更難挽留原本投資他的資金。他的投資人很樂意讓他挑選股票，但他們幾乎都懷疑他預見重大總經趨勢的能力。他們更不明白，為什麼他會對價值數兆美元的次貸債券市場有特殊見解。彌爾頓巨作很快就胎死腹中。

2005年10月，貝瑞在寫給投資人的信中終於和盤托出，讓投資人知道他至少持有10億元的次貸債券信用違約交換。貝瑞寫道：「有時市場真的會錯得很離譜。」

市場提供資金給美國線上（AOL），讓他們收購時代華納（Time Warner）時，市場犯錯了。市場拿英鎊和索羅斯對賭時，市場也錯了。現在市場持續發售次貸債券，彷彿信用泡沫史上最大的泡沫並不存在一樣，這也是錯的。機會稀有罕見，可用近乎無限的資金賺取潛在鉅額暴利的機會更是千載難逢。做空史上最有問題的抵押貸款債券就是這種稀有的機會。

2005年第二季，信用卡逾放比創下新高，但房價依舊居高不下。也就是說，美國人即使可抵押房子貸款，還是比過去更難履行還款的義務。聯準會已經升息，但抵押貸款利率還是很低，因為華爾街想出更精明的方法讓大家借錢。貝瑞這時已持有10億美元以上的賭注，除非他再吸收更多資金，否則無法再增加賭注。所以他只好向投資人說明

一切：美國抵押債券市場非常龐大，比美國國庫券和公債的市場還大，整個經濟就靠它的穩定支撐，而這個市場的穩定端看房價能否持續上揚而定。「認為資產泡沫只能事後確認實在太可笑了。」他寫道，「有一些指標可以完全辨識出泡沫正在膨脹，其中一大狂熱指標就是詐騙事件的發生率和複雜度迅速攀升……聯邦調查局表示，2000年以來，抵押貸款相關的詐騙案暴增了五倍。」不良行為不再只是健全經濟的邊緣現象，如今已變成主要特點。「當代的不動產相關詐騙有個特點：它已在我國體制中佔有一席之地。」

這些東西和他過去兩年在投資人季報裡談的內容其實大同小異，早在2003年7月他就寫過一篇長文，探討他覺得房市可能崩盤的原因和後果：「葛林斯潘向大家保證，房價不太可能出現全國性泡沫或嚴重通貨緊縮，這當然很可笑……1933年，在經濟大蕭條的第四年，美國深陷房市危機，新屋開工率只及1925年的10%，幾乎半數的抵押債券都違約了。1930年代，全國房價暴跌約80%。」2004年1月，他再次提出相同論點，2005年1月又一次。「想月付25美元借100萬美元嗎？速貸公司（Quicken Loans）現在推出無本金機動利率抵押貸款，讓借款人六個月免還款，利率只有0.03%，顯然是專門為短期有現金流量問題的買屋者所設計的。」

貝瑞的投資人在得知自己的錢被投資在貝瑞一直主張的投資標的時，

一點也不高興。有一位投資人說：「貝瑞是大家認識最棒的選股經理人，但他現在在做什麼？」有些人對於他們找來挑股票的人竟然跑去挑垃圾抵押債券相當不滿。有些人懷疑，如果信用違約交換真的那麼棒，高盛為什麼要賣這些東西？有人質疑貝瑞說七十年房市循環已達高峰的說法。有人其實不懂信用違約交換究竟是什麼，又是如何運作的。有投資人寫信給貝瑞：「我的經驗是，美國金融市場的末日預言鮮少在有限的時間內成真。在我大半職業生涯中，我聽過不少有關美國金融市場末日到來的合理預言，它們通常都沒有成真。」貝瑞回信表示，他的確預見了世界末日，不過他並沒有賭它一定會發生。這就是信用違約交換的優點：只要這些可疑的抵押貸款組合有一小部分違約，貝瑞就可以大撈一筆。

貝瑞在不知不覺中開始和自己的投資人展開辯論，這也是他最討厭的活動。「我討厭和投資人討論想法。」他表示，「因為這樣我就必須捍衛自己的想法，那會影響你的思考流程。」一旦你開始捍衛想法，就更難改變心意，但他別無選擇：他的投資人裡，顯然有一群人原本就是所謂宏觀思惟的懷疑論者，他們可以理解這個鑽研財報的聰明人為什麼會偶然發現一家沒人注意的小公司；但他們無法理解的是，每個美國人看電視就能理解的趨勢和全球力量，為何貝瑞會有更深入的見解。「我聽說白山公司希望我做擅長的事就好，」貝瑞寫信給最初的支持者，語帶不滿，「不過，我不清楚白山一直以來是否真的了解

我擅長什麼。」似乎沒人了解貝瑞覺得再清楚不過的事——這些信用違約交換其實是他在全球尋找價值投資標的的一部份。「我在尋找價值標的方面從來沒停過。」他寫信給白山,「我不打高爾夫球,也沒有其他嗜好讓我分心,我只知道尋找價值標的。」

貝瑞在創立傳人避險基金時告訴潛在投資人,由於他專門投資不起眼的標的,所以應從長期(例如五年)衡量他的績效;如今大家卻無時無刻都緊盯著他。「早期,大家投資我的基金是看上我的投資報告。」他說,「不知怎的,等他們投資後,他們就不再讀那些報告了。」他的輝煌績效吸引很多新的投資人,但他們對他的冒險進取不感興趣,而比較在意貝瑞能迅速幫他們獲利多少。每季,貝瑞都會告訴他們,他的選股賺或賠了多少。現在他還得解釋,他們必須從那個數字中扣除次貸債券的保險金,有一位紐約的投資人還打電話給他,語帶威脅地說:「你知道很多人都想抽走你的資金了。」

由於按合約規定,資金必須投入傳人基金一段時間否則不得贖回,因此投資人頂多只能寄電子郵件,語帶質疑地要求貝瑞解釋新的投資策略。「大家為了幾年5%和-5%間的差距斤斤計較,」貝瑞回信給一位抗議新策略的投資人,「其實真正重要的是:以十年來看,誰每年都比大家多賺10%的基點?我深信要年年達到那樣優越的水準,必須能看到兩、三年後的市場……如果我看到的基本面就是這樣,我必須堅

持抵抗大家的不滿。」創立基金的最初五年，S&P 500（貝瑞的比較基準）下跌6.84%，他提醒投資人，他的傳人基金在同期上漲了242%。貝瑞以為他已經為自己贏得足夠的信賴，顯然他錯了。他寫道：「我搭建令人刮目相看的沙堡，卻無法阻止潮汐不斷襲來。」

————

怪的是，當貝瑞的投資人開始躁動的時候，他的華爾街對手反而對他的投資標的產生了新的興趣。2005年10月，高盛一位次貸交易員打電話給他，問他為什麼會針對那麼特殊的次貸債券層級買信用違約交換。那位交易員在無意間透露，有幾家避險基金打電話到高盛詢問：「如何進行傳人基金所做的賣空房市交易？」這些詢問的人裡，有些就是當初貝瑞邀請加入彌爾頓巨作的對象，他們都是當初有興趣加入彌爾頓巨作的人。「這些人大體上並不知道怎麼進行那交易，希望高盛可以幫他們複製同樣的交易。」貝瑞寫信給他的財務長提到，「我懷疑高盛在幫他們，但他們否認。」不過，起碼他現在知道為什麼無法為彌爾頓巨作籌到資金了。「如果我把它說得太誘人，大家會覺得他們自己做就好。」他寫信給一位密友，「如果我講得不夠清楚，聽起來很冒險，大家反應兩極，我就籌不到資金。」總之，他對推銷不是很在行。

如今次貸債券市場似乎開始出現異象。11月4日，貝瑞突然收到德意志銀行首席次貸交易員葛瑞・李普曼（Greg Lippmann）的來信。其實該年6月，德意志銀行就認為貝瑞太積極要求擔保品，當時他們已決定不再和貝瑞往來。現在這傢伙突然自己找上門，說他想買回5月時傳人基金買的六筆信用違約交換。由於6,000萬美元只占貝瑞整個投資組合的一小部分，他自己也不想再和德意志銀行有任何瓜葛，所以就賣回那些交易，賺了一些獲利。李普曼馬上用不合文法的句子回信問他：「你願意再給我們其他的債券嗎？我們可以告訴你我們會付多少錢。」

德意志銀行的李普曼竟然想買他數十億元的信用違約交換！貝瑞回信道：「李普曼，謝謝你來信詢問，我們暫時沒有這個意願。」他寫完信後，心想，這太奇怪了。我和德意志銀行已經五個月沒有交易，李普曼怎會知道我持有大量信用違約交換？

三天後，貝瑞從高盛聽到消息。高盛業務員薇若妮卡・葛林斯坦（Veronica Grinstein）用手機打電話給他（她不希望通話被公司錄音時，都是用手機通話；但現在華爾街的公司會錄下交易室撥接的任何電話）。她說：「我想請你幫我一個忙。」她也想向貝瑞買一些信用違約交換，「管理高層在擔心了。」他們覺得交易員賣出那些保險，卻沒地方買回來。她問貝瑞能不能用好價錢賣2,500萬元次貸債券的信

用違約交換給她，這只是為了安撫一下高盛的管理高層。貝瑞掛電話後憑著一時直覺，打電話給美國銀行，問他們能不能再多賣一些信用違約交換給他。結果，他們不肯賣，因為他們也在想辦法買回。接著是摩根士丹利，也突然聯絡上他，他和摩根士丹利沒做過什麼交易，但顯然他們也想買他的東西。他不知道為什麼這些銀行突然那麼積極想買次貸債券保險，但有一個明顯的原因：這些貸款突然間以驚人的速度違約。5月時，貝瑞還在賭他的人性理論：這些貸款的設計注定會違約。到了11月，真的違約了。

隔天早上，貝瑞打開《華爾街日報》，看到一篇報導說明浮動利率抵押貸款在最初九個月如何以前所未見的速度出現新一波違約潮。中低階層的美國人都沒錢了，那篇報導還附了一張圖表，讓沒時間細讀文章的人了解情況。貝瑞心想，秘密揭曉了，世界就快轉變了。放款人將會提高放款標準，信評機構會看得更加仔細，已經沒有頭腦清楚的券商會想以之前的價格出售次貸債券的保險了。他說：「我心想有些人會突然頓悟，一些負責管理信用額度的人會說：『快抽離這些交易。』」多數華爾街交易員都會損失慘重，或許只有一個人例外。貝瑞剛剛接到另一封投資人的來信說，德意志銀行可能受貝瑞的獨眼金融市場觀點所影響，「德意志銀行的首席次貸交易員李普曼幾天前來這裡，他告訴我們，他做空這東西10億美元，可以海撈一票！他那興奮的樣子還真有點嚇人。」

3 「不會講英文的人怎麼會說謊呢？」

2006年2月，當李普曼出現在尖端夥伴事業的會議室時，艾斯曼對債券市場已經有足夠了解，知道接觸這市場必須小心謹慎，丹尼爾也知道債券市場的人都不能相信。從股市跨進債市的投資人就像在毫無天敵的小島上成長的小動物，突然進入充滿蟒蛇的深坑。在股市裡，大型華爾街公司可能坑你，但還需要花點心思，因為整個股市在螢幕上交易，你隨時可以清楚看到某家公司的股價行情。股市不僅透明，也受到嚴格的控管。你不會期待華爾街的交易員和你分享他對上市公司的每個負面觀點，但你至少知道他不會用漫天大謊坑你，或公然用內線消息和你對做，主要是因為他這麼做可能會被逮到，數百萬的投資散戶讓股市運作透明化，至少在法規與管制下，整個股市看起來還算公平。

債市主要由大型的機構投資人組成，沒有類似的公眾壓力。即使債市規模遠大於股市，它還是可以逃避嚴格的規範。債券業務員不管怎麼說或怎麼做，都不必擔心有人向主管機關舉發；債券交易員可以善用內線消息也不擔心被逮到。債券技術分析師可以構想極其複雜的證券，不用太擔心政府規範，這也是為什麼那麼多衍生性金融商品都來

自債券。規模較大、流通性較好的債券市場（例如美國國庫券市場）是在螢幕上交易，但想判斷債券交易員給你的價格是否公道，唯一的方法通常還是到處詢價，以期找到另一位交易員為某檔特別少見的證券造市。債市的不透明和複雜性對大型華爾街公司來說是一大優勢，債市顧客永遠都擔心自己被矇在鼓裡。如果華爾街的債券部門逐漸成為華爾街獲利的主要來源，部分原因在於在債市裡，還是有可能靠顧客的恐懼和無知牟取暴利。

所以當李普曼一走進艾斯曼的辦公室，就面對滿屋子的猜疑。這也沒什麼好奇怪的。「即使是摩斯走進門，如果他自稱來自債券部門，丹尼爾也不會相信他。」艾斯曼說。

儘管如此，如果一群專家想創造一個最有可能威脅華爾街客戶的人，他們的作品大概就是李普曼了。李普曼為德意志銀行交易債券，但是他像多數為德意志銀行（或瑞士信貸、瑞銀等在美國金融界占有一席之地的大型外銀）交易債券的人一樣，他是美國人。李普曼身材削瘦，個性緊繃，講起話來快到沒人完全聽懂他在說什麼。他梳著油亮的西裝頭，就像電影《華爾街》裡的葛登·蓋可（Gordon Gekko）一樣，留著長長的鬢角，有如1820年代的浪漫主義作曲家或1970年代的情色明星。他打著鮮豔的領帶，講話誇張，絲毫沒想到那些話若毫不留情地被複誦一次，聽起來會怎樣。言談間他不時會隱約提及自己賺

了多少錢之類的，華爾街的人都知道獎金這種事不該拿出來和外人談論，但李普曼會這麼說：「就說去年他們給我600萬好了，喔，我不是說他們真的給了，他們給我的數字比這少，但我不會說是多少。」在你反駁「我又沒問你！」之前，他會說：「我一年業績那麼多，他們給我的錢不可能少於400萬。」這下他讓你心想：所以確切數字介於400萬到600萬之間。你們可能一開始在聊紐約市立芭蕾舞團，最後卻像在逼供一樣，李普曼會一直丟出數字問你，逼得你最後不得不說出自己賺多少（那也是華爾街的人都希望你永遠別透露的資訊）。

更違反行規的是，李普曼喜歡告訴別人，老闆給他的薪水根本配不上他的價值。「資深管理者的任務就是付錢找人來工作，」他說，「如果他們用每人10萬美元的年薪找來100個人，那就是1,000萬元。這些人分四類：快樂、滿意、不滿意、厭惡。如果他們碰到快樂的人，那就是找錯人了，他們從來不希望你快樂；但他們也不希望你厭惡到辭職不幹。最適點介於不滿意到厭惡之間。」1986年到2006年間，華爾街流行過一句話：「如果你想靠買賣一些對社會沒什麼明顯貢獻的證券致富，最好掩飾你的本質。」但李普曼絲毫不掩飾自己和其動機，他說：「我對德意志銀行沒什麼好效忠的，我就只是在那工作罷了。」其實這種態度在業界並不罕見，罕見的是李普曼明講出來。

李普曼比較不具爭議的一點是：他這人充滿爭議。他不只是擅長交易

債券，更是非常優秀的債券交易員。他不心狠手辣，甚至不粗魯無禮（至少不是故意的），但他就是會讓人抓狂，一位和他共事多年的交易員說他是「鼎鼎大名的混蛋李普曼」。原因？因為「李普曼什麼事都做得太絕了」。

「我愛李普曼，」李普曼在德意志銀行的一位上司說，「我對他沒什麼惡言，但他是個不折不扣的瘋子。」不過當你撇開李普曼個性上的爭議時，你可以看出這一切源自兩個簡單的問題。第一，他顯然就是自私自利，喜好自我吹捧。第二，他對別人的自利和自捧極其敏感。他有近乎特異的辨識能力，可以一眼看穿別人的詭異動機。假設你剛捐了2,000萬元給母校，正為自己的無私奉獻感到光榮時，李普曼會第一個問你：「你捐2,000萬，是因為要讓學校大樓冠上你的名字至少要這個金額對吧？」

如今這號人物突然跑到艾斯曼面前，說要賣他自己想出來的絕妙點子——和次貸債券市場對賭。他用42頁的簡報做了很長的說明：過去三年房價飆漲的速度比之前三十年還快，而今房價尚未下跌，但已停止上揚；即便如此，這些房貸已開始以驚人速度違約（從1%暴增至4%）。誰借錢買房子又在十二個月內就違約？李普曼稍作解釋，然後讓艾斯曼看一個他自行製作的小圖表，他說那就是讓他對這交易開始感興趣的原因。那張圖顯示一個驚人的事實：2000年以來，房價漲幅

介於1％到5％之間，相較於房價漲幅超過10％，前者違約的可能性是後者的四倍。除非靠房價大漲，以便抵押房屋借入更多的錢，否則數百萬美國人並無能力償還房貸。

那就是李普曼推銷的概要：房價不需下跌，只要停止以過去幾年的驚人幅度上漲，許多美國人的房貸就會違約。

「做空房產淨值債券的中級分券」是李普曼的簡報名稱，其實這不過是以花俏名稱包裝貝瑞和美國房貸對賭的點子──買最爛的BBB級次貸債券的信用違約交換。李普曼曾以更直接的方式對德意志銀行的同事說明這東西，但同事都說他是杞人憂天，李普曼則回應：「他媽的！我是在做空你這個莊家！」

信用違約交換（CDS）的優點在於它解決了時間點的問題，艾斯曼不需臆測次貸市場何時崩盤，他可以先下注。不必馬上付錢，就有機會贏回賭金的數倍金額。最糟的情境是：無力償債的美國人不知怎的都償還了次級抵押貸款，你只好付每年約2％的保費，共六年。（六年公認是三十年貸款的最長預期壽命。）

次貸借款人迅速償還貸款也是蓬勃房市的另一個怪現象，這主要是房貸設計的架構造成的，前兩、三年的利率刻意壓得很低，後來才飆高

成正常浮動利率。「他們以優惠利率放款給低收入者，儘管他們心知肚明這些人無力償還正常的利率。」艾斯曼表示，「他們這麼做是因為借款人在優惠利率結束時必須重新貸款，如此一來，就可以貸放更多錢給這些人了。」所以他們把三十年的貸款設計成幾年內還款。如果你為1億元次貸債券購買信用違約交換，你最糟可能得連付六年的保費，假設是1,200萬。在最佳情境中，違約率從目前的4%提升為8%，你就賺進1億美元。莊家等於提供你機率介於6:1和10:1之間的賭注，事實上違約機率則高達2:1。這對行家來說，是不容錯過的大好機會。

為李普曼確立論點的關鍵人物是他的一人計量團隊，他名叫徐幼于（Eugene Xu），但對聽過李普曼推銷的人來說，通常大家都叫他「李普曼的中國計量家」（Lippmann's Chinese quant[1]）。徐幼于是德意志銀行的分析師，但李普曼讓大家覺得他好像把徐幼于當寵物綁在Bloomberg的螢幕前一樣。徐幼于是道道地地的中國人（連華裔美國人都不是），顯然不會說英文，只會講數字。李普曼告訴大家，中國有一項全國數學競賽，徐幼于拿下全中國第二名。李普曼簡報裡的每個數字都是徐幼于負責算出來的，把徐幼于抓進團隊後，就再也沒有人質疑李普曼的數學或資料了。就像李普曼說的：「不會講英文的人怎麼會說謊呢？」

不僅如此，李普曼的資訊充滿了誘人的細節——美國屋主的歷史行

---

1. 譯註：Quant是quantitative的縮寫，意指金融計量分析師。

為、穆迪與標準普爾等信評機構的愚行和腐敗（房貸違約率只有8％時，他們給次貸債券BBB的評級）[2]、房貸市場詐騙情況普遍、次貸投資人的愚蠢（其中很多人似乎是住在德國的杜塞爾多夫）。「每次我們問李普曼誰買這些垃圾，」丹尼爾說，「他總是回答：『杜塞爾多夫』。不管杜塞爾多夫是真的買次貸債券，還是賣那些次貸債券的信用違約交換，總之他們代表同一件事——賭注的多方（long side）。」

李普曼也展現出典型的李普曼風格，他暗示艾斯曼可以靠這些交易發大財，有錢到足以買下洛杉磯道奇隊（「搞不好你會有錢到買下道奇隊」），有錢到連電影明星都會巴上他（「搞不好還可以約到潔西卡・辛普森〔Jessica Simpson〕」）。李普曼一邊陳述交易資訊，一邊探尋，彷彿使用探找水脈的探針，探測深藏在艾斯曼心裡的泉源一樣。

丹尼爾注意著李普曼和艾斯曼，原以為雙方會一言不合吵起來。結果沒有。艾斯曼對李普曼毫無意見，還覺得他很了不起。艾斯曼其實只有兩個問題，第一：再告訴我一次信用違約交換怎麼運作？第二：為什麼你會叫我和貴公司發行的債券對賭，還讓信評公司亂給評等？艾斯曼說：「我這輩子從沒看過賣方的人上門說：『做空我的市場吧。』」李普曼甚至不是債券業務員，他是債券交易員，理論上應該會買進這些次貸債券才對。「我不是懷疑他，」艾斯曼說，「我只是不了解他。丹尼爾則確信李普曼一定會坑我們。」

---

2. 損失的計算不僅看多少借款人違約，也看每筆違約的成本。畢竟，放款人握有房子的抵押品。根據經驗法則，違約發生時，放款人約可回收50％的放款，所以房貸組合中必須有16％的房貸戶違約，整個組合才會出現8％的損失。

要艾斯曼對賭次貸市場並不難，事實上，他萬萬沒想到市場上竟然有這種東西，可以讓他（未來六年）每天上床時都開心地想到，他做空一個金融市場，而且這市場是他深入了解後，開始鄙視、確信總有一天會崩盤的市場。「李普曼走進來說我可以靠做空次貸債券獲利，就好像在我面前擺了一個光溜溜的超級名模一樣。」艾斯曼說，「我只是不懂他為什麼希望我做那交易。」後來發現，這問題遠比艾斯曼猜想的更有趣。

———

次貸市場每年創造價值5,000億美元的新貸款，但參與重新分配市場崩盤風險的人非常少。當高盛的業務員打電話給貝瑞，告訴他高盛想賣價值1億元的信用違約交換給他時，貝瑞就已經猜到高盛並非和他對賭的另一方。高盛不會笨到用龐大的金額去賭數百萬無法償債的美國人都能償還房貸。貝瑞不知道和他對賭的人究竟是誰，又為什麼要賭、賭了多少，但他知道某個具AAA評級的大公司在賣次貸債券的信用違約交換。只有AAA評級的企業才會在無本金、無條件下承擔這樣的風險。這點也被貝瑞料中了，不過他在三年後才知道真相。和他對賭次貸債券的另一方是評級AAA的保險公司美國國際集團（American International Group, Inc.，簡稱AIG），更精確地說，是AIG旗下的一個單位，名叫AIG金融產品公司（AIG Financial Products ，簡稱AIG

FP）。

AIG FP是1987年由原德崇證券債券部人員所創立，這些人都曾在垃圾債大王麥可·米爾肯（Michael Milken）旗下工作。如今由名為霍華德·邵信（Howard Sosin）的交易員領軍，他宣稱他有更好的模式可以交易與評價利率交換（interest rate swap）。1980年代的金融創新衍生了多種結果，其一是大型金融公司之間大量承做必須承擔對方信用風險的交易，利率交換就是一例——指一方以浮動利率交換另一方的固定利率。過去克萊斯勒公司（Chrysler）透過摩根士丹利發行債券時，唯一承擔信用風險的是買克萊斯勒債券的投資人。不過，克萊斯勒也可以出售債券，同時和摩根士丹利做一筆十年期的利率交換，這樣一來，克萊斯勒和摩根士丹利就承擔了彼此的風險。萬一克萊斯勒破產了，債券持有人顯然會虧損，不過根據利率交換的性質和利率的變動，摩根士丹利可能也會因此受損。萬一摩根士丹利破產了，克萊斯勒連同其他和摩根士丹利做過利率交換的對象都會受損。金融風險就這樣無中生有，業者要不是把這些風險誠實揭露，就是把它隱藏起來。

後來出現邵信這號人物，他宣稱他有更好的利率交換模型，即使當時德崇證券在信用交換上並非市場的領導者。信用評級好的績優企業參與交換、長期選擇權交易、或其他風險性創新產品是很自然的事，這些企業的特徵是：非銀行（因為銀行必須遵守銀行法規，必須為風險

資產預留準備金），願意且能夠在資產負債表上隱藏這些新奇的風險。例如，它必須能夠承保1,000億元的次級抵押貸款，又不必向任何人揭露它做了什麼。這家公司不見得非得是AIG不可，任何AAA級的公司只要資產負債表夠雄厚都可以這麼做，例如巴菲特旗下的波克夏公司（Berkshire Hathaway）或奇異公司。AIG只是比大家先做而已。

在迅速創造複雜風險的金融體系裡，AIG FP大舉吞下了這類風險。早期這種交易就像是收取保費、承保極不可能發生的事件，為業者帶進不少收入。這種交易的成功吸引許多模仿者跟進──蘇黎世再保FP（Zurich Re FP）、瑞士再保FP（Swiss Re FP）、瑞士信貸FP（Credit Suisse FP）、科隆再保FP（Gen Re FP）。（以上的Re指的是再保險。）這些都是過去二十年金融交易的核心，要是沒有他們，那些新創造的風險全都無所遁形，都會攤在銀行監管單位的眼前。在危機來臨時，大家對複雜金融風險所產生的嫌惡感會一舉消除這些地方；但在某個時刻，他們的存在對金融界來說似乎是必要的一環，AIG FP就是這類業者的典型。

AIG FP剛成立的十五年間，獲利一直相當驚人，完全沒有跡象顯示他們可能會承擔導致虧損的風險，更別說是拖垮龐大的母公司了。1993年，邵信離開AIG FP時領了將近2億美元，可見這家公司有如一台超級印鈔機。1998年，AIG FP投入企業信用違約交換市場，賣保險給銀

行，承保投資級上市公司的違約風險。當時JP摩根的銀行家才剛發明信用違約交換，他們接著去找願意賣出這類交換的AAA等級公司，結果找到了AIG FP。[3]以華爾街的標準來說，這市場的源起其實再單純不過了。

不同國家、不同產業的投資等級公司的確不太可能同時出現債務違約，後來事實證明，出售這類信用違約交換的確是一門好生意。2001年，AIG FP由喬・卡薩諾（Joe Cassano）領導，每年可創造3億美元獲利，占AIG總獲利的15％。

但在本世紀初，金融市場分兩階段使出掛羊頭賣狗肉的絕招。第一階段是把原本用來應付企業信用風險的公式套用在消費信用風險上。銀行原本以AIG FP來承保他們給IBM和GE的放款風險，現在則叫他們承保比較混亂的放款，例如信用卡債、就學貸款、汽車貸款、優級房貸、飛機租賃，以及其他可創造現金流量的任何東西。由於放款有很多種，放款對象各不相同，所以適用在企業貸款的邏輯（亦即「放款對象五花八門，不太可能同時都違約」）看起來好像也能套用在其他放款上。

第二階段從2004年年底開始，他們以較龐大的美國次級抵押貸款取代就學貸款、汽車貸款及其他貸款。「問題是，」AIG FP的一位交易員

---

3. 關於他們做這生意的原因和過程，可參閱《金融時報》記者吉蓮・邰蒂（Gillian Tett）在著作《愚人之金》（Fool's Gold）裡的詳盡敘述。

指出，「這次組合裡多了其他的東西，但我們以為這些和以前做的東西一樣。」華爾街公司（以高盛為首）請AIG FP承保的「消費貸款」組合裡，原本次級抵押貸款只占2％，現在變成95％。在數個月內，AIG FP就做了500億元的BBB次貸債券信用違約交換。沒人對此吭過一聲，AIG執行長馬丁‧蘇利文（Martin Sullivan）沒說什麼，AIG FP的領導人卡薩諾也沒說什麼，AIG FP康乃狄格州辦事處負責賣出信用違約交換給華爾街大公司的艾爾‧佛斯特（Al Frost）也沒說半句話。根據大家的說法，那些交易在AIG FP裡沒經審查就直接批准通過了，接著AIG的高層也照單全收。每位相關人員顯然都以為他們不過是收取保費，承保的風險和近十年來承保的東西基本上一樣。但事實上不然，他們其實已經變成全球最大的次貸債券擁有者。

———

當李普曼看到高盛的同業在找還有誰願意賣大量又便宜的次貸債券保險時，他馬上就猜到了賣方的身份。在次貸債券發行者與交易員的小圈子裡，消息很快就傳遍了——AIG FP在賣AAA級次貸債券的信用違約交換，一年費用才0.12％。12基點！李普曼不知道高盛如何說服AIG FP拿企業貸款的價格為蓬勃發展的次貸市場提供同樣的保險。他只知道高盛馬上創造了好幾筆數十億元的交易，把200億元BBB級次貸債券的未來損失全都轉給AIG承擔。這實在太驚人了——這家保險公司

一年才收數百萬美元的保費，卻承擔了200億美元的倒帳風險。高盛在幾個月內靠著債券交易室裡的幾個鬼才和一位名叫安德魯・戴弗曼（Andrew Davilman）的業務員，就完成了這些交易，戴弗曼也因為這些交易，很快就晉升為執行董事。高盛的交易員因此賺進15億到30億元的獲利，即使以債市的標準來看，這都是相當驚人的數字。

在這個過程中，高盛創造了一種證券，那證券是如此的隱晦複雜，投資人和信評機構一直都沒弄懂——合成的次貸債券擔保債權憑證（synthetic subprime mortgage bond-backed collateralized debt obligation，collateralized debt obligation簡稱CDO）。CDO就像信用違約交換一樣，是用來重新分配公司債和公債的違約風險，但現在也搖身變成隱藏次貸風險的工具。它的邏輯和原始抵押債券一樣。在抵押債券裡，你是把數千筆貸款集合起來，假設他們極不可能同時違約，然後發行層層堆疊的債券高塔，債券層級愈高，風險和報酬愈低。在CDO裡，你集合100種不同的抵押債券（通常是指原始債券高塔的底層那些風險較高的債券），用它們堆疊出全新的債券高塔。單純的觀察者可能會問，為什麼要用某個債券高塔的底層去堆疊另一座債券高塔？簡單的回答是：它們離地面太近，比較容易淹水（率先虧損），它們的信用評等較低（BBB）。BBB級債券比位於高層的AAA級債券更難出售。

詳盡的回答是：如果你可以想辦法讓這些債券被改評為AAA級（不管

是用多不老實與刻意的方式），藉此降低它們給人的風險觀感，這裡
蘊藏巨大的獲利商機。這就是高盛巧妙設計出來的東西，他們為了解
決販售底層債券的問題，想出了這個巧妙的解決方案，簡直神乎其
技。高盛從100種不同的次貸債券高塔收集了100個底層（100種不同的
BBB債券），然後說服信評機構：這些東西雖然表面上很像，其實並
不一樣，是另一個多角化的資產組合！這實在荒謬極了，這100個高
塔位於同樣的淹水平原，當洪水來襲時，底層都一樣會淹水。不過沒
關係，高盛和其他的華爾街公司為每筆CDO的評等都付了相當豐厚的
費用。信評機構收了錢，便宣布這些新債券高塔有80％都屬於AAA等
級。CDO說穿了就是一種為美國中下階層所做的信用漂白服務。對華
爾街來說，它則是一台點石成金的機器。

1980年代，抵押擔保債券的原始目的，是重新分配房貸的相關風險。
房貸可透過管道，轉給願意以最高價買進債券的債市投資人，讓屋主
支付的房貸利率因此降低。總之，創新的目的是為了讓金融市場更有
效率。如今，不知怎的，同樣的創新精神卻套用在相反的目的上——
將其複雜化以便隱藏風險。市場等於付錢請高盛的債券交易員把市場
變得更沒效率。在薪水停滯不漲和消費蓬勃發展下，現金短缺的美國
大眾對貸款幾乎有無限需求，卻不一定有能力償還。從華爾街金融商
品設計師的觀點來看，這些人的財務命運是可以曲解成毫無相關性
的。只要假設一個次貸集合和另一個次貸集合所面臨的風險不同（例

如貸款集中在佛羅里達的次貸債券，和貸款集中在加州的次貸債券不一樣），金融產品的設計師就可以創造出安全的假象，而AIG FP竟然對這種假象信以為真。

在高盛抵押債券交易室工作的人都非常聰明，他們的在校成績相當出色，全是長春藤盟校的高材生。不過，把BBB級債券漂白成AAA級債券所蘊藏的獲利商機，不是天才也看得出來；真正需要天才的地方，是去找出200億元的BBB級債券來漂白。在原始的債券高塔中，只有一層的債券被評為BBB級。因此在10億元的垃圾房貸裡，可能只有2,000萬元最爛的BBB級債券。換句話說：要創造10億元完全由BBB級次貸債券組成的CDO，你得放款500億元現金給消費者才行，那需要時間和努力才能累積，但信用違約交換則可不費吹灰之力辦到。

貝瑞買進10億元的信用違約交換，這筆交易可從幾種角度來思考。第一種是把它想成簡單的保險合約，貝瑞每半年支付一次保費，換取10億元債券違約時的保障。如果貝瑞投保的BBB級債券證實沒事，他就收不到半毛錢；如果那些BBB級債券違約了，他便能獲得10億元。當然，貝瑞並未持有任何BBB級次貸債券，他沒有這些財產可以「保險」，這就好像他為某個曾有燒毀紀錄的貧民窟買火險一樣。對他（以及艾斯曼）來說，信用違約交換其實不是保險，而是純粹的投機，目的是和市場對賭——這是另一種思考方式。

這種新金融商品還有第三種比較複雜的思考方式──把它想成近乎完全複製次貸債券的東西。貝瑞買的信用違約交換之現金流量，是模仿他對賭的BBB級次貸債券現金流量。貝瑞每年支付的2.5％保費是模仿BBB級次貸債券付給實際債券投資人的利息（亦即與LIBOR[4]的利差）。萬一這些債券違約，賣給貝瑞10億元信用違約交換的人就會虧損，虧損金額和實際債券持有人的潛在損失一樣。

表面上，這些針對次貸債券從旁下注的交易很像金融版的夢幻足球（fantasy football）[5]，是一種無害、甚至有點可笑的投資模仿。不過，夢幻足球和夢幻金融之間有個差異。當夢幻足球的玩家把裴頓・曼寧（Peyton Manning）拉進自己的球隊時，並沒有創造出第二個曼寧。但當貝瑞根據長灘儲蓄銀行的次貸債券買進信用違約交換時，他也讓高盛創造出和原始債券幾乎一模一樣的另一種債券，唯一不同的地方是：這種債券沒有實際的房貸或購屋者，只有針對債券從旁下注的損益是真實的。

所以要創造10億元的BBB級次貸債券，高盛不需先貸放500億元的房貸，只需要吸引貝瑞或其他的市場悲觀者挑100種不同的BBB級債券，為每種債券各買1,000萬的信用違約交換就行了。等這組合湊好以後（專業術語稱為「合成CDO」，其實是指完全由信用違約交換組成的CDO），他們會拿去讓穆迪和標準普爾做評等。「信評機構其實並沒

---

4. LIBOR是倫敦銀行同業拆款利率（London Interbank Offered Rate），以往大家認為這是近乎無風險的，現在則否。

5. 譯註：一種遊戲，讓玩家當球隊領隊，以現實世界球員自組想像的球隊，根據那些球員在真實比賽的實際表現計分。如此一來就可以和其他玩家自組的想像球隊一較高下。

有自己的CDO評級模式。」一位前高盛CDO交易員表示,「銀行會把自己的模型拿給穆迪說:『這看起來如何?』不知怎的,約80%的BBB級債券這下全變成AAA級債券,剩下的20%信評較低,通常比較難賣,但它們還是可以神奇地湊成另一堆東西,再加工處理成更多的AAA級債券。這機器先把100%的鉛,變成內含80%黃金和20%鉛的礦石;再把剩下的鉛又變成80%含金。」

細節很複雜,不過這台印鈔機的目的可一點都不複雜——把許多高風險的貸款轉變成債券,多數債券是AAA級;接著再把評級最低的債券湊在一起,把其中多數變成AAA級的CDO。接著,由於房貸貸放的速度無法創造足夠的劣級債券,於是他們用信用違約交換一再複製現有債券裡最糟的部分。高盛在貝瑞與AIG之間當仲介,貝瑞付出250基點(2.5%)買進信用違約交換,AIG僅以12基點(0.12%)賣出那些債券的信用違約交換,那些債券都經由合成CDO漂白,如今掛著AAA的評級。這其中還有一些凌亂的細節6(有些鉛是直接賣給杜塞爾多夫的德國投資人),不過等一切塵埃落定後,高盛大約賺進2%的無風險獲利,而且所有獲利在期初就認列了。交易雙方(不論是多方或空方)都不必以現金交易,雙方只要和高盛簽一張合約就能成交,雙方押注

---

6. 親愛的讀者,如果你已經讀到這裡,你不僅值得讚許,也值得了解這個複雜問題的答案:如果貝瑞是唯一買進次貸債券信用違約交換的人,他買了10億元的信用違約交換,剩下和AIG對做約190億元交易的空方是誰?答案是:第一,貝瑞率先買進信用違約交易後,其他人也立刻跟進,其中包括高盛自己。也就是說,高盛販售自家交易員創造的債券給顧客,以便自己和那債券對賭。第二,相對於貝瑞的信用違約交換,還有另一種比較原始、凌亂、緩慢但可接受的替代方法——實際的現貨債券(cash bond)。一位前高盛衍生性金融商品交易員表示,高盛針對AIG賣給高盛的信用違約交換,買了那些信用違約交換所承保的部分債券(以比該層級收益還低的成本,買進某些CDO的AAA層級),宣稱整個組合已經毫無風險,並把那些交易隱藏在資產負債表外。當然,整個交易並非毫無風險。萬一AIG破產了,那些保險就毫無價值,高盛可能失去一切。如今,大家要求高盛解釋他們究竟做了什麼時,高盛都不願透露,他們連對自己的股東也不做透明化的揭露。「如果讓一群專業的舞弊調查會計師審查高盛的帳冊,他們會對高盛藏匿事情的高超技巧大為震驚。」一位前AIG FP的員工如此表示,他協助揭開整個亂局,也和高盛的對應窗口相當熟稔。

的原始標的（房貸）在此交易中完全沾不上邊，這些房貸的存在似乎只是為了讓人賭它們的命運發展而已。

「合成金融工具」（synthetics）的市場移除了和次貸有關的風險規模限制。想押10億元的賭注，你不再需要累積10億元的實際房貸，只需要在市場裡找到有人願意和你對賭就行了。

這也難怪高盛會突然那麼急著以每筆1億元的龐大規模，將信用違約交換賣給貝瑞，否則高盛的債券交易員一直以來對貝瑞對賭的次貸債券都漠不關心。他們把貝瑞買的保險塞進合成CDO裡，轉給AIG。AIG賣給高盛約200億元的信用違約交換，這表示高盛每年可賺約4億元的無風險獲利。這些交易的存續期間和債券相同，大約是六年，所以隨手一算就能算出高盛交易員的總獲利約為24億美元。

華爾街這種從債市擷取利潤的最新技巧，理論上應該會引起一些質疑才對。AIG FP的交易員按理來說應該都很精明，為什麼會做這些交易？如果信用違約交換是保險，為什麼這種交易不是以保險來規範？為什麼AIG不需要為這些交易預留準備金？為什麼穆迪和標準普爾會願意賦予80％的垃圾抵押債券和美國公債一樣的AAA評級？為什麼高盛裡沒人站出來說「這一切太扯了，這些信評機構是次貸的最終評價者，他們顯然不懂這些風險，他們的愚蠢正在塑造災難」？顯然這些

問題在局內人腦中出現的速度都沒有另一個問題快——我怎麼做高盛剛剛做的交易？尤其當德意志銀行得知高盛率先開發出這種骯髒勾當時，還覺得自己晚了一步很丟臉。德意志銀行和高盛一樣，都是這類深奧衍生性金融商品的領先造市者，杜塞爾多夫在此新市場中參了一角。如果有愚蠢的德國人想買美國次貸的衍生性商品，德意志銀行都會率先找上他們。

這些對李普曼來說都不是什麼問題。德意志銀行的CDO業務並非由李普曼負責，而是一位名為麥可·拉蒙（Michael Lamont）的人負責。李普曼只是負責買賣次貸債券的交易員，順便延伸買賣次貸債券的信用違約交換。但在很少有投資人願意和次貸債券市場對賭的情況下，李普曼的老闆叫他去找類似貝瑞的人，和市場明顯對賭。如果李普曼向德意志銀行的CDO部門購買信用違約交換，他們也可能在AIG覺醒以前和AIG做這些交易。「李普曼是被迫做空CDO的。」德意志銀行CDO部門一位前資深人員表示，「雖然我說『被迫』，但沒有人可以真的強迫他做任何事。」負責德意志銀行CDO營運的人的確對李普曼施加了一些壓力，但負責人自己對於做空次貸債券這事始終感到不安。

不過，至少有一個不錯的理由阻止李普曼反抗高層：有個獲利極高的市場等著他們創造出來。金融市場匯集了許多論點，市場愈不透明，

證券愈複雜，華爾街大公司的交易室可以靠這些論點獲利愈多。大家對各大上市公司的股價提出的看法其實沒有多大價值，因為買賣雙方都可以從報價資訊上看到公平的股價，經紀商的佣金也因為競爭而大幅壓縮。相反的，有關次貸債券信用違約交換的論點則可能是個金礦，畢竟這是一種複雜的證券，它的價值又源自於另一種複雜的證券。除了德意志以外，另一家大舉投入信用違約交換市場的券商只有高盛，所以一開始沒什麼價格競爭。供給方面又多虧有AIG，幾乎是無限供應。問題在於需求——亦即想做貝瑞那種交易的投資人。另人難以相信的是，在這個金融史上的關鍵時刻（之後市場就兵敗如山倒，一發不可收拾了），次貸市場的唯一限制竟然是——缺少願意和這個市場對賭的投資人。

為了說服投資人和次貸債券市場對賭（亦即說服投資人買信用違約交換），李普曼需要一套更好的新論點，所以了不起的中國計量家就上場了。李普曼要徐幼于研究房價上漲對次貸的影響，徐幼于悶頭去做中國第二聰明的數學家會做的事，最後終於得出一張圖表，畫出不同房價下的違約率，包括房價上漲、房價持平、房價下跌等等。李普曼看著那張圖⋯⋯接著又看了一遍，那數字連他看了都大吃一驚。房價根本不需要崩盤，只要不再迅速上揚就行了。當時房價仍在上漲，但違約率已逼近4％。如果違約率升至7％，投資等級最低的債券（BBB-）就毫無價值了。如果違約率升至8％，等級次低的BBB債券也

將價值歸零。

當時，也就是2005年11月，李普曼發現他並不在意手上握有一堆次貸債券的信用違約交換，這些不是保險，而是賭注，他又喜歡那個賠率，他想做空。

這是新東西。1991年李普曼從賓州大學畢業後到瑞士信貸工作，從那時起他交易過多種以消費貸款抵押的債券，例如車貸、信用卡信貸、房產淨值貸款，但一直沒機會做空債券，因為不可能借券。他和其他資產抵押債券的交易員對這類債券的唯一選擇是喜歡或不喜歡，從來沒有出現過討不討厭的狀況。但現在他可以討厭債券了，也做空了。可是做空債券等於和主流逆勢而行，那對李普曼來說是新的職業風險，就像他對其他人說的：「如果你投入某個生意，裡面只有一種選擇，即使你做不好，老闆也不會怪你。」現在不只有一種選擇，萬一他和次貸市場對賭，結果賭輸了怎麼辦？老闆可以輕易地把責任怪到他頭上。

於是李普曼化身為正義使者，帶著眾人不願面對的真相，一手夾著「做空次貸中級分券」的簡報，開始走訪投資法人。他開始調查次貸市場時，可能是抱著華爾街業務員的心態，不是為了尋求真相，而是為了找有說服力的推銷辭令。現在，他認為自己有一套巧妙的方式幫

客人致富。以前他買賣信用違約交換的佣金的確很高，但那些費用和這次的潛在獲利相比簡直是小巫見大巫。現在李普曼可不是在「賣」信用違約交換，而是在送禮，**注意囉，這可是我送你的大禮喔！**

投資法人搞不清楚李普曼葫蘆裡賣什麼藥，至少一開始並不清楚。「我覺得他有種自戀人格失調症。」一位聽過李普曼推銷、但並未和他交易的基金經理人如此表示。「他嚇死我們了，」另一位基金經理人說，「他一來就講這個絕妙的交易，聽起來非常合理。對我們來說，風險在於，如果我們做了，賭對了，結果呢？怎麼脫手？他掌控了市場，他可能是我們唯一可以出脫交易的對象。他說：『你想離開這個泳池，只能透過我這個管道。你向我要毛巾時，我會把你的眼珠子挖出來。』他真的這麼講，真的說要把我們的眼珠子挖出來，這傢伙心裡想什麼就說什麼，毫不隱瞞。」

就某方面來說，大家喜歡他這樣有話直說，但後來他們都決定還是不要拿自己的眼珠子開玩笑比較好。這位基金經理人說：「李普曼這個人的缺點就是太坦白了。」

李普曼不只遇上顧客常丟給債券銷售員吃的閉門羹：「**如果這交易真的那麼棒，你為什麼要賣給我？**」他也聽到其他比較少見的理由。買進信用違約交換等於是付幾年的保費，等著美國的屋主違約。債市投

資人就像債市交易員一樣,生性就不喜歡要先付錢才能做的交易,他們直覺上會找躺著就能收錢的交易(某位債市投資大戶把他的遊艇命名為「正利差」〔Positive Carry〕[7]),每年付2%的費用只是為了參與交易,這實在令他們難以苟同。有些投資人也提出其他反對理由,「我無法向我的投資人說明信用違約交換」是李普曼常聽到的回應,或是「我有個親戚在穆迪工作,他說這東西(意指次貸債券)沒問題」,或「我跟貝爾斯登談過,他們說你瘋了」。李普曼花了二十個小時向一位避險基金經理人推銷,他以為自己好不容易說服對方了,結果那位經理人打電話給在某家建商任職的大學室友後,就改變了心意。

不過,聽過李普曼推銷的投資人最常出現的回應是。「我相信了,你說得沒錯,但是做空次貸市場不是我的工作。」

「所以這機會才存在啊!」李普曼回應,「就是因為這工作沒人做。」

然而這也不是李普曼的工作,他的任務其實是當收費站,從交易的買賣雙方收取一點費用。但如今他和市場及雇主的關係也變了,他變得比過去更堅持自己的看法。原本李普曼可能是在半推半就下開始做空,但到了2005年年底,他已經完全投入這事,把整個投資部位拉抬

---

7. 譯註:亦即投資收益高於該項投資的融資成本。

到10億元。在德意志銀行華爾街總部的16樓裡，有數百位高薪員工買了次級抵押貸款，再把它們包裝成債券出售。另一群人則把那些債券中最糟糕又滯銷的層級以及債券的信用違約交換組合成CDO。李普曼的空頭部位愈大，這些人和業界人士暗地裡對他的鄙視就愈強烈（因為那一行迅速變成華爾街裡獲利最好的事業）。李普曼每年必須為信用違約交換支付數千萬美元的保費，他的損失看起來更大。信用違約交換的買家同意在標的抵押債券存續期間支付保費，所以只要標的債券還在，信用違約交換的買賣雙方都有義務提出擔保品，以因應價格的變動。驚人的是，次貸債券的價格一直上升，幾個月內，李普曼的信用違約交換部位就縮水了3,000萬元，他的上司一再叫他解釋為什麼要做這些交易。「很多人懷疑，這該不會是善用李普曼的時間和公司資金的最佳方法吧。」德意志銀行一位看到衝突日益擴大的資深人士表示。

李普曼不因壓力屈服，而是想辦法讓壓力消失：主動出擊，扼殺新市場。AIG幾乎是AAA級CDO的唯一買家（亦即由BBB級次貸債券重新包裝成AAA級的CDO），所以AIG是和信用違約交換買家對做的另一方。如果AIG不再買債券（確切地說，是不再提供違約保險），整個次貸債券市場可能會崩盤，李普曼的信用違約交換就值錢了。2005年年底，李普曼飛到倫敦，想促使這事發生。他和AIG FP的湯姆·菲文斯（Tom Fewings）見面，菲文斯是直接向卡薩諾負責的員工。這些

日子以來,李普曼持續為他的簡報增添資料,他拿出最新版的「做空房產淨值債券的中級分券」簡報,向菲文斯說明他的論點。菲文斯沒提出什麼異議,李普曼在離開AIG的倫敦辦公室時,覺得自己應該已經說服菲文斯了。果然,李普曼造訪AIP FP沒多久,AIG FP就不再出售信用違約交換。更棒的是,AIG FP還暗示,他們其實想買一些信用違約交換。李普曼預期自己可以賣他們一些,所以又囤積了更多的部位。

一時間,李普曼覺得他獨自改變了世界。他走進AIG FP,告訴他們德意志銀行和其他華爾街公司是怎麼耍弄他們的,而他們也聽懂了。

4 如何剝削移民勞工

其實，他們並沒有聽懂。AIG FP裡第一個驚覺公司亂象並提出警告的人並不是菲文斯，而是吉恩・帕克（Gene Park）。菲文斯很快就忘了他和李普曼見過面，帕克在AIG FP的康乃狄格辦公室工作，他的座位離信用違約交換的交易員很近，所以大致上知道他們在做什麼。2005年年中，他在《華爾街日報》頭版看到一篇有關抵押放款業者新世紀公司（New Century）的報導。他注意到新世紀的股利很高，心想該不該投資那家公司的股票。不過，在他深入研究新世紀後，發現該公司擁有許多次級抵押貸款，他可以從該公司的陳述中看出，這些貸款的品質都很糟糕。帕克在私下研究新世紀不久後，就接到一位窮苦又失業的大學老友打來的電話。這位朋友說，銀行一直想放款給他，讓他去買他買不起的房子。這時帕克才明白真相，他最近剛看到一則報導提到，他的同事佛斯特宣布AIG FP和華爾街大公司做了信用違約交換。一年前，佛斯特可能一個月做一筆10億美元的交易，現在則是一個月做20筆，這些交易都是為一般認為多元的消費貸款組合提供保險。「我們和華爾街的每家公司都做了交易，除了花旗集團以外。」一位交易員說，「花旗覺得他們可以自己承受風險，把那些風險掛在自己的帳上，我們則扛下其他所有公司的風險。」當交易員問佛斯特

為什麼華爾街突然這麼急於和AIG做這些交易時，「佛斯特會說，他們喜歡我們，因為我們動作很快。」帕克根據事實推斷，AIG FP承保的這些消費貸款組合已經變了，如今這些組合中包含的次級抵押貸款比大家所想的多出許多，萬一美國屋主開始大量違約，AIG並沒有那麼多資金可以承受損失。帕克在一次會議中提出這點，結果被卡薩諾拖到另一個房間咆哮了一番，斥責他不知道自己在講什麼。

AIG FP的老闆卡薩諾是警官之子，在布魯克林大學時念的是政治系。但如今回顧起來，這些背景似乎和他需要循規蹈矩沒什麼關聯。他的職業生涯（先是在德崇證券，然後到AIG FP）大多在後台工作，而不是在前台當債券交易員。AIG FP上上下下對這位老闆的看法意外地一致：卡薩諾對金融風險沒什麼概念，但很擅長威嚇及質疑下屬。「AIG FP在他的帶領下變成獨裁統治。」一位倫敦交易員表示，「卡薩諾對人頤指氣使，他會羞辱員工，然後再給他們大筆金錢作為彌補。」

「有一天卡薩諾打電話給我，因為一筆交易虧損對我發飆。」一位康乃狄格辦公室的交易員表示。「他說：『你賠的錢都是我他媽的錢。跟我說一遍。』我說：『什麼？』『跟著我說：卡薩諾，這是你他媽的錢！』所以我就照著說了：『卡薩諾，這是你他媽的錢！』」

「整個公司文化變了，」第三位交易員說：「大家都怕得要死，所以開晨會時，每個人簡報的都是不會惹他生氣的內容。如果你對公司有所批評，他會像火山爆發一樣。」第四位交易員說：「卡薩諾總是說：『這是我的公司，你是為我的公司效勞。』他看到你拿一瓶水，他會走過來說：『這是我的水。』公司的午餐是免費供應的，但卡薩諾會隨時讓你覺得那是他出的錢。」第五位交易員：「在卡薩諾帶領下，前執行長沙維奇（Savage）在任時常出現的辯論和討論都停了。我現在會對你說的話，也會對沙維奇說，但換成卡薩諾就算了吧。」第六位交易員：「應付卡薩諾的最好方法，就是一開口就說：『你說的沒錯。』」

一般描述華爾街壞蛋的性格缺陷時，為了和他們的罪行相稱，通常都會有些誇大。不過即使拿卡薩諾和那些牛鬼蛇神相比，大家口中的卡薩諾還是像卡通裡的怪物一樣可怕。第七位來自康乃狄格辦公室的員工說：「有一天他進來，發現有人沒把健身房的舉重訓練機歸位，就在辦公室裡走來走去，看哪個人看起來很壯，想找出那個使用健身器材的傢伙。卡薩諾大喊：『是誰把他媽的舉重鈴放在他媽的舉重機上沒歸位？是誰把他媽的舉重鈴放在他媽的舉重機上沒歸位？』」

怪的是，卡薩諾對績效好的交易員和績效差的交易員發飆的機率差不多，因為他發火並不是為了財務虧損，而是稍微看不順眼就發脾氣。

更怪的是，即使被他飆過，薪水似乎也不會受到影響。交易員可能經常被他罵到臭頭，但收到他發的年終獎金時，又開心的不得了。AIG FP裡沒人和卡薩諾作對，因為錢實在太好賺了。當一個人對忠誠和服從的重視遠高於其他特質時，除了用錢收買人心以外，就別無他法了。金錢的確可以當成管理工具，但效果還是有限。如果你想和高盛做交易，你最好確實知道高盛在玩什麼把戲。AIG FP可以吸引到聰明才智媲美高盛的人才，但他們有一個對自家事業似懂非懂、又因為沒有安全感而是非不分的老闆，導致他們的能力大受箝制。

2005年年底，卡薩諾讓佛斯特升官，接著找人接替佛斯特的位置，擔任接觸華爾街債券交易室的窗口。那就是每次華爾街交易員來問「要不要承保10億元消費貸款的抵押債券？」時，就一口答應的位置。基於一些原因，帕克可能是接替人選，所以他決定稍微深入探索AIG FP所承保的貸款。結果讓他大為震驚：這些原本應該由多元消費貸款所組成的東西，如今幾乎全是美國次貸。帕克私下做了一個調查，他問最直接參與決定出售信用違約交換的人，這些消費貸款中次貸占的比例是多少。他問了幫卡薩諾設計信用違約交換定價模型的耶魯教授蓋瑞·戈登（Gary Gorton），戈登猜次貸比例不超過10％。他問了倫敦的風險分析師，分析師則猜20％。「沒人知道那比例高達95％。」一位交易員表示，「我相信卡薩諾也不知道。」如今回顧起來，他們的無知似乎令人難以置信，不過整個金融系統就是因為他們的無知，而

付他們薪水。

等卡薩諾召見帕克到倫敦，想「升」他到那個創造更多不定時炸彈的職位時，帕克已經知道自己並不想碰那個位置。他說如果卡薩諾逼他接，他就辭職。卡薩諾當然很生氣，痛罵帕克太懶，說他為了迴避複雜的文書工作而亂掰一些理由。當卡薩諾面對新的事實時（亦即他的公司持有500億元偽裝成AAA多元消費貸款的BBB次貸債券），他先是想合理化那些資訊。他顯然以為出售那些保險所收到的保費都是天外飛來的橫財，他說，那些債券要違約，美國房價必須先下跌才行，他不相信美國各地的房價會突然下跌。畢竟，穆迪和標準普爾都把這些東西評為AAA等級！

不過，卡薩諾也同意會見華爾街的大公司，討論這些交易的邏輯，了解一堆風險貸款是如何轉變成AAA級債券。他和帕克及一些人開始和德意志銀行、高盛等公司的交易員開會，對方都堅稱房價不可能突然下跌。「他們說的都一樣，」一位在場的交易員表示，「他們會回顧過去六年的房地產價值，說房價從來沒有全國突然下跌過。」（他們和高盛見面兩個月後，一位AIG FP的交易員巧遇曾經說過那些話的高盛員工，這次他說：「你千萬別講出去，你是對的，這些東西會爆開。」）次貸市場的發展考量或分析少得可憐，這點讓AIG FP的交易員相當震驚。這個市場的蓬勃發展就只靠一個假設：房價永遠不會下

跌。等卡薩諾終於了解到這點，把這個想法詮釋成自己的想法後，他也改變了心意。2006年年初，他公開同意帕克的看法：AIG FP不該再繼續承保這類交易了，不過他們還是會為已經承保的交易提供保險。

當時，這個決定對AIG FP來說似乎沒什麼大不了。畢竟他們每年獲利近20億美元。在高峰期，整個信用違約交換事業對總獲利的貢獻只有1.8億元。卡薩諾對帕克很不滿，改變心意的過程也很緩慢，似乎是因為帕克竟敢反駁他。

————

華爾街裡唯一試過說服AIG FP別再投入次貸債券市場的交易員都沒看到前述的內部角力。李普曼便直接以為他的論點已經說服他們了，後來才發現不是那麼一回事。他從來不明白為什麼AIG FP會在改變心意後，還留下那麼多的曝險部位。他們的確沒再賣信用違約交換給華爾街公司，卻沒想辦法抵消已經賣出的500億美元交換。

李普曼認為，即便如此，這還是可能導致市場崩盤。他覺得，只要AIG FP拒當交易的多方，應該就沒人會去接，這樣一來次貸市場就會戛然而止。但是——這就是詭異之謎的源起——市場幾乎不為所動，華爾街公司找到新的AAA級次貸CDO的買主，有新的地方隱藏最危險

的BBB級次貸債券，但這些人究竟是誰，有好一段時間大家都搞不清楚，連李普曼也毫無頭緒。

次貸機器持續轟隆隆地運作，貸放給一般人的貸款愈來愈爛，但怪的是，它們的保險金額（亦即信用違約交換價格）不升反降。2006年4月，李普曼的上司要求他為自己的荒謬賭注辯解。他們希望李普曼投入這個次貸新市場賺錢就好，像高盛那樣，仲介買賣雙方，賺手續費。後來他們達成協議：只要李普曼可以證明，當他不得不賣出那些空頭部位時，有投資人願意馬上接手，他就可以留住那些昂貴的空頭部位。也就是說，他必須為信用違約交換培養比較活絡的市場。他想保留那些賭注，就得找其他人加入他的陣營。

2006年夏季，李普曼腦子裡有了新的比喻：拔河。整個次貸機器（包括他的老東家德意志銀行在內）拉著繩子的一端，他自己則拉著繩子的另一端，他需要找人加入己方一起拉繩才行。這些隊友加入時必須付錢給他，但他們也會跟著致富。

李普曼很快就發現，他最希望能看清次貸市場醜陋真相的那些人（專做抵押債券交易的基金），其實最不可能看清真相，他們只看到這些年來的假象。以下事實看來奇怪，卻絲毫不假：你離市場愈近，就愈難看清整個市場的荒謬。李普曼發現這點後，開始去找房價下跌或營

建股下跌時會面臨很大風險的股票投資人，把他的想法當成避險來推銷。房價持續上漲時，你獲利可觀，所以何不花點小錢，買點保險因應崩盤危機？結果，利用大家的貪婪心理沒效，於是他開始訴諸恐懼心理。他取得主要次貸業者新世紀公司的大股東名單，這名單上最明顯的股東是一支避險基金，名叫尖端夥伴事業。他請相關的德意志銀行業務員幫忙安排見面，業務員沒注意到尖端夥伴事業裡其實有好幾支避險基金（不是單一基金，而是數支獨立管理的避險基金集合在一起），持有新世紀股票的那支基金是位於西岸的小團體。

當李普曼抵達艾斯曼位於曼哈頓中城的會議室時，艾斯曼一開口就嚇了他一跳：「我們不是持有新世紀公司股票的尖端夥伴事業，而是做空新世紀的股票。」艾斯曼已經開始賭那些創造次貸的公司（例如新世紀和因迪美銀行〔IndyMac Bank〕）以及建商（例如托爾兄弟公司）的股票會跌。他們對這些做空交易的成效並不是很滿意，因為他們不是和這些公司對賭，而是和市場對這些公司的看法對賭。而且這類交易的成本也高，這些都是高股息公司，股票借券費用通常很貴，例如新世紀的股息是20％，借券一年的成本是12％。為了做空1億美元的新世紀股票，艾斯曼每年得付3,200萬美元。

李普曼正在尋找可以用末日情境來恐嚇的股市投資人，這下他走運了：他剛好碰上比他更看壞次貸市場的股市投資人。艾斯曼比李普曼

碰過的人更了解這個市場、它的特質、它的腐敗。李普曼覺得,如果有任何人會卯起來對賭次貸市場,那非艾斯曼莫屬。所以當艾斯曼不願做交易時,他實在丈二摸不著頭緒。幾個月後,艾斯曼新找來的首席交易員摩斯和研究員丹尼爾請他再來重頭說明一次時,他又更加不解了。

當你面對一個顯然只重一己之私的人時,問題在於,你永遠都不知道他的利益有多大。基本上摩斯看到李普曼的第一眼就不相信他。「他媽的李普曼」是摩斯稱呼李普曼的方式,例如:「他媽的李普曼和你講話時從來不正視你,我看了就覺得很不可靠。」丹尼爾則是覺得,這一切對德意志銀行來說肯定有獨門利益,否則德意志銀行怎麼會縱容這傢伙到處摧毀他們的市場。對摩斯和丹尼爾來說,李普曼就是債券市場的典型化身,也就是說,他存在的目的就是為了坑殺顧客。

有好幾個月,摩斯和丹尼爾打了三次電話給李普曼,李普曼都來了,光是這點就讓他們更加懷疑。他從華爾街開車到曼哈頓中城又不是為了促進世界和平,所以他為什麼要來?每一次,李普曼講話都像連珠炮似的,讓摩斯和丹尼爾看得瞠目結舌。他們的會面就像後現代主義文學的難題一樣:敘述者看似完全不可信,但故事聽起來卻又那麼真實。每次會議中,丹尼爾都會停下來問道:「李普曼,我一直在想你為什麼會來這裡。」每次一講到這,接下來就是對李普曼提出連串的

質疑：

> 如果這點子真的那麼棒，你怎麼不乾脆從德意志銀行辭職，創立
> 一個避險基金，幫自己大撈一筆？
> **成立避險基金需要六個月，這世界可能下週就驚覺情況不對，我**
> **必須打好我手上這副牌。**
> 如果這點子真的那麼棒，你為什麼要送我們？
> **我沒有要送任何東西，供給是無限的。**
> 是啊，但你為什麼還要特地跑來告訴我們？
> **我會收你們入會與退會費，畢竟我也需要付電費。**
> 這是零和遊戲，誰在賭注的另一邊？誰是那個白癡？
> **杜塞爾多夫，愚蠢的德國人，他們完全採信信評公司的東西，他**
> **們很信規則。**
> 德意志銀行為什麼會讓你在他們主導的市場中搞破壞？
> **我對德意志銀行沒什麼好效忠的……我就只是在那裡工作罷了。**
> 狗屁！他們付你薪水，我們怎麼知道操縱你們CDO機器的人不是
> 在利用你做空市場的熱情來剝削我們？
> **你見過操縱我們CDO機器的人了嗎？**

後來摩斯和丹尼爾乾脆不再假裝他們想聽有關信用違約交換和次貸債
券的新資訊，他們只希望李普曼說溜嘴，證實李普曼就是他們認定的

華爾街卑鄙小人。「我們想找出我們在這個次貸世界的立足點。」丹尼爾說,「我不相信他真的需要我們,因為他持有太多這些東西了,為什麼他要這麼做?」李普曼則覺得自己像被拷問的證人一樣,這些傢伙想突破他的心防。幾個月後,他對經營先驅資本(Harbinger Capital)的菲爾・法爾康(Phil Falcone)推銷點子,法爾康當場就買了數十億元的信用違約交換,他對次貸市場的了解只有艾斯曼等人的十分之一,但他相信李普曼,艾斯曼等人則不相信。最後一次見面時,丹尼爾終於直言:「別誤會我的意思,不過我一直在想你到底要怎麼坑我。」

他們一直沒有停止剖析李普曼到底懷著什麼鬼胎,不過後來出現兩則緊急的消息打斷了他們。第一則是2006年5月:標準普爾宣布,他們打算改變評等次貸債券的模型,改變日是2006年7月1日。但在此日期前發行的次貸債券,仍沿用較不嚴謹的舊模型。消息一出,次貸債券發行量暴增。「他們開始向銷售通路塞貨。」丹尼爾說,「盡量把垃圾丟出去,以便用舊模型評等。」這種對新評等機制的恐懼,顯示華爾街大公司知道他們創造的債券評級都被高估了。

另一則消息則和房價有關。艾斯曼常和瑞士信貸的房市分析師艾薇・澤爾曼(Ivy Zelman)討論,澤爾曼認為衡量房價是否合理的簡單標準,是房價中位數相對於年收入的比率。以往美國的比率約是3:1,

2004年年底全國比率升至4：1。「很多人說這比率和其他國家差不多，」澤爾曼表示，「但問題不單是4：1而已，洛杉磯的比率是10：1，邁阿密是8.5：1，你再把買家考慮進去，他們其實不是真的買家，而是投機客。」[1]2005年年中開始，售屋標示開始增加，從未停過。2006年夏季，房價的凱斯-席勒指數（Case-Shiller index）達到高峰，全美房價開始下跌。整整一年，全國的房價下跌2％。這兩則消息（評等標準提高及房價下跌）都應該重創次貸債市，導致這些債券的保險價格上揚。意外的是，債券的保險價格不升反降，最爛的BBB級次貸債券保險現在一年保費不到2％。「我們終於和李普曼做了一筆交易。」艾斯曼說，「接著才去了解我們做了什麼。」

———

做完第一筆交易後，李普曼馬上把他們加進愈來愈長的電子郵件名單中。直到房市崩盤以前，李普曼都會不時發送房市的相關資訊，以及他覺得客戶應該對賭哪些次貸債券。「每次李普曼向我們兜售，丹尼爾和我都會互看著對方說不。」摩斯說。他們會聽李普曼的建議，但只聽一部份。他們還是無法相信在華爾街債券部工作的人，畢竟評估個別債權是他們自己的責任，而非李普曼的責任。

貝瑞是概略注意貸款的結構，專賭貸款組合中包含許多他認為注定會

---

1. 澤爾曼因為對房市看法悲觀，不受華爾街雇主青睞。後來辭職成立自己的諮詢公司。「事後要看清一切並不難，」她表示，「想知道何時房價會跌則相當困難。」澤爾曼偶爾和艾斯曼討論，每次談完後對自己的看法更有信心，對世界的看法更加悲觀。「你偶爾需要一些肯定，確定自己沒瘋。」她說。

違約的貸款類型。艾斯曼等人則具體注意借貸雙方，次貸市場觸及的社會層級通常和華爾街無關——信用評等介於第五到第二十九級的人。也就是說，放款機構的放款對象是比全國71%人口的信用更糟的人。這些貧窮的美國人中，哪些人比較可能違約？他們的房價要下跌多少貸款才會爆開？哪家抵押貸款創始機構最糟？哪家華爾街公司在創造風險最高的抵押債券？哪種人（在美國哪個地方）的違約率最高？喬治亞州的違約率是佛羅里達州的五倍，儘管兩州的失業率相同，為什麼？印地安那州的違約率是25%，加州只有5%，即使加州人表面上看起來比較沒有財務責任感，為什麼？丹尼爾與摩斯飛去邁阿密，在以次貸興建起來的空盪鄰里間走動，親眼看到那情況有多糟糕。「他們打電話告訴我：『老天，這裡簡直是個災難。』」艾斯曼回憶。

總之，他們對抵押貸款做了根本的信用分析，那些分析理論上都應該在貸款批准前就先做；接著他們開始找出騙子和傻瓜。艾斯曼表示：「我對李普曼說：『給我一份2006年發行的債券清單，列出無證明房貸（no-doc loan）比例高的債券組合。』這時我才第一次發現情況有多糟。」艾斯曼原本就懷疑房市裡詐欺情況嚴重，他想和那些不需要收入或工作證明就能貸到錢的美國人對賭。「我以為李普曼送來的清單會顯示那些債券組合都有20%的無證明貸款，結果他寄來的清單裡，每個組合的無證明貸款比率都高於50%。」

他們打電話給華爾街交易室，請他們提供次貸債券的清單，以便找出其中最爛的幾檔債券，買最精明的保險。最有賺頭的空頭部位（由最有可能違約的抵押貸款所組成的債券）有幾個特色。第一，這些貸款大多集中在所謂的「沙州」：加州、佛羅里達州、內華達州、亞利桑納州。這次房市熱潮中，沙洲的房價漲得最快，可能也跌得最快。房價真的下跌時，加州原本的低違約率就會開始飆高。第二，這些貸款是由比較可疑的信貸業者貸放出去的，例如華盛頓互惠銀行（Washington Mutual）獨資擁有的長灘儲蓄銀行就是金融亂象的典型例子。長灘儲蓄銀行是第一家採用「貸款並證券化」模式的機構，現在更積極放款給新的購屋者，幾乎不問什麼問題。第三，貸款集合中，簡易貸或無證明貸款的比率高於平均值，也就是說，貸款比較可能有詐欺不實的情況。艾斯曼等人覺得，長灘儲蓄銀行專門找信用不好和無收入證明的屋主接受浮動利率抵押貸款。他們不需要付頭期款，提出要求即可延付利息。南加州的不動產部落格裡充滿了濫用金融工具的案例，都是由所謂的三十年期選擇性浮動利率房貸（option adjustable-rate mortgage，簡稱option ARM）創造出來的。例如，在加州的貝克斯菲爾（Bakersfield），一位年收入僅14,000美元又不會講英文的墨西哥籍草莓農，獲得全額貸款，買了價值724,000美元的房子。

艾斯曼等人愈是逐一研究那些債券，就愈能看出業者利用貸款賺取暴利的型態。例如，最新流行的方式是貸放鉅額資金給貧困的移民。艾

斯曼的管家是一位南美籍的女士，有一天她來找艾斯曼，說自己打算在皇后區買一棟房子。艾斯曼說：「那價格很誇張，他們提供她不用頭期款的浮動利率貸款。」艾斯曼勸她申請傳統的固定利率貸款比較好。接著，2003年他請來照顧雙胞胎女兒的保母也打電話給他。「她是一位來自牙買加的好人。」艾斯曼說，「她說他和姊姊在皇后區擁有六間房子。我說：『可琳，這是怎麼回事？』」這是因為他們買了第一間房子後，房價上揚，放款機構建議他們重新抵押貸款25萬元，他們用那筆錢又買了另一間，結果第二間房子的價格也漲了，他們又如何泡製一番。「後來他們買了五間房子，房價開始下跌，他們還不出貸款。」

艾斯曼的保母突然可以獲得貸款並非偶然：這就像次級抵押貸款的借方與貸方之間發生的其他事情一樣，都是因為穆迪和標準普爾等兩大信評公司用來衡量次貸債券的模型有瑕疵。

貝爾斯登、雷曼兄弟、高盛、花旗等華爾街大公司和任何製造業一樣，都有相同的目標：盡可能壓低原料成本（房貸），盡量拉高最終產品的售價（抵押債券）。最終產品的價格會受到信評機構的評級所影響，這些信評模型的運作方式都是秘密，穆迪和標準普爾宣稱他們的模型不可能取巧。但華爾街的人都知道，操作這些模型的人最適合被剝削利用。「在華爾街找不到工作的人才會到穆迪工作。」一位原

高盛交易員，後來轉行當避險基金經理人的不具名人士如此表示。信評公司裡還有階級之分，做次貸債券分級的人階級較低。「在信評公司裡，負責做企業信評的人最好，」一位幫摩根士丹利設計抵押債券的計量分析師表示，「接著是做優級抵押貸款的人，最後是做資產擔保證券的，他們基本上跟腦死無異。」[2]華爾街債券交易室都是年薪七位數的高手，他們對這些年薪五位數的腦死呆瓜連哄帶騙，讓他們盡可能給這些最爛的貸款最好的評級。他們以長春藤盟校典型的細膩思考和效率完成這項任務，例如他們很快就發現穆迪和標準普爾的人其實沒有一一評估個別房貸，甚至不太看那些東西，他們只評估貸款組合的整體特質。

他們處理FICO（消費信用）得分的方式就是一例。這種分數叫FICO，是因為那是1950年代一家名為費埃哲信用評分機構（Fair Isaac Corporation）的公司發明出來的，目的是衡量個別借款人的信用程度。最高FICO得分是850，最低300分，美國的中位數是723。FICO分數的計算很簡化，例如借款人的收入並未納入考量。這分數也是可以操弄的，想借款的人可以先申請信用卡貸款，馬上償還，藉此提高FICO得分。不過沒關係，信評機構濫用這分數的方式掩蓋了FICO本身的設計問題。穆迪和標準普爾並不是向貸款包裝機構要求所有借款人的FICO得分清單，而是整個組合的平均FICO得分。為了符合信評機構的標準（以便從某個貸款組合中創造更高比例的AAA級債券），

---

2. 令人不解的是，次貸債券並不屬於抵押債券，而是和信用卡借款、車貸以及其他擔保品比較奇怪的貸款一起歸為「資產擔保證券」（asset-backed securities，簡稱ABS）。

貸款組合中的借款人平均FICO得分必須達到615左右。達到這個平均分數的方法有好幾種，這其中隱含了龐大的機會。所有借款人的FICO都是615的貸款組合，相較於一半FICO是550和另一半FICO是980的貸款組合，前者出現大量虧損的機率較低。FICO得分550的人幾乎一定會違約，一開始就不該批准貸款。但信評機構的模式漏洞讓這種貸款也能存在，只要能找到FICO分數680的借款人和死不還錢的人抵銷，把平均分數維持在615就行了。

去哪裡找FICO得分高的借款人？華爾街債券交易員又找到信評模式裡的另一個盲點，顯然信評機構並沒有注意到「薄檔」（thin-file）FICO分數和「厚檔」（thick-file）FICO分數的差異。薄檔FICO分數意指借款人的信用記錄較短，檔案較薄是因為借款人沒辦過多少借款。移民從來沒有欠債紀錄，因為他們從未申請過貸款，他們通常有異常高的薄檔FICO得分。所以從信用操弄的觀點來看，想貸款75萬元的牙買加保母或年收入14,000美元的墨西哥草莓農突然變得很有用（用穆迪或標準普爾的模型篩選時），可能還能改善整個貸款組合給人的品質觀感，增加AAA級債券的比例。所以墨西哥農夫採收草莓，華爾街採收他的FICO得分。

信評機構使用的模型充滿了這些操弄的機會，訣竅在於比他人捷足先登。例如，業者發現信評公司的評級方式對提供優惠利率的浮動利率

貸款比對固定利率貸款有利；信評機構並不在意貸款是在房市蓬勃或低迷時核發的；他們似乎忘了無證明貸款所潛藏的欺詐可能；他們也無視二胎房貸（讓屋主不再握有房產淨值的第二個房貸，所以屋主寧可讓銀行收走房子，也不想還款）的存在。每次有抵押貸款債券的包裝業者發現信評機構的新漏洞或疏失，他在市場上就多了一點優勢：因為愈糟糕的貸款，收購成本愈低。槓鈴狀的貸款組合包含許多FICO分數很低及FICO分數很高的貸款。這種貸款組合的收購成本就比FICO集中在平均值615的組合便宜——至少在華爾街其他人也發現這漏洞，進而哄抬價格之前是如此。在那之前，華爾街的公司享有異常的壟斷地位。他們會打電話給放款機構說：「別告訴任何人，如果你可以提供我充滿高薄檔FICO得分的貸款組合，我可以比別人多付一些錢購買。」信評機構的錯誤愈是異乎尋常，華爾街交易員的獲利機會愈大。

2006年夏末，艾斯曼等人都不知道這些事，他們只知道華爾街的投資銀行顯然雇人專門矇騙信評機構的模型。在理性市場中，以較差貸款組合為標的的債券，價格會比較低。次貸抵押債券都是按穆迪的評等定價，只要屬AAA層級的交易價格都一樣，BBB層級也都是以同一價格交易，即使這個BBB層級和另一個BBB層級的債券有顯著差異亦然。由於債券都是根據穆迪的評等定價，價格高估最多的債券就是評等最離譜的債券。而評等最離譜的債券，就是華爾街公司欺騙信評公

司誤判最嚴重的債券。「我實在他媽的不敢相信他們竟然容許這種事情發生。」艾斯曼說,「這句話我應該說了上千次了。」

艾斯曼原本並不清楚信評機構是怎麼上當的,他必須自己去找原因,所以他的團隊展開數個月的探詢,找出市場上由高估的債券所組成的最高估債券。找了一個月後(那也是向李普曼買了第一筆信用違約交換以後),丹尼爾和摩斯飛到佛羅里達州奧蘭多,參加一場次貸債券會議,這會議名稱看起來意義不明:ABS East,它其實是為狹小的業界所舉辦的秀展,與會人士包括次級抵押貸款業者、包裝及銷售次貸的華爾街公司、投資次貸債券的基金經理人、為次貸債券做評等的信評公司、律師。丹尼爾和摩斯原以為他們是禮貌性地參訪一個小產業,沒想到那產業規模竟然大得驚人。「這產業供養太多人了。」丹尼爾說,「這時我們才明白券商的債券部門就是靠這行業壯大的。」

這也是他們第一次和信評機構的人面對面接觸,李普曼幫他們安排和這些人見面,條件是絕口不提他們對賭次貸債券。「理論上我們的目的應該是:『我們是來買這些債券的。』他們應該會覺得:『喔,他們是來買債券的,因為這些債券愈來愈有吸引力了。』」在奧蘭多麗思卡爾頓飯店的小房間裡,他們和穆迪及標準普爾的人見面了。原本丹尼爾和摩斯就懷疑次貸市場把信用分析外包給不是做信用分析的人,當天開會得知的訊息並未消減他們的疑慮。標準普爾的人回答很

Chapter 04
如何剝削移民勞工

謹慎小心，不過穆迪的女士倒是意外地坦白，例如她告訴他們，即使她負責衡量次貸債券，她覺得有些債券應該降級，但上司不准她降級。她先把一份她想降級的債券清單交給上司，之後才會收到一份准許降級的清單。「她說她交出的清單有100檔債券，收到的清單卻只有25檔，完全沒解釋原因。」摩斯說。

丹尼爾身為分析師，所以多數問題都是他提出的，不過摩斯後來對參加這種會議愈來愈感興趣。「丹尼爾有個習慣的手勢。」摩斯說，「每次他興奮起來，就會把手放在嘴巴上，把手肘擱在桌上說：『我想問一個問題……』每次我看到他把手伸起來，就知道他抓到什麼重點了。」

「我有一件事不太懂，」丹尼爾把手放在下巴上，「你們有兩個看似相同的債券，為什麼其中一個是AAA級，另一個不是？」

「這些決定不是我做的。」穆迪的女士說，但她顯然有些不安。

「另外還有一件事我也不太懂，」丹尼爾說，「你們是怎麼把全部由次貸組成的債券評為AAA級？」

「這問題問得好。」

抓包了吧！

「她很棒，」摩斯說，「因為她不知道我們的目的是什麼。」

他們從奧蘭多打電話告訴艾斯曼：不管你覺得這產業有多爛，實際情況都比那還糟糕。「奧蘭多還不是什麼代表性的會議。」丹尼爾說，「那只是次要的會議而已，真正代表性的會議在拉斯維加斯召開，我們告訴艾斯曼：『你一定要去拉斯維加斯一趟，去看看那是什麼樣子就好。』」他們真覺得自己發現了大秘密，整個2006年夏季到秋初，他們就像意外發現藏寶圖一樣，儘管上面只有幾個模糊的方向。這段期間，艾斯曼的太太發現，艾斯曼每天回家的心情都比過去很長一段時間來得好。「我很高興。」維勒莉說，「我心想，謝天謝地，他終於找到一個可以盡情發揮的目標了。」艾斯曼說：「我找到一個東西，那是個金礦，而且沒人知道。」

5 意外的資本家

艾斯曼找到的東西確實是金礦,但並非沒人知道。2006年秋季,李普曼已經私下向250個投資大戶推銷過他的論點,也在德意志銀行的業務會議或電話會議上對數百人說過。到了2006年年底,博粹避險基金資料庫研究(PerTrac Hedge Fund Database Study)顯示,市場上有13,675支避險基金,還有數千個其他類型的投資法人可以投資信用違約交換,李普曼已經透過各種管道接觸到許多這類投資人。不過,只有約100位投資人涉足這個次貸債券信用違約交換的新市場。多數投資人買次貸保險並不是為了和次貸市場對賭,而是為了幫他們在次貸市場的投資避險(亦即和美國不動產相關的股票或債券組合)。有少部分投資人是以信用違約交換大賭次貸債券的相對價值:亦即買進一檔次貸債券,同時賣出另一檔次貸債券。例如,他們可能會賭「由大量加州貸款組成的債券」比「少量加州貸款組成的債券」表現更差;或賭某次貸債券的AAA層級表現優於BBB層級;或者賭雷曼兄弟或高盛發行的債券(這兩家都以包裝美國最糟房貸而惡名昭彰)表現劣於摩根大通或富國銀行包裝的債券(這兩家似乎還有點關心他們是以什麼貸款包裝成債券)。

為數更少的投資人（介於10到20位之間）則直接和總價值數兆美元的次貸市場（進一步延伸，等於是和全球金融市場）對賭，這點本身就是一件極不尋常的事──災難可預見，卻只有少數人注意到。這些投資人包括以下的避險基金：明尼亞波利的白盒避險基金（Whitebox），波士頓的包普斯特財務管理集團（The Baupost Group），舊金山的暢行資本公司（Passport Capital），紐澤西的埃姆里奇避險基金（Elm Ridge），還有一群紐約的避險公司，例如埃利奧特合夥事業（Elliott Associates）、雪松山資本合夥事業（Cedar Hill Capital Partners）、QVT金融公司（QVT Financial）、法爾康先驅資本合夥事業等。這些投資人的共通點是他們都直接或間接聽過李普曼的論點。在達拉斯，前貝爾斯登債券交易員凱爾‧巴斯（Kyle Bass）在2006年中設立海曼避險基金（Hayman Capital）。基金成立後，他很快就買下次貸債券的信用違約交換，巴斯是從紐澤西錦旗資本公司（Pennant Capital）的艾倫‧傅尼葉（Alan Fournier）聽到這個想法，傅尼葉也是從李普曼那邊聽來的。一位美國房地產投資大戶傑夫‧格林（Jeff Greene），他在聽了紐約避險基金經理人保爾森提過以後，也買了數十億元的次貸債券信用違約交換。保爾森也是聽了李普曼的推銷，當他累積龐大的信用違約交換部位時，也用李普曼當宣傳媒介。高盛倫敦分公司的一位自營交易員聽說紐約德意志銀行有個交易員提出一個非常有利的論點，特地飛越大西洋和李普曼見面，買了10億元的次貸債券信用違約交換回家。希臘的避險基金投資人西奧‧帕努斯

（Theo Phanos），他在亞利桑納州鳳凰城的德意志銀行會議上聽到李普曼的論點，馬上跟進下注。如果你用圖示畫出這點子的散播，像追蹤病毒那樣，你會發現多數連線都回溯到李普曼，他是病源，只有一個病菌帶原者可以宣稱他可能感染了李普曼，但貝瑞始終蟄伏在加州聖荷西，又不和任何人說話。

這些和次貸債券對賭的少數投資人裡，還有一個更小的族群：對這交易入迷的人。有極少數的投資人覺得，這一切不僅影響金融體系，也影響更廣泛的社會，他們和次貸市場對賭的金額之大（相對於他們的資本來說），可以說已經放棄傳統的基金經理人身份，完全變成另一個模樣。保爾森可說是其中資本最雄厚的，所以他也是最明顯的例子。貝瑞當初想籌募專門投資次貸債券信用違約交換的基金，結果失敗；九個月後，保爾森卻成功了。保爾森對投資人說明時，並不是把它形容成幾乎一定會發生的災難，而是以便宜的避險工具因應可能性極低的災難。保爾森比貝瑞大15歲，在華爾街較有名氣，但就某方面來說，他還是華爾街的局外人。「我打電話到高盛詢問保爾森的相關資訊，」2006年年中一位保爾森接觸過的富豪表示，「他們告訴我，他是三流的避險基金經理人，不知道自己在講什麼。」結果保爾森募集了數十億元的資金，這些投資人認為他的基金是為了幫他們的房地產相關股票及債券避險。保爾森表示，他之所以能看清抵押債券市場的情況，是因為他的職業生涯一直以來都是在尋找高估的債券對賭。

「我很喜歡做空債券的概念，因為下檔風險有限。」他告訴我，「這是不對稱的賭注。」他發現買信用違約交換和放空現貨債券所賭的東西一樣，但前者比後者簡單又便宜許多，讓他大為吃驚。「我做了5億元，他們說：『你想做10億嗎？』我說：『我為什麼要做得那麼畏畏縮縮？』所以兩、三天內我就卯起來買了250億。」保爾森從來沒遇過一個市場可以讓投資人做空250億元的股票或債券，卻不會導致市場價格變動，甚至崩盤。「如果真的想做，我們大可做個500億元。」

即使到了2006年夏季，房價開始下跌，還是只有某些人看清市場的醜陋真相並採取行動（看清美貌女郎的面具下，其實有張老巫婆的臉）。這些人讓你了解金融體系的狀態，就像飛機空難的倖存者讓你了解空難事件，以及空難倖存者的特質一樣。這些人本質上幾乎都是怪咖，不過他們怪的方式都不太一樣。保爾森對於和風險性貸款對賭有異常的興趣，他在說服別人一起加入時，也異常有說服力。貝瑞則是怪在他想和外界看法絕緣，甚至不想和人直接接觸，只注意確切的資料以及指引未來人類財務行為的動機。艾斯曼則是堅信，利用中下階級美國人獲利是惡劣的行徑，他覺得次貸市場是剝削大家的引擎，終究會帶來毀滅。他們各有各的立場，分別提出大家欠缺的見解以及面對風險的態度，如果這樣的態度能更加普及，或許就有可能預防災難發生了。不過，這裡至少還有一個大洞是專業的投資大戶都沒發現的，但查理‧雷德利（Charlie Ledley）找到了。

雷德利這個人很怪，他相信在華爾街獲利的最好方法，就是去找華爾街認為最不可能發生的事，然後去賭那件事會發生。雷德利和合夥人常做這種事，也常成功，所以他們知道市場容易低估巨變的發生機率。即便如此，2006年9月，當他翻閱朋友寄給他的文件時（一位名為李普曼的德意志銀行員工所做的簡報，談的是做空次貸債券），他的第一個想法是：世上怎麼會有這麼好的事！他從來不曾交易抵押債券，對房地產幾乎一無所知，債市的術語也讓他一頭霧水，他甚至不確定德意志銀行或任何人會讓他買次貸債券的信用違約交換。因為這是投資法人參與的市場，他和合夥人班・哈克（Ben Hockett）及傑米・麥伊（Jamie Mai）在任何人眼中根本稱不上投資法人。「但是我看到這個東西時就說：『怎麼可能會有這種事？』」接著，他把想法連同以下問題一起寄給合夥人：為什麼沒有比我們更聰明的人做這件事？

———

新事業原本就容易啟人疑竇。2003年年初，麥伊和雷德利想開設資金管理公司的想法更讓人覺得荒謬。兩個30歲的男人，嘉信理財（Schwab）的帳戶裡只有11萬美元，公司就設在加州柏克萊朋友家後方車庫裡，名為康沃爾資本管理公司（Cornwall Capital Management）。他們也不知哪來的理由相信自己有投資天分。兩人曾

短暫於紐約的私募基金葛盧合夥事業（Golub Associates）工作一段時間，做的是一般事務工作，並沒有做過實際的投資決策。麥伊身材高挑，英俊挺拔，感覺公司負責人幾乎非他莫屬；但他一開口就破功，從明天會不會有日出到人類的未來，他都缺乏信心。麥伊有個習慣，話講到一半會停下來「嗯，啊」幾聲，結巴一下，彷彿他對自己的想法有些疑慮似的。雷德利的情況更糟：他臉色蒼白得像殯葬業者，做起事來好像非盡量拖延不可。問他一個簡單的問題，他會默默地凝視著空間，像忘詞的演員一樣點頭和眨眼，等他終於開口時，那突然冒出的聲音又會讓你頓時驚醒：他竟然會說話！

同年齡的人都覺得他們倆很隨和、隨性、好奇多問，聰明但缺乏明確目標，是那種高中畢業十五年同學會時，可能會留著驚人的鬍子、帶著複雜的人生體驗來參加的人。雷德利在安默斯特學院（Amherst College）念完大一就休學了，當起柯林頓第一次總統大選時的競選義工，儘管選後他又回校園完成學業，但他對追求個人理想還是比賺錢更有興趣。麥伊從杜克大學畢業後的第一份工作是在東岸為富豪運送帆船（「那時我才清楚明白……嗯…啊…嗯……我必須培養一個專業。」）28歲時，他休了十八個月的長假，和女友一起環遊世界。他來加州不是為了尋找獲利的溫床，只因為女友想搬到加州。雷德利甚至不想搬到柏克萊，他在曼哈頓長大，只要過個橋或隧道離開曼哈頓，就會像灰姑娘的馬車一樣變回南瓜。他之所以搬到柏克萊，是因

為一起投資的點子和那11萬美元都是麥伊的,現在雷德利睡的車庫也是麥伊的。

他們雖然沒多少錢或前景,但是對金融市場有自己的想法。確切地說,是兩個相關的想法。他們在私募基金的工作經驗(透過櫃臺直接買賣整家公司)讓他們相信,私營股市可能比公開交易的股市更有效率。雷德利表示:「在私下交易中,雙方通常都有精明的顧問,不會有人對東西的價值毫無根本概念。在公開市場中,大家注意的是每季盈餘,而非事業發展,有很多人會為了各種瘋狂的理由做一些怪事。」他們也認為,公開交易的金融市場缺乏對大局感興趣的投資人,例如美股的投資人只在美國股市裡做決策,日本債券市場的投資人只在日本債市裡做決策。雷德利表示:「有人就是專門投資歐洲中型醫療保健類債券。我想不光是金融界有這樣的問題,眼界狹隘是現代知識生活中常見的現象,大家並沒有意圖整合。」金融市場以極高薪資雇用具狹隘專業知識的人才,但對於在不同市場之間配置資金所需的全球觀點人才,卻只付普通的薪水。

2003年年初,康沃爾資本管理公司才剛開業,那時麥伊和雷德利比過去花更多時間待在柏克萊的車庫裡(那也是雷德利的臥室)閒聊市場。他們決定康沃爾資本不只是尋找「市場無效率」而已,而是要往全球搜尋市場無效率,到各個市場去找,包括股市、債市、貨幣市

場、大宗物資市場。除了這兩個不簡單的抱負外，他們在偶然發現第一個大商機時，又很快加入第三個更不簡單的抱負。這個商機是一家信用卡公司，名為第一資本金融公司（Capital One Financial）。

第一資本是發現巧妙放款方法的罕見例子，他們想出一種精明的方式放款給信用評分差的美國人。第一資本的業務是信用卡，而非房貸，不過他們面對的客群和數年後市場崩盤就無法再獲得房貸的社會層級一樣。整個1990年代到2000年代，第一資本都宣稱他們有比其他公司更好的工具，可以分析次優信用卡用戶的債信，並計算放款給他們的風險成本，市場也相信他們的說辭。1990年代末期，他們安然度過該產業的風暴期，那段期間有數家競爭對手都垮了。2002年7月，第一資本的管理高層主動透露，他們和政府主管機關（儲貸機構監理局和聯邦儲備局）正在爭論他們該為潛在的次優貸款損失提列多少準備金。這項訊息一出，他們的股價暴跌，兩天就跌了60％。

市場突然間擔心，第一資本在放款方面其實沒比其他業者精明，只是比較會隱藏損失而已。市場懷疑，主管機關可能發現詐騙事蹟，正要懲罰第一資本。間接證據讓一切看起來似乎罪證確鑿，例如證管會（SEC）宣布他們正在調查第一資本剛請辭的財務長，因為他在公司宣布和主管機關的爭論及股價下跌前的兩個月，就出售了持股。

之後的六個月裡，第一資本持續以驚速度獲利，他們宣稱自己並沒做錯事，是主管機態度反復無常。他們也宣布那200億元的次優貸款組合並沒有特別的損失，不過股價依舊毫無起色。雷德利和麥伊開始研究這起事件，也就是說，他們參加了業界會議，打電話給各種不認識的人，纏著他們詢問資訊，例如賣空者、第一資本前員工、曾為第一資本提供諮詢的管理顧問、競爭對手，甚至是主管機關的人員。雷德利表示：「後來發現外面的資訊有限，我們得到的資訊和其他人一樣。」他們認為第一資本在貸放次優貸款方面可能沒有比較好的工具。所以現在只剩一個問題——這公司是由騙子經營的嗎？

這不是兩個三十多歲想當專業投資人、帳上只有11萬資金的人認為自己該回答的問題，但他們卻覺得該找出答案。所以他們去找第一資本執行長李查・費班克（Richard Fairbank）的大學同學，收集他的人品見證。麥伊翻閱第一資本呈報證管會的10-K報告，尋找公司裡有誰可能答應和他見面。雷德利解釋，「如果我們想和執行長見面，一定見不到。」最後他們發現位階較低的彼得・許納爾（Peter Schnall），他剛好是負責次優貸款組合的副總裁。雷德利表示：「我感覺他們似乎對來電詢問習以為常，因為當我們表明想和許納爾談談時，他們的態度是：『當然可以啊。』」雷德利和麥伊審慎地介紹自己是康沃爾資本管理公司，但避免確切提及康沃爾是什麼樣的公司。麥伊說：「大家通常都覺得問人有多少錢是個尷尬的問題，所以你也沒必要透

露。」

他們問許納爾，能不能在他們投資第一資本前先去拜訪他，問他幾個
問題。雷德利表示：「我們真正想做的，是看他像不像個騙子。」他
們發現許納爾非常有說服力，有趣的是，他也買進自家公司的股票。
所以他們覺得第一資本和主管機關的爭論並不重要，這家公司基本上
是誠實的。麥伊表示：「我們推斷，或許第一資本是騙子，但很可能
不是。」

接下來意外發生的事，讓他們發現接觸金融市場的罕見方法，很快就
讓他們一夕致富。第一資本和主管機關爭論的消息出現後，後續六個
月期間，第一資本的股價一直在30元左右狹幅震盪，可以明顯看出籠
罩著很深的不確定性，每股30元顯然不是第一資本的「適當」價格。
這家公司要不是騙子（股價可能是零），就是如雷德利和麥伊所見的
那樣誠實（股價約值60元）。這時麥伊剛讀完葛林布雷的著作《如何
變成股市天才》（也就是促使貝瑞成立避險基金的那本書），葛林布
雷在那本書的最後提到，他用一種衍生性金融商品賺了很多錢，那
商品叫「長期選擇權」（Long-term Equity AnticiPation Security，簡稱
LEAP），提供買家以固定價格買股票的權力。葛林布雷解釋，有時候
買股票的選擇權比直接買股票明智。這論點在價值投資者的世界裡算
是異端，傳統的價值投資者會避免使用選擇權，因為選擇權是假設你

有能力抓出被低估的股票何時價格會變。葛林布雷的論點很簡單：如果股價在某個即將來臨的事件後會明顯變動（日期已知，例如合併日或開庭日），價值投資人就可以放心地運用選擇權，表達自己對股票的看法。這讓麥伊想到一個點子：買進第一資本的長期買權。「那時的情況有點像這樣：我們覺得普通股看起來不錯，但老天，你看那些選擇權的價格！」

未來兩年半內以每股40元買進第一資本的買權才三塊多，那實在不合理。第一資本和主管機關的爭論應該在幾個月內就會有定論，有了定論後，股價要不是跌至零，就是跳漲至60元。麥伊進一步研究發現，華爾街使用「布萊克-休斯選擇權定價模型」（Black-Scholes option pricing model）為LEAP定價，那模式做了一些奇怪的假設。例如，它假設未來股價是呈鐘形的常態分配。如果第一資本現在每股30元，那模型假設未來兩年，股價漲到35元的機率高於40元，漲到40元的機率高於45元。這假設只對完全不知該公司狀況的人來說是合理的，事實上這模型完全沒抓到重點：當第一資本的股價變動時（它的股價一定會變），只會大幅變動，不會小幅調整。

所以康沃爾馬上買了8,000張LEAP，潛在損失頂多只是購買選擇權的26,000元！潛在獲利理論上無上限。康沃爾做完這筆投資後不久，主管機關就證明第一資本經營無虞，它的股價馬上飆漲，康沃爾的選擇

權部位總值526,000元，雷德利說：「我們興奮極了！」

「有人竟然會以那麼便宜的價格賣我們長期選擇權，實在令人難以置信。」麥伊說，「所以我們又去尋找更多的長期選擇權。」

這馬上變成一種絕佳的獲利策略：他們先買某家韓國公司的股票，或豬肉，或是第三世界貨幣的便宜買權或賣權（只要是價格似乎會出現劇烈變化的東西，他們都買），接著再用選擇權去買賣標的物獲利。選擇權很適合他們兩人的個性：永遠不必確定任何事。他們覺得大家（以及整個市場）對先天不確定的事情太過肯定，無法為極不可能發生的事件估算合適的機率。他們很難相信自己的看法，但當看到別人有錯誤信念時，又能精確反應。每次發現誘人的賭注，其中一人便開始用詳盡的簡報搭配PowerPoint投影片，提出理由證明論點。他們其實沒有簡報對象，做簡報只是想知道對彼此推銷想法時聽起來是否合理。他們只有在覺得戲劇化的事件可能快發生時才會投入市場，用小額賭注押機率不高但獲利龐大的事件。他們對韓國股票或第三世界貨幣沒什麼概念，但他們其實也不需要了解，只要發現賭任何證券的價格變動很便宜，便可以雇用專家幫他們釐清細節。「我們一直以來都是採用這種投資型態。」麥伊表示，「依賴比我們懂更多的聰明人來幫我們研究。」

他們從第一資本嚐到甜頭後，接著又從經營困難的聯合泛歐有線電視
（United Pan-European Cable，簡稱UPC）獲得類似成果。這一次他們
的資金比較多，所以買了50萬元的買權，履約價格和市價差距極大。
等UPC大漲時，他們現賺500萬獲利。麥伊說：「我們真的樂翻了！」
接著，他們又賭上一家為病患宅配氧氣筒的公司，那回的20萬元賭金
也很快就變成300萬的獲利。「我們賭三次，連賺三次。」雷德利表
示，「我們樂歪了，這是我第一次覺得我可以長久做這件事。」

他們要不是意外發現了現代金融市場的嚴重缺陷，就是賭運亨通。本
質上，他們並不確定自己在賭什麼，就像雷德利說的：「想知道自己
究竟是運氣好還是聰明其實很難。」兩人覺得等統計數字證明自己的
投資績效可能會等到地老天荒，所以他們沒花時間多想自己究竟是運
氣好還是聰明。無論是運氣或才智，他們都知道自己懂的不多，尤其
是金融選擇權。他們雇用了一位加州大學柏克萊分校的統計系博士班
學生，但當他們要求他研究豬肉的期貨市場時，他就辭職了。「後來
我們才知道他吃素。」麥伊說，「他大體上並不認同資本主義，豬肉
已經超出他忍受的極限。」於是他們只好自己努力研究許多複雜的金
融理論。麥伊表示：「我們花很多時間自己做布萊克-休斯模型，看改
變模型的各種假設時會發生什麼事。」他們發現這模型可讓人以極便
宜的成本，投機可能出現兩極結果的情境。如果隔年股票可能跌到零
或漲到每股100元，以每張3元的價格出售履約價50元的一年期買權實

在很傻，但市場常做這種蠢事。華爾街用來評價衍生性金融商品的模型，假設金融界是規律又連續的過程；但世界並非連續的，通常會因為意外而出現價格跳空。

他們做的就是「事件導向投資法」（Event-driven investing）。這詞可能是他們自創或借來的，字面上看起來沒實際上那麼有趣。有一天雷德利突然對乙醇的期貨市場感興趣，他對乙醇所知不多，但他看到乙醇享有每加侖50美分的政府補助，所以理論上交易價格應該比每加侖汽油多50美分，一直以來都是如此。2005年年初，當雷德利對乙醇市場感興趣時，乙醇有陣子的交易價格卻比石油少了50美分。雷德利不明白原因，也一直找不到答案，但他買了足以裝滿兩台軌道列車的乙醇期貨，還因此登上《今日乙醇》（Ethanol Today）的頭條新聞，他原本也不知道這本雜誌的存在。這筆交易把康沃爾的期貨經紀人搞得很火大，因為他們後來必須在芝加哥的某個儲料場接受裝滿乙醇的軌道列車，但經紀人從這筆生意賺到的費用卻少得可憐。「這交易在處理上的麻煩遠比資產本身複雜許多。」雷德利表示，「我們這種小規模的投資人通常不會跨資產類別做交易。」

「我們做的事可能會讓投資人怒吼，」麥伊說，「但我們沒收過任何抗議，因為我們沒有投資人。」

他們的確想過把獲利交給認證、合格、優秀、真正的專業投資人來投資，他們在紐約跑了幾週，面試避險基金的經理人。「他們聽起來都很棒，」麥伊表示，「但你看他們的績效數字都是平的。」所以他們決定還是自己投資。開業兩年後，管理的資金已達到1,200萬元，並把總部和住家從柏克萊的車庫搬到曼哈頓的辦公室：在格林威治村藝術家朱利安・許納貝（Julian Schnabel）的大樓裡買了一層樓。

他們也把投資帳戶從嘉信理財轉到貝爾斯登。他們一直很想和大型華爾街交易公司往來，所以對他們的會計師提過這想法。雷德利說：「會計師說他認識艾斯・葛林柏格（Ace Greenberg），可以介紹我們認識，我們說太好了。」。葛林柏格是貝爾斯登前董事長兼執行長，是華爾街的傳奇人物，他在貝爾斯登的辦公室還留著，是一些投資大戶的經紀人。當康沃爾把資產轉存到貝爾斯登後，果然沒多久他們的對帳單上就掛著葛林柏格的名字。

兩人第一次接觸華爾街大公司的經驗，就像他們在金融市場的多數境遇一樣，充滿了驚喜，也令人費解。就像剛剛說的，他們連葛林柏格都沒見過就變成他的客戶。「我們心想：『葛林柏格當我們的經紀人會是什麼樣子？』」雷德利說，「我的意思是說，我們是無足輕重的人物，又從來沒見過葛林柏格。」每次他們想和葛林柏格談談時，這種神秘感就愈明顯。他們有葛林柏格的電話號碼，但每次打過去都是

別人接的。雷德利說：「真的很詭異，偶爾葛林柏格會自己接電話，但他只會說：『等一下。』接著就換祕書來接單。」

後來，他們好不容易硬拗到和華爾街傳奇見面的機會，不過那次見面非常短暫，他們其實無法確定自己是真的和葛林柏格見面了，還是和一位扮演葛林柏格的演員見面。「我們被帶進門30秒，真的只有30秒，然後就莫名其妙被請出門了。」麥伊說。葛林柏格還是他們的經紀人，只是他們從來沒和他聊過。

「我們一直覺得葛林柏格不太對勁。」雷德利說。

他們現在稱那人是「扮演葛林柏格的演員」，那人一直沒幫他們解決最大的問題。他們只是小散戶，華爾街公司對他們來說大致上還是個謎。雷德利表示：「我從來沒進過銀行內部，只能從別人的觀點想像裡面是什麼樣子。」為了做想做的交易，必須讓華爾街大公司誤以為他們是了解華爾街門道的投資人。麥伊說：「散戶是次等公民，你得到最糟的價格，最爛的服務，什麼都是最壞的。」

哈克是麥伊在柏克萊的新鄰居，他讓他們的這種想法變得更強烈。哈克也是三十出頭，在德意志銀行東京分行銷售與交易衍生性金融商品九年。他和麥伊及雷德利一樣，有種異於一般金融界人士的溫和氣

息。「我入這行時單身，22歲。」他說，「現在有妻小和一隻狗，我痛恨這一行，討厭自己下班回家的樣子，不希望孩子成長時父親是這樣的。所以我想我得離開這裡。」他遞出辭呈時，上司堅持他列出對工作的不滿。「我告訴他們，我討厭進辦公室、討厭西裝筆挺、討厭住在大城市。他們說：『沒關係。』」他們告訴他，他愛穿什麼就穿什麼，想住哪裡就住哪裡，想在哪工作都可以，只要繼續為德意志銀行效勞就行了。

於是，哈克從東京搬到舊金山灣區，帶著德意志銀行給他的1億元資金，他可以在舒適的柏克萊山（Berkeley Hills）新家做交易。他合理懷疑自己可能是柏克萊那一帶唯一在市場上尋找信用衍生性商品套利機會的投資人，所以當他發現同一條街上那個整天想著環遊世界的傢伙竟然在找金融突發事件，以便投資長期選擇權時，他相當意外。哈克和麥伊喜歡一起出去遛狗，麥伊常向哈克打探華爾街大公司及金融市場如何運作的消息，最後終於說服他辭去正職加入康沃爾。哈克說：「獨自工作三年後，我想和人合作的感覺應該不錯。」於是他辭去德意志銀行的工作，加入搜尋意外與災難的行列，但很快就發現他又回到孤軍奮鬥的模式。雷德利一發現他有能力搬回紐約時，馬上就搬回曼哈頓。後來麥伊和女友分手後，也急著搬回紐約。

他們是一個志同道合的怪咖組合。哈克和雷德利兩人看法一致，他們

都覺得人和市場通常會低估極端改變的機率。不過哈克把這想法做了進一步運用。雷德利和麥伊主要對金融市場的災難機率感興趣，哈克還會分出一點心思，注意現實生活中的災難機率。他認為大家也會低估現實生活中的災難，因為一般人通常不願去想這些事。在市場和現實生活中，大家面對極端事件的反應有兩種──戰或逃。他說：「我會拿著武器，馬上就逃。反正大家都完蛋了，我反抗也沒用。」雷德利和麥伊也是逃跑型。當哈克對他們說，全球暖化可能導致海平面上升六米，他們只是聳聳肩說：「反正我也阻止不了，何必擔心這些？」或「萬一真的發生了，反正我也不想活著。」

「他們是兩個曼哈頓單身漢。」哈克說，「他們的看法是：『如果不能住在曼哈頓，我們也不想活了。』」雷德利和麥伊如今對金融市場極端變化的機率那麼感興趣，卻一點也不在意其他的機率，這點讓哈克很訝異。「我則是努力為自己和孩子做好準備，以因應不可預知的環境。」哈克表示。

對於哈克的末日看法，雷德利和麥伊比較希望他自己想想就好，不要找人討論，因為那種想法令人不安。例如，沒有人需要知道哈克在舊金山北部的鄉下買了一座小農場，那偏遠的地方連條路都沒有，萬一世界末日來臨時，他們可以在那裡種植蔬果，自給自足。不過，哈克覺得他很難自己想想就好，尤其這種世界觀又和他們的投資策略那麼

類似──意外與災難的可能性一直以來都不是離他們很遠。有一天雷德利和哈克通電話，雷德利說，**你討厭談機率渺茫的風險，卻住在山上，那座山又剛好位於斷層線上，而現在房市又處於空前的高點。**「哈克只回我『我得走了』，就掛上電話。」雷德利回憶，「後來我們大概有兩個月都聯絡不上他。」

哈克說：「我一掛電話，心想：**我必須賣房子，現在就賣。**」他的房子價值100萬美元或更多，但出租的話，租金一個月頂多2,500元。「房價是每年房租收入的30倍以上。」哈克說，「一般的經驗法則是在10倍時買房，在20倍時賣房。」2005年10月，他們舉家遷離斷層線，開始租屋居住。

哈克覺得雷德利和麥伊不像專業基金經理人，比較像是業餘玩家，又或者就像他形容的，是「兩個在市場上投機的聰明人」。不過，他們「以低價參與罕見金融變局」的投資策略和他產生共鳴。這方法並非萬無一失，其實失敗次數通常比較多。有時他們企盼的金融變局從未發生，有時他們其實不知道自己在做什麼。有一次，雷德利發現石油期貨市場出現奇怪的價格差異，很快就買進一筆石油期貨並賣出另一筆，以為自己賺進無風險的獲利。後來才發現，就像麥伊說的：「一筆是無鉛汽油，另一筆是柴油。」還有一次，假設正確但結論是錯的。麥伊說：「有一天哈克打電話告訴我：『老兄，我想泰國會發生

政變。』」報上完全沒出現泰國暴動的消息，這可說是真正的獨家新聞。「我說：『拜託，哈克，你瘋了，怎麼會有政變？你人在柏克萊，是怎麼知道的？』哈克發誓他剛和過去在新加坡的同事談過，那人一直密切關注泰國脈動，他很堅持他們應該快點投入泰銖市場，買超便宜的三個月泰銖賣權。一週後，泰國軍方推翻民選總理，但泰銖價位動也不動。「我們預測到政變，卻賠錢了。」麥伊說。

這些損失在刻意規畫下原本就沒什麼大不了，損失也算是計畫的一部分。他們虧損的次數比獲利次數多，但虧損（投資選擇權的成本）相較於獲利都微不足道。他們的成功有個可能的解釋，雷德利和麥伊只能憑直覺回答，但曾為華爾街大公司做過選擇權定價的哈克早有一套解釋——金融選擇權的定價有系統化的偏誤。市場常低估價格大幅變動的可能性，通常也假設遙遠的未來比較可能和現在相似。另外，選擇權價格受標的股票、貨幣或大宗物資的波動所影響，選擇權市場通常會根據最近情況判斷股票、貨幣或大宗物資的可能波動程度。當IBM以每股34元交易，近一年價格波動很大時，近期以35元買IBM股票的買權鮮少被低估。過去兩年，黃金價格約一盎司650元，未來十年以1盎司2,000元買黃金的選擇權可能價格就嚴重低估了。選擇權的期間愈長，用布萊克-休斯選擇權定價模型產生的結果就越可笑；對不使用那模型的人來說，機會也越大。

哈克是三人之中最不按牌理出牌的人，怪的是，康沃爾卻是靠他的巧手塑造出傳統投資法人形象。哈克對華爾街交易室的運作瞭若指掌，所以他知道當華爾街大公司不把雷德利和麥伊視為專業投資法人，而將他們看作「業餘避險基金」時有多吃虧。投資散戶在交易所可獲得的最長選擇權是LEAP，那是兩年半的普通股選擇權。哈克告訴雷德利和麥伊：「你知道嗎？如果你們把自己塑造成專業投資法人，你可以打電話到雷曼兄弟或摩根士丹利，買任何東西的八年期選擇權，想不想試試看？」

當然想啊！雷德利和麥伊非常渴望和那些買賣最低估選擇權的業者直接交易，亦即高盛、德意志銀行、貝爾斯登等最先進、計量導向的交易室。他們稱之為狩獵執照，那執照名叫ISDA。那也是貝瑞購買第一筆信用違約交換以前所取得的協議，是國際交換及衍生性金融商品協會所構思出來的。只要取得ISDA，理論上你就能和華爾街的大公司交易，即使不以對等身份交易，至少也有一定的身份地位。問題是，儘管他們的投資績效很好，但資金其實不多；更糟的是，他們只管理自己的錢。在華爾街裡，他們頂多算是「高淨值散戶」，亦即有錢人。有錢人從華爾街得到的服務比中產階級好，但和投資法人相比還是二等公民。更重要的是，華爾街通常不會找有錢人買賣不在公開交易所交易的衍生性金融商品，例如信用違約交換，而那些金融商品已日漸成為華爾街的交易主軸。

2006年年初，康沃爾的資金成長到近3,000萬元，但是對華爾街出售信用違約交換的交易室來說，那金額還是少得可憐。麥伊說：「我們打電話給高盛，馬上就聽得出來他們不想和我們做生意，雷曼兄弟還嘲笑我。那就好像堅不可摧的堡壘一樣，你必須從上攀越，或是從底下挖洞鑽過。」雷德利說：「摩根大通直接拒絕和我們往來，他們說我們太麻煩了。」的確是！因為他們只有小孩的資金，卻想被當成大人看待。雷德利說：「我們想從德意志銀行買白金選擇權，他們說：『抱歉，我們沒辦法和你交易。』」當你不想花錢找華爾街的人幫你管理資金，而想自己管理時，華爾街會讓你付出代價。「沒人願意接我們的單，」麥伊說，「我們到處打電話，每筆交易至少要1億元。」

他們找了好幾家公司，後來打到瑞銀（UBS）時，已經知道當對方詢問有多少資金時不要回答。麥伊說：「我們學會瞎掰帶過那問題。」所以瑞銀比其他業者稍晚回絕他們。「他們問：『想做空多少？』」雷德利回憶，「我們回答不是很多。他們又問：『你們有多常交易？』我們說不是很常，然後對方沈默了好一會兒，接著才說：『讓我跟老闆說一下。』之後我們就再也沒接到他們的消息了。」

接觸摩根士丹利或美林等公司的結果也沒好到哪去。雷德利說：「他們會說：『讓我們看看你的行銷文宣。』我們回答：『呃，沒有那東西。』接著對方會說：『好吧，那讓我們看看你的銷售文件。』但我

們也沒有銷售文件,因為這又不是別人的資金。『好吧,那讓我們看看你有多少資金。』『嗯,也沒有很多。』這時他們會說:『好吧,那讓我們看你的履歷就好。』」如果雷德利和麥伊與基金管理業有關聯(例如待過基金管理公司之類),或許在談生意時會有一點可信度,偏偏他們也沒有。「每次問到最後,對方都會說:『所以你們究竟有什麼?』」

厚臉皮,外加3,000萬可以隨意運用的資金,還有一位有末日傾向的前衍生性商品交易──他知道華爾街大公司是怎麼運作的。「雷德利和麥伊向券商要ISDA兩年了,但他們真的不懂詢問的訣竅。」哈克說,「他們甚至不知道ISDA這個詞。」

雷德利一直沒弄懂哈克是怎麼辦到的。但總之哈克說服了德意志銀行把康沃爾當成投資法人看待,德意志銀行原本規定資金要在20億以上才算投資法人。哈克表示,關鍵在於找對人,並使用特定用語應付他們的疑慮。不久,德意志銀行就有個小組同意來拜訪康沃爾,以判斷他們是否值得獲得法人的特殊待遇。「哈克很有一套。」雷德利說。

德意志銀行有一套規定叫做「瞭解客戶」(Know Your Customer,KYC),雖然這並非規定行員要徹底摸清顧客底細,但他們必須親自造訪顧客至少一次。雷德利和麥伊一聽到對方要來訪,第一次擔心他

們的辦公室設在格林威治村這種比較另類的地方會引起對方更多疑慮。「我們有門面問題。」麥伊微妙地點出問題所在。樓梯間飄著剛漆上的油漆味,樓下唯一的洗手間會傳出血汗工廠的聲音。雷德利說:「他們來之前,我當時心想:『萬一有人要上洗手間,麻煩就大了。』」康沃爾在這棟大樓裡佔據的小空間絲毫沒有金融味,那是位於建築後方偏暗的房間,有紅色磚牆,往外通往叢林般的小花園,比較像是情侶拍拖的場景,而不是購買信用違約交換的地方。麥伊說:「對方來訪時,出現一、兩次比較尷尬的時刻,主要是因為我們辦公室樓下是裁縫工作室,他們可以聽到裁縫師工作的聲音。」不過,幸好德意志銀行的人都沒有去洗手間,所以康沃爾順利取得了ISDA。

他們後來發現,這份協議附屬細則讓康沃爾對德意志銀行的義務有很多要求,但是反過來的義務卻很少。如果康沃爾和德意志做的選擇權交易變成「價內選擇權」,德意志銀行並不需要提列保證金做擔保,康沃爾只能祈禱德意志銀行履約。相反的,如果交易對康沃爾不利,他們則必須每天追補保證金。當時,他們三人並沒有太擔心這個條款(他們後來和貝爾斯登簽的ISDA裡也有類似條款)。光是可以向李普曼購買信用違約交換,他們就已經很高興了。

那接下來呢?他們是性急的年輕人,無法相信竟然有這種交易存在,也不知道這種交易還會存在多久,但是他們為了這交易爭論了數個月

之久。對他們來說，李普曼的論點雖然誘人，卻也非常陌生。康沃爾從來不曾買賣抵押債券，但他們可以看出信用違約交換其實就只是金融選擇權——你付一筆小錢，只要有足夠的次貸借款人違約，你就發了。不過，這個例子是他們只要付一點錢，就可以參與看起來幾乎一定會發生的巨變。他們為自己做了另一個簡報，雷德利說：「我們看著這交易，心想：世上怎麼會有這麼好的事！我竟然可以用這種價格買到BBB級次貸債券的信用違約交換？哪個腦筋清楚的傢伙會說『哇，我想我會花200基點冒這個險』？那價格實在低得離譜，沒有道理。」這時是2006年10月初，6月時全美房價首次開始下跌。五週後，11月29日，次貸債券指數ABX首次出現利率短缺（interest-rate shortfall）。借款人無法付息償還風險最大的次貸債券，那些抵押貸款已經開始違約了，但以那些貸款為標的的債券價格仍不為所動。「那正是詭異的地方。」雷德利說，「貸款已經開始出問題了，我們還在問：『究竟是誰站在這交易的另一邊？』我們收到的答案都是：『CDO。』這回答當然會讓我們進一步追問：『誰是CDO？或什麼是CDO？』」

通常雷德利和麥伊跨入新市場時（發現某個潛在事件可能發生，似乎值得賭一把時），都會找專家當嚮導。這市場和他們過去的經驗又是如此疏遠，他們比平常花了更久的時間才找到幫手。雷德利說：「我對資產擔保證券（ABS）有概略的了解，但不知道什麼是CDO。」最

後他們才明白語言在債市內和債市外有不同作用，債市用語的設計不是為了傳達意義，而是為了把外人搞得昏頭轉向。價格太高的債券不叫「貴」（expensive），而是「高貴」（rich），讓它聽起來好像是你該買的東西一樣。次貸債券的分級不叫「樓層」（floor）或其他讓債券購買者在腦中產生具體形象的名稱，而稱為「層級」（tranche）。最底層（最危險的層級）不是「底層」（ground floor），而是「夾層」或「中層」（mezzanine或mezz），聽起來不像風險投資，比較像是圓頂劇場的高級座位。由次貸債券裡風險最高的中層債券所組成的CDO，也不叫「次貸CDO」，而是「結構型融資CDO」（structured finance CDO，或稱架構式融資）。雷德利表示：「不同用語讓人看得一頭霧水。在釐清一切的過程中，我們明白了這交易為什麼看起來不合理，因為那些用語本身就不合理。」

次貸市場特別善於模糊必要釐清的要點。例如，全以次貸為標的的債券不叫次貸債券，而稱為資產擔保證券（ABS）。當雷德利問德意志銀行，究竟資產擔保證券是用什麼資產做擔保時，他拿到一張縮寫清單，其中列有RMBS、HEL、HELOC、Alt- A等名詞，還有他原本不知道的債信分類（midprime）。RMBS是residential mortgage-backed security（住宅用房貸抵押擔保證券）的縮寫。HEL是home equity loan（房產淨值貸款）的縮寫。HELOC是home equity line of credit（房屋淨值信貸額度）的縮寫。Alt- A是連證明文件（例如收入證明）都不需要就貸

放出去的垃圾抵押貸款。信用最好的借款人屬A級，Alt-A是Alternative A-paper的縮寫，意指信用最好者的替代選項，這樣講明後聽起來就比較可疑了。原則上，已有縮寫代稱的貸款其實都是次級貸款，但債市可不希望那樣清楚陳述。「midprime」是文字凌駕事實的例證，狡猾的債市人士看到次貸市場蓬勃發展的樣子，就像野心勃勃的不動產開發商看到奧克蘭的土地，發現有機會幫土地換個名稱重新包裝一樣。奧克蘭邊緣有個社區，後來改裝成獨立市鎮，名為洛克里茲（Rockridge）。洛克里茲因為拒絕被稱為奧克蘭，所以房價較高。在次貸市場裡，現在有個類似的東西稱為midprime。midprime其實就是subprime，卻故意不那麼稱呼。雷德利說：「我花了一段時間才了解，債券裡的這些東西其實都指同一件事。華爾街不過是讓信評機構接受不同的名稱，好讓這一切看起來像多元的資產組合。」

雷德利、麥伊、哈克進入次貸市場時，想做貝瑞及艾斯曼做過的交易，所以他們開始找最糟的次貸債券作為對賭標的。他們很快就了解了FICO得分、貸放成數、二胎房貸、加州和佛羅里達州的嚴重狀況，以及債券本身過於樂觀的架構（最底層的BBB級債券只要標的貸款組合出現7％的損失，價值就變零了）。但他們最後做的交易卻和其他對賭次貸市場的人截然不同，最終的獲利也比較高——他們對賭的是CDO的較上層「AA級債券」。

在了解事實後，他們發現自己有兩個優勢。第一，他們進入市場很晚，剛好在市場崩盤以前，比一些基金經理人晚進場。雷德利說：「我們之所以能夠進展得很快，是因為看了很多很有說服力的分析，不必自己從頭開始。」另一優勢是他們和一般人迥異的投資方式——刻意找機會渺茫、風險大的賭注。他們在市場上尋找實際勝算是10:1，但以100:1的勝算計價的賭注。「我們找的是自助式槓桿。」雷德利表示：「槓桿的目的是為了放大效果，你有一根鐵棍，對它施加一點壓力就可以產生很大的力量。我們想找的是，只要世界稍微變動，就可以促成價值巨變的投資點。」

接著是CDO。他們可能不知道CDO是什麼，但他們的想法和CDO不謀而合，因為世界只要稍微變動，就能促使CDO的價值出現巨變。在他們眼中，CDO只是一堆BBB級抵押債券。華爾街和信評機構共謀，把這些債券包裝成多元的資產組合。但明眼人都可以看出，只要一檔BBB級次貸出問題，多數次貸都會出問題，因為它們都容易受同樣的經濟因素衝擊。佛羅里達和加州的次貸會在同時間、因同樣理由而違約，然而由BBB級債券組成的CDO裡，有八成評級都高於BBB（亦即AAA、AA或A）。要讓BBB級債券的價值變成零，只要標的貸款出現7％的損失就行了。不過，那7％的損失其實可以讓由BBB級債券組成的CDO完全歸零，不管其他層級掛的是什麼信用評級。「我們花了好幾週才完全弄懂，因為這實在太詭異了。」雷德利說：「但是我們愈

了解CDO是什麼，就愈覺得：**見鬼了！這真是他媽的瘋狂，根本是詐騙**。或許你無法在法庭上證明這是詐騙，但它的確是。」

這也是千載難逢的機會：市場似乎相信自己的謊言，對CDO裡公認安全的AA級債券收取的保費，比公認危險的BBB級債券便宜許多。如果每年用0.5％的費用對賭CDO的AA級債券就能達到一樣的效果，那又何必付2％的費用對賭BBB級債券？如果只付四分之一的錢就能得到一樣的效果，他們可以把投資規模擴增為四倍。

他們打電話給華爾街的每一家公司，看有沒有人會勸阻他們買AA級CDO的信用違約交換。「這真的看起來好到令人難以置信。」麥伊說，「有東西看起來好到令人難以相信時，我們會去了解原因。」一位名為瑞奇‧里洛（Rich Rizzo）的德意志銀行員工（他在李普曼底下工作）曾試著勸退他們。里洛解釋，把CDO的信用違約交換加以標準化的ISDA（這和把抵押債券信用違約交換加以標準化的ISDA是不一樣的協議）在數個月前才出爐（2006年6月），還沒有人買AA級CDO的信用違約交換，這表示它們可能沒有流動市場。沒有流動市場就無法保證讓他們在想賣時就賣出，或取得公平的價格。

「里洛還提到另一點，」雷德利回憶，「情況不會糟到連CDO都變糟。」

但康沃爾可不這麼認為。他們並不確定次貸違約的數量會多到導致CDO也崩垮，他們只確定德意志銀行也不知道，沒有任何人知道。第一筆AA級CDO的保險可能有個「適當」的價格，但不是0.5％。

當然，如果你想賭CDO，知道CDO的內容會有幫助，但他們不是很清楚。光是取得這些資訊就困難重重，由此可見多數投資人都是乾脆跳過這個實質審查的階段。每個CDO都包含100檔不同的抵押債券，這些債券又包含了數千筆不同的貸款，幾乎不可能看出是哪檔債券或哪些貸款。他們原以為信評機構會是最清楚的消息來源，結果發現連信評機構也毫無概念。「我打電話給標準普爾，問他們能不能告訴我什麼是CDO。」雷德利說，「他們說：『喔，我們也正在了解。』」穆迪和標準普爾評估這些BBB債券時，以為它們是多元的組合，便賦予它們評級，卻連債券背後是什麼東西都不知道！市場上有數百檔CDO（過去三年內總共創造出4,000億元的CDO），但他們發現沒有一筆經過適當審查。雷德利找到一個可靠的資訊來源提供CDO的內容，那是一家資料公司，名為印台克斯（Intex）。但那家公司不願回他電話，他猜想對方可能沒興趣和投資散戶談。後來他終於找到一個網站，是雷曼兄弟架設的，名為LehmanLive。[1]

LehmanLive也沒告訴你CDO裡面確切有什麼，但可以從中大略看出它的明顯特質，例如它背後的債券是哪一年發行的，有多少債券主要以

---

1. 即使現在雷曼兄弟已經消失，LehmanLive仍是尋找許多CDO內容的關鍵來源。

次貸為標的。雷德利和麥伊把資料投印在辦公室的紅磚牆上,開始找出具備下列兩項特質的CDO——完全以最近次貸做擔保的債券比例最高、包含其他CDO的比例最高。CDO還有一個詭異的現象:它們通常是由其他CDO的層級重新包裝而成,那些應該都是華爾街發行商覺得很難銷售的層級。更怪的是,它們通常環環相扣:CDO「甲」會包含一部份的CDO「乙」,CDO「乙」包含一部份的CDO「丙」,CDO「丙」也包含一部份的CDO「甲」!想在CDO裡找出垃圾債券,就像在流動廁所裡撈垃圾一樣——問題不在於你能不能找到,而是你很快就覺得你已經撈夠了。它們的名稱都很虛假,從名稱完全看不出內容、發行者、管理者,例如卡瑞納、寶石、南極座第三、冰川資金。麥伊說:「它們的名字看起來毫無章法可循,我們從來沒想到有很多名稱是以紐約州阿迪朗達克國家公園(Adirondacks)裡的山命名的。」

他們迅速列出最爛的清單,詢問了幾家券商。過去他們為了掙脫專門服務富豪的經紀人,改找服務大型投資法人的經紀人,吃盡了閉門羹。現在他們想掙脫股市經紀人,改投次貸債市經紀人的懷抱,又得吃一次苦頭。雷德利說:「我們打給很多人時,他們都說:『你們為什麼不買一些股票!』」貝爾斯登不相信這些沒什麼錢的年輕人不僅想買信用違約交換,而且是那麼特殊、沒人買過的信用違約交換。「我記得我嘲笑過他們。」接到他們首次詢問的貝爾斯登信用違約交

換業務員表示。

他們打電話給德意志銀行時，電話被轉接給一位23歲的債券銷售員，他從來沒半個客戶。這位年輕人說：「我之所以認識哈克和雷德利，就是因為德意志銀行裡沒人想理他們。」他們有2,500萬元，但對德意志銀行來說實在是微不足道。沒人想接他們的電話，銀行裡的人甚至還拿他們的公司名稱開玩笑，他們說：「又是『坑我喔資本』打來的。」不過，德意志銀行又一次證明，他們是最願意和康沃爾往來的券商。2006年10月16日，他們向李普曼的交易室買了價值750萬元的AA級CDO信用違約交換，那檔CDO的名稱是松山（Pine Mountain），從名稱看不出有何特殊源由。四天後，貝爾斯登也賣給他們5,000萬元的信用違約交換。「他們不知怎的認識葛林柏格，所以我們只好和他們交易。」貝爾斯登的信用違約交換業務員表示。

雷德利和麥伊持續打電話給他們能想到的任何人，只要和這個新市場有點關係的人他們都不放過。他們希望能有人向他們解釋，為什麼這個市場看起來那麼瘋狂。一個月後，他們終於找到、也雇用了一位市場專家——大衛・柏特（David Burt）。《機構投資者》雜誌（Institutional Investor）有一份熱門清單，名為「固定收益20大新星」，用來衡量債市工作者的收入排名。柏特的大名榮登在次貸市場的收入排行榜中，他曾為貝萊德（BlackRock）一兆美元的債券基金

（美林擁有一部份）衡量次貸信用，他的任務是幫貝萊德在債券出問題以前挑出問題債券。現在他辭職了，希望自己募款成立基金，投資次貸債券。為了支應開支，他答應以每個月50,000美元的酬勞，為康沃爾這些怪咖提供專業諮詢。柏特握有最聳動的資訊和分析這些資訊的模型，例如他可以按郵遞區號告訴你，在各種房價情境中，那些抵押貸款會變成什麼樣子。他可以接著拿那資訊告訴你，某檔抵押債券可能發生什麼事。他認為，運用這些資訊的最好方法，就是買進看起來比較健全的抵押債券，同時賣出不健全的抵押債券。

康沃爾對於內行人巧妙運用的複雜手法不是很感興趣，如果你已經懷疑整個市場都會崩盤了，花很多時間挑出最好的次貸債券實在很笨。他們把他們對賭的CDO清單交給柏特，問他的看法。「當我們不了解自己為什麼會做某件事時，都會找人解釋給我們聽。」麥伊說，「但是柏特也說不出個所以然。」柏特只能告訴他們，他們可能是第一個買AA級CDO信用違約交換的人。這說法無法讓他們放心，他們覺得CDO市場應該有很多東西是他們不懂的。他們在一天內挑好要對賭的CDO清單，認為應該可以再做得更巧妙才對。麥伊說：「其實我們已經在射飛鏢，只是想射得更好一些。」

幾週後，柏特給他們的分析報告不僅柏特自己很訝異，連他們也大感意外，因為他們挑得太好了。雷德利說：「他說：『哇，你們做得很

棒，這些CDO裡面有很多真的很糟的債券。」」他們還不知道CDO裡的債券其實是債券的信用違約交換，也就是說，他們的CDO不是普通的CDO，而是合成CDO。他們也不知道這些違約交換的標的債券是貝瑞和艾斯曼及其他人對賭的市場。總之，從很多方面來說，他們仍然不知道自己在幹什麼。

當你面對市場時，你的挑戰永遠是如何在賭桌上扮演市場通才，不要變成傻瓜。2007年1月，雷德利和麥伊僅有的3,000萬資金裡，握有價值1.1億元的AA級資產擔保CDO的信用違約交換。賣他們信用違約交換的人還是摸不清楚他們的目的。「他們的賭注是資本的好幾倍。」年輕的德意志銀行經紀人說，「而且他們做的是CDO的信用違約交換，這東西整個銀行大概只有三、四個人懂。」雷德利等三人對自己做了什麼也似懂非懂。「我們對那交易有點入迷。」雷德利說，「我們找遍了人脈裡能找的人來談這東西，但還是搞不清楚誰是和我們對做的人。我們一直在找人解釋為什麼我們做錯了，一直在想自己是不是瘋了。我們的內心有種強烈的感覺：我們是不是發神經了？」

這時離市場反轉只剩幾週，危機即將展開，但他們並不知道。他們懷疑自己誤打誤撞發現的空盪戲院，正準備上演一齣有史以來最精采的金融大戲。但他們也不敢確定，他們唯一確定的是，他們不知道的事情很多。有一天在電話上，貝爾斯登的信用違約交換業務員提到，年

度的大型次貸會議將在拉斯維加斯舉辦五天。次貸市場的大人物都會參加，掛著名牌，在威尼斯人飯店裡走來走去。貝爾斯登正為客戶規畫特殊的場外活動，將在拉斯維加斯的靶場舉行，客人可以在那學習各種槍枝的射擊，從葛拉克手槍到烏茲衝鋒槍，應有盡有。雷德利說：「我爸媽是紐約市的自由派人士，我小時候連玩具槍都不准玩。」所以他馬上和哈克一起飛到拉斯維加斯和貝爾斯登玩射擊，同時也去那裡找找看有沒有人能向他們解釋，為什麼對賭次貸市場是錯的。

6 蜘蛛人到威尼斯人飯店

跟艾斯曼打高爾夫球，和跟其他華爾街人士打球不同。開球時通常大家會一陣尷尬，因為艾斯曼總穿著違反華爾街高爾夫球禮儀的衣服出現。2007年1月28日，他穿著運動短褲、T恤和球鞋抵達拉斯維加斯的頂級巴厘海高爾夫球場（Bali Hai Golf Club）。陌生人為之側目，丹尼爾和摩斯顯得很難為情。「拜託，艾斯曼。」摩斯對理論上算是他老闆的人懇求，「這裡有禮儀規範，你至少要穿一件有領子的上衣。」艾斯曼搭球車到俱樂部會所買了一件連帽上衣。他把連帽上衣套在T恤外面，看起來就像剛買連帽上衣掩蓋T恤的人。艾斯曼穿著連帽上衣、運動短褲、球鞋開始打起第一桿。每次艾斯曼揮桿都不是很確定，比較像是在練球。他對剛剛那球的落點不滿意，又從球袋裡拿出一顆球，打到比較好的位置。丹尼爾把球打到球道上，摩斯打到深草區，艾斯曼則打到沙坑。他走向沙坑，抓起球，把球扔到丹尼爾的球附近。要說他作弊也不太對，因為他明目張膽，他甚至沒注意到自己打球有什麼異於常人之處。當艾斯曼第九次從沙坑裡拿起球，或假裝他的球沒打進水裡時，他還是泰然擺出第一次那種無所謂的表情。丹尼爾說：「因為他的記憶是選擇性的，過去的經驗不會留下傷痕。」艾斯曼打球像個孩子，也可以說他像個刻意破壞神聖儀式的人，反正

兩者的結果都一樣。「怪的是，他球打得還不差。」摩斯說。

打了一輪高爾夫球後，他們到永利飯店（Wynn hotel）參加德意志銀行舉辦的晚宴。這是艾斯曼第一次參加債市人士的聚會，他不知道該做什麼，所以完全交由李普曼打理。李普曼在某家餐廳租了包廂，邀請艾斯曼等人和他的合夥人共進晚餐，艾斯曼等人都覺得這一餐應該別有意圖，不是平白的招待。丹尼爾說：「即使李普曼的表面目的很單純，那單純的目的下，總還是有其他用意。」李普曼安排的餐宴一定都有隱藏的目的，但這次是什麼呢？

原來是李普曼碰到新問題了：美國房價下跌，次貸違約增加，但次貸債券卻不知怎的穩如泰山，信用違約交換的價格也是動也不動。他現在已經做空100億元的次貸債券，一年光保費就要1億元，看起來還不知道要支付多久。摩斯說：「他顯然已經被逼瘋了。」目前為止，李普曼的鉅額賭注都是靠艾斯曼等投資人資助的，投資人買賣信用違約交換時會付他手續費，但投資人已經開始失去信心。有些早期被李普曼說服的人現在懷疑，華爾街在次貸債市中動了手腳，讓信用違約交換永遠不會獲利。有些投資人開始懷疑賭注另一端的人可能知道他們不知道的東西。有些人則已經厭倦一直支付保費，對賭穩如泰山的債券。李普曼籌畫了這場拔河大戰，找來一群人幫他拉繩子，現在他的隊友都想抽腿，他擔心艾斯曼可能也想放棄。

岡田餐廳的鐵板燒包廂由四區組成，每桌都有一大塊鐵板和一位專屬師傅，李普曼安排他已說服做空次貸債券的避險基金經理人分坐在每一桌，和買進那些債券的投資人坐在一起。他希望避險基金經理人可以看到這賭注另一端的投資人有多愚蠢，不要再擔心那些投資人知道他們不知道的事。這招滿聰明的，摩斯和丹尼爾一直都很擔心他們是李普曼交易裡的傻瓜。「我們了解次貸市場，知道那些貸款會出事。」丹尼爾說，「但令我們不安的是債市機制。我們之所以到拉斯維加斯，就是覺得萬一我們受騙上當了，至少要知道自己是怎麼被整的。」

艾斯曼坐在他的位置上，介於李普曼和一位名叫鄒文（Wing Chau，音譯）的人之間。鄒文說，他經營一家投資公司，名為哈定諮詢公司（Harding Advisory）。當艾斯曼詢問哈定諮詢公司確切提供的諮詢服務時，鄒文表示自己是CDO管理人，「我不知道有CDO管理人這樣的工作，」艾斯曼說，「我不知道那有什麼可以管理的。」後來艾斯曼就再也記不得鄒文長怎樣、穿什麼、來自哪裡、當天吃喝了什麼，他什麼都忘了，只記得鄒文提出的金融觀點。不過隔著鐵板，摩斯一直在觀察這個李普曼刻意安排坐在艾斯曼旁邊的人。他身材矮胖，挺著華爾街的肥肚（不是久坐產生的小腹，而是像松鼠冬眠前撐滿肚子一樣），他從羅德島大學畢業，在巴布森學院取得商學院學位，職業生涯幾乎都是在令人昏昏欲睡的壽險公司裡做令人想睡的工作，但那些

都過去了。現在他顯然改頭換面，變得非常富有。摩斯說：「他臉上有種自鳴得意的笑容，似乎在說：我比你懂。」摩斯不認識鄒文，但當他聽到鄒文就是次貸CDO的買家時，他就知道他是誰了：傻佬！摩斯說：「其實我不想和他說話，因為我不想嚇死他。」

當摩斯和丹尼爾看到李普曼把艾斯曼安排在一個傻佬旁邊時，他們都有同樣的想法——糟糕！這下慘了。艾斯曼無法克制自己，他會發現這傢伙是傻瓜，那他們怎麼辦？他們需要這些傻瓜，只有傻瓜才會承接交易的另一端，而他們還想做更多的交易。「我們不想讓人知道我們在做什麼。」丹尼爾說，「我們是來調查事實的偵探。」他們看著艾斯曼拿毛豆沾公用醬油，放入嘴裡吸一下，又沾一次，再吸。他們在一旁等著慘劇爆發，沒辦法阻止，只能靜坐觀望。艾斯曼聽人說話的方式很奇怪，他也沒在聽你說什麼，而是把聽到的東西丟到大腦某區，去判斷你說的話值不值得聽，同時想著自己要說什麼，所以他永遠都沒聽到你第一次說的內容。如果他的大腦某區偵測到你剛說的話有點意思，它會傳送訊息給大腦中樞，然後回神以最集中的注意力說：「再說一次。」你會再說一次，因為這時的艾斯曼顯然真的在聽你說話了。由於他是選擇性聆聽，當他那麼專心地看著你時，你會覺得受寵若驚。「我一直看著他們。」摩斯說，「我看到艾斯曼一直重複：**再說一次，再說一次。**」

後來，每次艾斯曼要開始向人解釋金融危機的起源時，他都會從他和鄒文的見面談起。他現在才完全了解所謂中層CDO（主要由BBB級次貸債券組成）和合成CDO（完全由BBB次貸債券的信用違約交換所組成）的重要性。艾斯曼說：「你得了解這點，那是驅動末日的機器。」他畫了好幾個債券高塔，第一個塔是原始次貸的集合，塔的最高層是AAA級，下面是AA級，一直往下排到最危險的BBB底層（亦即艾斯曼對賭的債券）。華爾街把這些最爛的BBB級債權，組合成另一個債券高塔——擔保債權憑證（CDO）。他們之所以這麼做，是因為債信機構拿到這些由可疑貸款擔保的債券組合後，會宣布其中有80％是AAA級。這些債券可以再賣給只能投資高評級債券的投資人，例如退休基金、保險公司等等。這是艾斯曼第一次知道這艘末日之船是由鄒文那樣的人駕駛的。那傢伙掌控約150億元的資金，全投資在由BBB級抵押債券擔保的CDO上（又或者像艾斯曼形容的：「比原始債券更下三濫的垃圾」）。一年前，AAA層級的次貸CDO（其實就是大部分的CDO）主要買家是AIG，如今AIG已經退出市場，主要買家變成鄒文那樣的CDO管理人。鄒文自己為風險最高的次貸債券創造了龐大的需求，在此之前根本毫無需求。這些需求刺激新房貸的供應，以便用房貸發行更多的債券。這個和艾斯曼一起共用醬油的傢伙，讓數以萬計的人獲得他們永遠無法償付的貸款。

碰巧，尖端夥伴事業已經花了很多時間挖掘這些貸款的真相，他們知

道違約率已足以讓鄒文的整個投資組合價值歸零。「老天，」艾斯曼對他說，「你一定過得很慘。」

「不會啊。」鄒文說，「我已經把一切都賣光了。」

「再說一次。」

沒道理啊，CDO管理人的工作就是挑選華爾街公司，請公司提供他次貸債券，以便拿來作為CDO投資人的擔保品，然後自己審核那些債券。CDO管理者也負責追蹤每檔CDO裡面100檔左右的次貸債券，在那些債券出問題以前，就淘汰問題債券，換成比較好的債券。不過，那是理論上的做法。實務上，把錢交給鄒文的投資人（亦即購買AAA級CDO的投資人，包括德國銀行、台灣保險公司、日本農會、歐洲退休基金，以及必須投資AAA級債券的其他單位）之所以會投資，就是因為他們以為這投資標的萬無一失，不會虧損，不需要追蹤，甚至不需要多加思考。實務上，CDO管理者不做任何事，這也是為什麼很多靠不住的傢伙突然都想當CDO管理者。「在紐澤西，兩個人加一台Bloomberg螢幕」是華爾街口中的典型CDO管理者。這兩個人的頭腦愈不靈光，對於CDO裡面包含的BBB級次貸債券愈不會提出疑問，他們愈有可能吸引華爾街的業者來推銷。CDO的目的就是把公司無法安置的許多次貸市場風險漂白。華爾街最不樂見的，就是會詢問許多尖銳

問題的CDO管理者。

債券市場等於是創造了雙面間諜：他們看起來代表投資人的利益，其實更代表華爾街債券交易室的利益。CDO管理者為了向大型投資人保證「會以他們的利益為重」，他自己留著CDO的權益層（Equity Tranche），或稱第一損失部位（First Loss），這是次貸違約時最先消失的層級。不過，CDO管理者在投資人認購時，就先收取0.01％的手續費，投資人贖回時，他也可以收取類似的手續費。聽起來好像沒有很多，但是當你不花什麼心思與人力就能經手上百億的資金時，手續費便積少成多。幾年前，鄒文還在紐約人壽公司管理投資組合時的年薪是14萬美元。他當CDO管理人一年，就已經賺了2,600萬美元，他要在紐約人壽工作六輩子才能賺那麼多錢。

現在，鄒文以近乎得意的口吻向艾斯曼解釋，他把標的房貸違約的所有風險都轉給付錢請他審查債券的大型投資人了。他的任務是當個CDO「專家」，但其實沒花多少時間擔心CDO裡有什麼。他說，他的目的就是讓他的組合擴充到最大，他現在績效很好，從2007年1月到9月市場崩盤之間，哈定諮詢公司是全球最大的次貸CDO管理者。此外，哈定也是美林CDO的主要買家，美林不僅以迅速生產CDO聞名（美林的產量是第二名的兩倍），也以大量生產垃圾而惡名昭彰（它們的CDO後來證實是最爛的）。「他『管理』CDO，」艾斯曼說，

「但究竟管理了什麼？我聽到結構型融資市場竟然瘋狂到讓人管理CDO組合，卻不用承擔任何CDO的風險，覺得相當震驚。大家付錢請人『管理』他們的CDO，彷彿這個白癡真的在幫他們管理一樣。我心想，**你這個混蛋，你根本不在乎這些投資人。**」鄒文的真正任務是為他挑選的華爾街公司擔任窗口，投資人在聽到美林的CDO並非由美林自己管理時，會覺得比較放心。

李普曼特地把鄒文安排在艾斯曼旁邊有個原因。鄒文即使察覺艾斯曼對他不認同也不會表現出來，他是用「我比你更懂」的傲慢語氣和艾斯曼說話。「後來他說了一件事讓我十分震驚。」艾斯曼說，「他說：『我很愛你們這些做空我市場的人，沒有你們，我就沒東西買了。』」

再說一次。

「他告訴我，『你愈覺得自己是對的，就會做愈多交易；你做愈多交易，我就有愈多產品。』」

這下艾斯曼終於了解次貸機器的瘋狂了。他們一直向高盛及德意志銀行針對次貸債券從旁下注，賭BBB級次貸債券的命運，卻沒完全了解這些公司為什麼會那麼急著接這些交易。現在他和信用違約交換的對

手面對面接觸，這下他終於懂了：經過CDO過濾的信用違約交換是用來複製實際房貸擔保的債券。**信用不好的美國人申請貸款的速度，已經無法滿足投資人對最終產品的需要。**所以華爾街需要他的賭注，用來合成更多的產品。「讓很多不合格的借款人貸款購買他們買不起的房子，已經無法滿足他們了。」艾斯曼說，「他們現在乾脆憑空捏造一百倍！這是後來金融體系的損失遠比次貸債券的損失更多的原因。這時我才明白，他們需要我們讓機器持續運轉下去。我心想：這樣也行？」

鄒文並不知道自己是李普曼特地挑選出來的工具，李普曼的目的是想說服艾斯曼：他的信用違約交換對手都是騙子或白痴，反正鄒文也如實地扮演了他的角色。喝清酒的時候，鄒文告訴艾斯曼，拿到500億元的垃圾CDO比完全沒有好，因為他是靠交易量收取手續費。他告訴艾斯曼，他最怕的就是美國經濟走強，導致避險基金不再對賭次貸債券。艾斯曼聆聽他的說法，試圖了解為什麼他的交易對手期待的情境會和他期待的一樣，以及保險公司或退休基金為什麼會把資金交給鄒文。答案只有一個：AAA評級讓每個人都有藉口忽略他們承擔的風險。

摩斯和丹尼爾透過鐵板燒的蒸氣，仔細觀察艾斯曼和鄒文的互動，在他們看來，這兩人還滿聊得來的。但是晚餐結束後，他們看到艾斯曼

抓著李普曼，指著鄒文說：「不管那傢伙買什麼，我都要做空。」李普曼以為他是在開玩笑，但艾斯曼相當認真：他真的想專門針對鄒文對做一筆交易。「李普曼，」艾斯曼說，「我想做空他的債券，不管他買什麼。」在這之前，艾斯曼只買了一筆次貸債券信用違約交換而已。從現在起，他要專買鄒文CDO的信用違約交換。「他終於親眼見到敵人了。」丹尼爾說。

————

雷德利為了短暫體驗一下別人的生活，從牆上挑了一支貝瑞塔手槍、短管霰彈槍、烏茲衝鋒槍。他跨出家門前往拉斯維加斯不久，就馬上寫電子郵件給即將和他會合的合夥人哈克，以及沒跟來的麥伊。雷德利問：「你們覺得我們會不會被抓，畢竟我們沒有事先登記？」這不是康沃爾第一次聽聞市場上的大事，就在未獲得正式邀請下主動參加，當然也不會是最後一次。麥伊說：「如果你直接在現場出現，他們幾乎都會讓你進去。」雷德利在拉斯維加斯只認識幾個在貝爾斯登負責次貸業務的人，他從來沒親眼見過他們，但對方寄電子郵件告訴他，在抵達拉斯維加斯後，不要去會場和他們碰面，而是到這個離市中心數哩路的室內靶場會合。「我們週日會去打靶……」信一開始就這樣寫。雷德利看到信以後大吃一驚，打電話問他們這是什麼意思。「我心想：『所以你是去射擊的嗎？』」

1月28日週日下午，在拉斯維加斯的靶場上，要辨識貝爾斯登的CDO業務員並不難。他們穿著卡其褲和馬球衫，旁邊圍著一群穿黑色緊身T恤的魁梧男子，看起來像是休假一天，沒和當地民兵部隊去抓非法移民的人一樣。收銀機後方，手槍、霰彈槍、自動步槍掛滿了整個牆，相當壯觀。右邊是形形色色的槍靶，例如賓拉登的照片、賓拉登的殭屍畫像、各種戴頭巾的蓋達恐怖分子、一個黑人小孩攻擊美麗白人女性、耍弄手槍的亞洲流氓等等。「他們掏出貝爾斯登的信用卡開始買子彈，」雷德利說，「於是我開始挑選槍枝。」烏茲衝鋒槍讓他印象最深刻，他選了烏茲槍，並從槍靶牆上挑了海珊的巨照。霰彈槍的後座力會讓肩膀瘀血，烏茲槍的殺傷力雖大卻比較溫和。當自己感受的痛苦與所造成的破壞間毫無關聯時，那感覺令人興奮。雷德利說：「貝瑞塔手槍很有趣，但烏茲槍實在太酷了。」離開靶場時，雷德利一直有種破壞自然法則的感覺，揮之不去；同時還有個懸而未決的問題——他為什麼會被邀請來這裡？貝爾斯登的人是不錯，但沒人談到任何有關次貸或CDO的事。「真的很詭異，因為我從來沒見過他們，而我是唯一去靶場的貝爾斯登客戶。」雷德利說，「他們幫我付了所有打靶的費用，我說：『我可以自己付錢。』但他們堅持把我當客人招待。」當然，在華爾街工作的人想將去靶場玩樂一天的費用報公帳，最安全的方法就是邀顧客一起前往。而最適合招待的對象，就是業務量微不足道，所以不用在意他對這玩樂有何意見的客戶。雷德利完全沒想到這些原因，由此可見他其實不是那麼憤世嫉俗。但是這

很快就改變了。

隔天早上，雷德利和哈克在威尼斯人飯店的大廳裡閒晃。「每個想推銷東西的人都打了領帶。」哈克說，「去那買東西的人都沒打領帶，很難找到我想談話的對象，我們只是不速之客，在那走來走去。」在現場他們只認識一個人——柏特（就是原本在貝萊德工作，現在他們每個月花50,000美元請來衡量CDO的人）。不過他們覺得無所謂，因為他們的目的是參加開放的研討會、大型演講和座談會。哈克說：「我們也不是很清楚為什麼我們要去那裡，總之我們想認識一些人，雷德利會在演講完後偷偷接近講台邊的人。我們希望能有人告訴我們為什麼我們是錯的。」他們想找和自身看法相反，但具說服力的對象，來告訴他們為什麼市場認為不可能的事至少不太可能發生。

雷德利的挑戰在於，讓毫無戒心的市場人士在問他是誰或做什麼以前，就先誘導他們講出看法。雷德利說：「每次我們得到的反應都是：『等等，你是哪個單位的？』他們只是覺得很困惑，心想：『為什麼你們會出現在這裡？』」

雷德利找了一個信評公司的人測試康沃爾的投資論點，那人疑惑地看著他問：「你們真的知道自己在做什麼嗎？」市場人士並不認同他們的看法，但也提不出有說服力的反論。他們為次貸CDO提出的支持論

點是：CDO買家永遠不會消失。他們為標的貸款提出的支持論點是：在貸款存在的短暫歷史中，從來沒出現過大量的違約。在賭場裡，輪盤賭桌的上方螢幕會列出最近二十次轉盤的結果，玩家看到過去八次都轉到黑色時，會驚嘆那機率實在太低，直覺認為那個小銀球現在比較可能滾到紅區。那正是賭場特地列出賭盤最近幾次結果的原因：幫賭客欺騙自己，讓人產生押注所需的虛假信心。次貸市場裡，整個中介機構的食物鏈就是以同樣的伎倆欺騙自己，以統計上無意義的短期歷史資料預估未來。

「通常你做一筆交易時，會發現交易的另一邊有一些聰明人。」哈克說，「但在這個例子中，我們找不到。」

「和我們談過的人裡，沒有一個能為次貸不會變成大問題提出可信的理由。」雷德利說，「沒人真正去想過這問題。」

雷德利問一個貝爾斯登的CDO業務員，七年後這些CDO可能會變成什麼樣子？他回答：「七年？我不管七年後會怎樣，我只要它再延續兩年就好。」

三個月前，當康沃爾首度買進1億元的AA級次貸CDO的信用違約交換時，他們認為自己是以便宜的賭金，賭不太可能發生的事件——以一

年50萬的保費換取賺1億元的機會。市場和信評機構把違約機率設成1:200，他們認為機率比那更好，可能是1:10。不過，就像他們多數的賭注，勝算不大。或許可以說是經過聰明計算的賭注，但依舊勝算不大。但在他們和愈多次貸市場人士談過以後，就愈覺得AA級債券違約很有可能發生。哈克的腦子裡閃過一個念頭：這些人認為次貸市場不太可能崩盤，是因為崩盤是如此大的災難，他們覺得這麼恐怖的事件不可能發生。

會議的第一天早上，他們跟著上千人走出賭場，進入廣大的會場參加開幕典禮。那本來是一場座談會，但座談小組的成員當然沒興趣和彼此談什麼，他們比較感興趣的是提出自己精心準備的論點。雷德利等人後續三天觀察了十幾場類似的活動，每一場都很乏味。不過，有一場不一樣，因為主持人似乎喝醉了，或至少有點不太正常。他名叫約翰・德瓦尼（John Devaney），他管理的避險基金「聯合資本市場」（United Capital Markets）投資了次貸債券。德瓦尼贊助這會議已經十年了，部分原因在於這會議的名稱「美國證券化論壇」（American Securitization Forum，簡稱ASF）聽起來比次貸協會體面。如果次貸債券有所謂的精神領袖，德瓦尼算是其一。他也很愛炫耀自己的財富，他有一幅雷諾瓦的名畫、一架灣流噴射機、一台直昇機，當然還有一艘遊艇。今年，他還重金請來知名脫口秀主持人傑・雷諾（Jay Leno）來會場娛樂大家。

現在德瓦尼看起來好像剛狂歡了一夜，沒休息就來會場一樣。他對次貸市場的狀況提出了連串批評，顯然是臨時起意。「太令人意外了。」雷德利說，「德瓦尼彷彿良知大發，他說信評機構都是缺乏道德良知的賤人，那些債券毫無價值大家心知肚明。他講出了我們懷疑的東西，感覺像在揭人隱私。他講完時，現場一片死寂，其他座談人士都不想辯解，只是拐彎抹角地談話，假裝剛剛什麼事也沒發生。」一方面，聽到市場人士說出他心裡想的真相，這點令人振奮；但另一方面，萬一市場覺醒了，這種瘋狂現象並不會延續太久。雷德利三人原本以為他們在買更多的AA級次貸CDO的信用違約交換以前，還有時間再仔細思考一番。「那演講嚇壞了我們，感覺我們不是還有六個月的時間，而是只剩一週可做交易。」

「德瓦尼對市場極盡嘲諷之能事。」雷德利表示：「但後來卻賠錢了，我一直想不透。」[1]

雷德利等人面對的問題一如既往，還是很難找到華爾街公司願意和他們交易。他們唯一的供給來源貝爾斯登突然對射擊比對交易還感興趣。其他公司都把他們當笑話看待。**坑我喔資本公司**。不過，在拉斯維加斯，他們的運氣來了，他們意外發現，他們現在雇來分析CDO的顧問在業界頗有份量。「柏特在拉斯維加斯就像上帝一樣。」雷德利說，「我們開始跟著他到處走。『剛剛和你談話的人是我們的顧問，

---

1. 市場崩盤時，德瓦尼破產，被迫變賣遊艇、飛機和雷諾瓦的名畫（賺了不少）。他也對幾篇雜誌文章的批評提出辯解。他透過美通社（PR Newswire）發表多篇隨筆，其中一篇寫道：「誠實才能坦承自己錯了，我2007年做多，我錯了。」

我們也可以和你聊一下嗎？』」這個租來的上帝介紹雷德利認識一位摩根士丹利的女士，名叫史黛西‧史卓斯（Stacey Strauss）。她的工作就是盡快尋找想買信用違約交換的投資人。雷德利一直搞不懂為什麼她會那麼願意為了和康沃爾做生意，而打破摩根士丹利的一般標準。雷德利也去找為美聯銀行（Wachovia Bank）分析次貸債券市場的男子攀談，他剛好也參與德瓦尼主持的那場驚人座談會。在座談會上，他和其他與會者都假裝沒聽到德瓦尼說的話。德瓦尼說完後，美聯銀行那人稍微談了一下次貸債券市場的基本面很健全。他下台時，雷德利突然上前問他，如果美聯銀行真這麼覺得，能不能賣他一些信用違約交換。

————

和鄒文共餐後的隔天早上，艾斯曼醒來，第一次看清債券市場以及許多聳動誇大的虛飾。威尼斯人飯店的外型是總督宮，裡面有但丁《神曲》的裝潢。現在這家飯店裡聚集了數千位穿著商務休閒服的白人，他們都靠次貸業維生。威尼斯人飯店就像拉斯維加斯的一切，充滿著用以提升與利用不合理性的設計：白天宛如黑夜，黑夜有如白天，到處是吃角子老虎機與吐百元大鈔的提款機，豪華的飯店房間是如此便宜，讓你覺得自己很了不起。這一切都是想改變你對機率與金錢的觀感，這一切都讓艾斯曼的情緒低落，他連賭博都不喜歡。「萬一我的

人生得靠賭博，我連機率都不會算。」他說。每天活動結束後，丹尼爾會花點小錢去賭場玩撲克牌，摩斯則和李普曼及其他債券人士去擲骰子，艾斯曼會回房睡覺。不過，債券交易員愛擲骰子這件事倒是很有趣。擲骰子給玩家掌控賭局的錯覺（畢竟是自己擲骰子），以表面複雜的賭局設計掩飾根本的愚行。「不知怎的，這些人擲骰子時，他們真的相信自己有能力左右骰子。」丹尼爾說。

成千上萬的金融專業人員在數年前大多還在做其他事，如今則是拿他們從次貸債券的獲利來擲骰子。艾斯曼一度比世上任何人更了解這個被資本市場遺忘的次貸產業。才幾年的時間，這行已經變成華爾街上驅動獲利與就業的最大動力，而且毫無經濟意義。艾斯曼說：「就好像看著一個毫無思考能力的機器停不下來一樣。」他覺得這像是搬進新房子裡，打開一個以為很小的衣櫃，卻發現那裡通往全新的側廳。「我參加過股權投資大會，」艾斯曼說，「但這個次貸會議卻截然不同。股權投資大會能有500人來參加就已經很好了，這場會議卻有多達7,000人參與，光是看到現場沒半個來自股市的人，就可以知道沒人了解這件事。我們沒認識半個人，我們一直以為自己是唯一做空的投資人。」

他沒興趣聆聽別人的演講，沒興趣參加座談會聽那些胡言亂語。他想和市場的熟知內情人士私下談談，李普曼介紹他認識德意志銀行裡負

責向投資人兜售CDO的人。這些德意志的人也好心幫艾斯曼等人安排和債市的金融中介機構見面，例如放款業者、把貸款包裝成抵押債券的銀行、把債券重新包裝成CDO的銀行家、為每個階段護航的信評機構等等。唯一沒參與這場大會的當事人是最終的借款人——美國的買屋者。不過就某方面來說，他們其實也在現場幫大家上飲料、轉輪盤、擲骰子。「賭城愈來愈旺，」摩斯說，「貸款的屋主在賭桌上任人宰割。」摩斯有位朋友，在狂歡一晚回來後告訴摩斯，他遇到一個貸了五筆房產淨值貸款的脫衣舞孃。[2]

德意志銀行的CDO業務員名為萊恩・史塔克（Ryan Stark），公司指示他得看好斯曼，以免艾斯曼惹麻煩。「在大會前，我就開始收到史塔克的電子郵件。」摩斯說，「他對我們很緊張，他信裡寫：『我只是想釐清會議的目的。』或『只是想說清楚為什麼我們會見面……』他想確定我們知道去那裡是要買債券的。」德意志銀行甚至還發出專為次貸債券買家所做的正式文宣，作為他們參加會議時依循的腳本。「那會議的目的是想說服大家，現在還可以繼續創造與買進那些垃圾。」摩斯說，「從來沒想過要做空債券的股市投資人會來這種場合探尋資訊，我們想找人私下談談的唯一方法，就是假裝我們沒有在做空。德意志銀行一直跟著我們，確定我們沒有破壞他們的生意，他們派一個業務員專門監視我們。」

---

2. 兩年後，拉斯維加斯變成全美房屋止贖（home foreclosure，因無法償還貸款而喪失贖回抵押品權利）案例最多的地方。

監督艾斯曼當然沒有意義，他認為自己是改革者，是社會弱勢的代言人，與惡勢力為敵。大致上來說，他以蜘蛛人自居，也完全知道當太太對別人說「我先生覺得他和蜘蛛人過著同樣的生活」時，聽起來有多荒謬。艾斯曼並沒有到處向陌生人說明他和蜘蛛人的凡人身份彼得・帕克（Peter Parker）有多少驚人的相似處（例如上大學的年紀、讀什麼東西、結婚的年紀等），以及他進法學院時，每次買最新的蜘蛛人漫畫都有點期待裡面會提到他下一個人生轉變。不過，艾斯曼很擅長看清故事的來龍去脈，用故事解釋世界；蜘蛛人就是他過去用來解釋自己的故事之一。

蜘蛛人對德意志銀行的暗黑交易毫無興趣，這點從當天早上首選抵押貸款公司（Option One）的執行長演講時，即可看出第一個跡象。首選公司是布洛克集團（H&R Block）旗下事業，七個月前（2006年6月）首選公司意外宣布他們的次貸組合出現虧損時，艾斯曼開始注意到這家公司。那虧損令人意外，因為首選公司的業務是提供貸款給消費者，然後把貸款賣給華爾街，本來是不承擔風險的。不過，這些交易裡有個條款規定：萬一借款人無法償還第一筆款項，華爾街有權退還貸款。摩斯問：「誰會貸款買房子卻連第一筆錢都不還？」換個方式來問，艾斯曼說：「究竟是誰會放款給連第一筆錢都無法償還的人？」

首選公司的執行長在演講中談到他們的次貸組合時，他宣稱問題已經解決了，現在預期那些貸款的虧損僅5％。艾斯曼一聽馬上舉手，摩斯和丹尼爾內心一沉，馬上壓低身子。「這又不是問答時間，」摩斯說，「那傢伙是在演講。他看到艾斯曼舉手，便說：『有什麼問題嗎？』」

「你說的5％是機率，還是可能性？」艾斯曼問。

執行長回答，是機率，接著又繼續演講。

艾斯曼又舉手了，還揮了起來。摩斯見狀心想：「**喔，完了。**」身子又沉得更低。丹尼爾說：「艾斯曼每次都說，你一定要假設他們是在說謊。他們一定會對你說謊。」摩斯和丹尼爾都知道艾斯曼對這些次貸的看法，但他們覺得他沒必要在這裡用這種方式表達看法，因為他舉手不是為了問問題。艾斯曼用拇指和食指圍成一個圈，用手指發言：「零！」

「還有什麼問題嗎？」顯然有點惱怒的執行長問。

「沒有。」艾斯曼說，「我是說零。你的違約率是5％的可能性是零。」次貸損失比這機率多太多了。那傢伙還來不及回應，艾斯曼的

手機就響了。艾斯曼沒關手機,反而把手機從口袋裡掏出來接聽。「抱歉,」他起身說,「我得接個電話。」就這樣,他走出演講會場,打電話來的是他太太。

「那不是什麼重要的事。」她嘆氣說,「我只是道具。」

後來一定有什麼東西讓艾斯曼改變立場,因為他不再挑釁,而開始尋求更深入的了解。他在拉斯維加斯走來走去,不可思議地看著眼前的盛況:7,000人,他們似乎都對他們發現的世界相當開心。這個充滿嚴重經濟問題的社會把問題掩藏起來,這場騙局的主要受益者是金融中間人。怎麼會這樣?艾斯曼一度還懷疑自己是不是遺漏了什麼?「他一直說:『這裡究竟是怎麼一回事?這些人究竟是誰?』」摩斯說。第二個問題的簡短回答是:樂觀者。次貸市場目前除了蓬勃發展以外,並未做出什麼,這裡被視為成功人士的人,都是一直喊「買」的人。現在他們其實都應該喊「賣」了,卻不知道怎麼做。「你一直都知道,債券業的人認為他們知道的比你多。」艾斯曼說,「一般來說,的確是如此。我不是債券業的人,現在和這整個產業對賭,我想知道,他們是不是還知道什麼我不知道的事。真的有那麼明顯嗎?有那麼單純嗎?」他和放款業者、銀行家、信評公司的人見面,想找他一直偵測不到的情報。「他處於學習的模式。」丹尼爾說,「當他迷上一個主題時,好奇心就會凌駕反抗的心態。他宣稱是過去幾年的治

療讓他的行為變得比較收斂，但事實上，那是因為他首次開始整合資訊，兜出事件的全貌。」

艾斯曼很想相信最糟的情境，那種想法讓他在2007年左右的美國金融市場中享有很大的應對優勢。不過，他的心裡還是有一部分像那個把新單車借給陌生人的小孩一樣容易受騙，他還是會受到驚嚇。過去接觸家戶融資企業的經驗，讓他不再相信政府會為了防止大企業剝削窮人而介入。不過，在自由市場中，可能還有某個有關當局可以遏止亂象。理論上，信評機構是那樣的權威單位。證券愈來愈複雜，所以信評機構愈來愈有存在的必要。每個人都可以評估美國公債，但幾乎沒人了解次貸擔保的CDO，理論上應該要有一個獨立的仲裁者，評斷這些不透明的風險貸款。「在拉斯維加斯時，我逐漸明白這整個產業是盲目相信信用評級。」艾斯曼說，「每個人都相信評級，所以不需要多加考慮。」

艾斯曼已經在華爾街工作近二十年了，但就像多數股市人士一樣，他從來沒和穆迪或標準普爾裡的人坐下來談過。除非是分析保險公司的股市分析師（當保險公司履行義務的能力遭到質疑時，就失去銷售產品的能力），否則股市人士不會去注意信評公司。現在艾斯曼第一次接觸這些人，這些人的程度讓他大為震驚（摩斯和丹尼爾也大吃一驚）。「你走進郵局時，會發現公務員和其他人的差異。大概就是那

種感覺。」丹尼爾說,「信評機構的人都像公務員一樣。」整體而言,他們的權力比債市裡的任何人都大,但是個別來說,他們無足輕重。「他們的薪水太低。」艾斯曼說,「最聰明的人才都轉戰華爾街了,他們在華爾街可以幫公司操弄以前的老東家。理論上,去穆迪當分析師應該是分析師的最高境界才對,結果現在他們卻是最底層!其實沒人在意高盛喜不喜歡奇異公司的評等。如果穆迪調降奇異的評等,那才是不得了的大事。所以穆迪的人為什麼會想到高盛工作?理論上,高盛的銀行分析師應該會想到穆迪工作,穆迪的人應該是那樣優秀才對。」

整個產業靠著信評機構壯大,但是在信評機構工作的人,卻幾乎不屬於那個產業。他們在飯店大廳裡走動時,可能會被誤認為富國銀行的低階行員,或是首選公司等抵押貸款公司裡微不足道的小員工,總之就是朝九晚五的上班族。他們在拉斯維加斯穿西裝,從這點大致上可以了解他們一半了,另一半則可以從他們的西裝價格得知。現場幾乎每個人都穿商務休閒服,少數真正的重要人物是穿一套3,000美元的義大利製西裝(華爾街的男士有一點令人費解,他們可能對服裝細節一無所知,卻可以一眼辨識其他華爾街男士身上的衣服要價多少)。信評機構的人穿著平價百貨買來的藍色西裝,搭配相稱的領帶,襯衫漿得有點太硬。他們不是玩家,也不認識玩家,他們的工作是為雷曼、貝爾斯登、高盛債券做評等,卻不知道在雷曼、貝爾斯登、高盛

裡，靠著鑽信評模型漏洞賺大錢的傢伙叫什麼名字，也不知道那些人的其他重要資訊。他們懂的東西似乎足以勝任他們的工作，但其他的就一無所知了。他們看起來好像很膽小、恐懼、趨避風險，就像摩斯說的：「你不會在擲骰子的賭桌上看到他們。」

艾斯曼在拉斯維加斯時才發現：「我擔心的一切東西，信評機構完全不在意，我記得當時我坐在那裡心想：老天！這實在太可悲了。你遇到聰明人時你會知道，總之你就是感覺得出來。你和法律學者理查‧波斯納（Richard Posner）坐在一起時，你會知道那就是波斯納。你和信評機構的人坐在一起時，你也會知道那就是信評機構。」信評機構一心只想增加他們幫華爾街投資銀行評等的交易量，以及從華爾街收到的費用。穆迪原本是私人企業，2000年變成上市公司，此後營收便大幅成長，從2001年的8億美元，成長到2006年的20.3億美元，其中有很大比例的成長（鐵定超過一半，但他們拒絕對艾斯曼透露確切數字），是來自房貸業比較深奧難懂的這塊領域，亦即所謂的結構型融資。想獲得這些生意，最好的方法就是接納結構型融資業的假設。「我們逢人就問兩個相同的問題，」丹尼爾說：「你對房價的假設是什麼？你對貸款損失的假設是什麼？」兩家信評公司都說，他們預期房價上漲，貸款損失約5％。如果這是真的，這表示連他們評為BBB級的次貸債券都沒問題。「彷彿大家一開始就都協議好5％這個數字一樣。」艾斯曼說，「他們都說5％，就像個政黨，每個人都堅守同一陣

線。」[3]艾斯曼震驚的是，他在拉斯維加斯完全沒遇到反駁這些觀點的人，他們一股腦地做著現在的事，沒多想箇中意義。

艾斯曼等人對美國債市的態度是在拉斯維加斯確立的，就像丹尼爾說的：「當下我們說：『他媽的！這不單是信貸，根本是虛構的龐茲騙局。』」在拉斯維加斯，他們腦子裡不再是想著「這些債市的人知道什麼事是我們不曉得的嗎？」而是變成「讓這些人丟飯碗就夠了嗎？還是應該讓他們去吃牢飯？他們有妄想症嗎？他們知道自己在做什麼嗎？」摩斯認為，這個產業裡的多數人都被自己的利益所蒙蔽，沒看見自己創造的風險。想法向來比較負面的丹尼爾表示：「這些人裡的白癡比騙子多，但騙子的層級比較高。」信評機構算是這產業裡層級最低的，在裡面工作的人似乎都不知道他們被華爾街大公司騙得有多嚴重。他們在拉斯維加斯遇到的第三家信評公司（也是規模最小的）是惠譽（Fitch Ratings），丹尼爾對那次見面印象深刻。「我知道你們和這個產業有點不太相關，」他盡可能委婉客氣地對他們說，「大家只注意那兩家大公司，再來就是你們了。如果你們想提出主張，讓大家注意到你們，為什麼不獨樹一幟，當一家誠實的信評公司？」他以為惠譽公司那些好人會明白他的意思，甚至尷尬地笑幾聲，結果不是，他們似乎還覺得被冒犯。丹尼爾說：「他們楞在那裡，好像不懂我在講什麼似的。」

---

3. 艾斯曼等人在拉斯維加斯時，也和弗雷蒙次貸公司（Fremont Investment & Loan）的經營者大衛・威爾斯（David Wells）見面。威爾斯也表示他預期損失是5％。9月時（九個月後），弗雷蒙宣布他們有30％的次貸違約；貸款組合損失超過40％（也就是說，即使他們出售抵押的房子，還是有近一半放款無法回收。）

他們去拉斯維加斯以前，做空次貸債券的部位離3億美元還差一點。回來時，他們對賭鄒文創造的CDO，把做空的部位一舉拉到5.5億元。不過，他們沒有就此打住。回辦公室的第一天，他們就以每股73.25元做空穆迪的股票，接著開始尋找交易另一端的公司，以及像鄒文那樣的人。

7 大尋寶

2007年1月30日，雷德利和哈克從拉斯維加斯回來，確信整個金融體系都已經瘋了。「我告訴我媽：『我想，我們面對的可能是民主資本主義的終結。』」雷德利說，「但我媽只是說：『噢，查理。』然後認真建議我服用鋰鹽[1]。」過去雷德利和麥伊創造出來的投資方法，幫他們疏離其他人堅信的想法。如今，他們對自己的想法是如此堅信，可說是頭一遭，也令他們感到不安。麥伊寫了一份備忘錄給兩位合夥人，問他們是不是在賭社會崩解，也就是說，賭政府無法救援成功。「如果CDO的利差（spread）開始擴大，」[2]他寫道，「這表示全球金融大亂可能發生……美國聯準會應該有能力介入解決問題……我猜，問題在於：這個金融崩盤的範圍要大到什麼程度，才能達到『大到不能倒的境界』？」

拉斯維加斯的那場會議，目的之一就是要提升大家對市場的信心。次貸業人士離開會場後，回到交易室的隔天市場就開始崩解了。2007年1月31日，BBB級次貸債券（就是用來創造次貸CDO的債券）的公開交易指數ABX從93.03跌到91.98，跌幅超過1點。過去幾個月以來，這個指數一直是小幅下滑（從100跌至93），所以這次暴跌1點讓大家都

---

1. 譯註：安定情緒的藥，通常是用來治療躁鬱症。
2. 任何債券的「利差」（spread），簡單來說，就是指支付給投資人的利率差額。而部份假定的無風險報酬率（risk-free rate），指的是美國國庫長期債券（U. S. Treasury Bond）支付給投資人的比率。

很震驚，也讓雷德利更加不安，因為他們發現這個聳動的交易開始得有點太晚，無法盡量押注。摩根士丹利的那名女子一開始的確信守承諾，幫他們在十天內搞定通常要協商數個月的ISDA合約。她傳給雷德利一張清單，上面列著摩根士丹利願意賣給他們的AA級CDO信用違約交換。[3]雷德利熬夜研究該對賭哪幾檔CDO，等到他打電話給那名女子時，才發現摩根士丹利已經改變心意。她原本告訴雷德利，他可用約100個基點買保險（一年保費是投保金額的1％）；但隔天雷德利打電話去交易時，價格已經翻了一倍以上，雷德利抱怨這交易不公平，所以她和她的老闆稍微降低了價格。2007年2月16日，康沃爾以150基點向摩根士丹利買了1,000萬元的CDO信用違約交換，那檔CDO有個謎樣的名稱叫灣流（Gulfstream），其實代表什麼都無所謂。

五天後，2月21日，市場開始交易一種CDO指數，名叫TABX。雷德利和市場上其他人首次可以在螢幕上看到一檔CDO的價格。那價格比他們和市場人士的對話更能確認康沃爾的論點。交易的第一天，標的債券的組合出現15％以上的損失時，康沃爾對賭的AA層級開始虧損，當天指數收在49.25，跌了一半以上的價值。這下市場出現了大落差：華爾街公司一方面以面額（亦即100）販售低利率的AA級CDO；另一方面，他們以49的價格交易這個由同樣債券組成的指數。摩根士丹利和德意志銀行的業務員連忙寫電子郵件給雷德利，解釋他不該從這些公開交易的次貸CDO價格推斷他對賭次貸CDO的價值，還說這一切非常

---

3. 小提示：思考這些債券高塔時，把它們簡化成三層比較方便：底層叫做「權益層」（equity），最先承受虧損，非投資級債券。第二層是「中層」，由BBB級構成。頂層是AAA級，通常稱為「高級」或「優先順位」（senior）。實務上分層比這裡還細，一檔CDO可能有15個分層，每層評級稍微不同，從BBB-一直到AAA（依序是BBB-、BBB、A-……依此類推）。康沃爾做空的是AA層級，雖然標的債券比理論上最保險的AAA層級風險稍高些，但違約機率仍不到1％。

複雜。

隔天早上，雷德利打電話給摩根士丹利，希望能買更多的保險。「她說：『真的很抱歉，我們不做這種交易了，公司已經改變心意。』」一夜之間，摩根士丹利從急著想賣次貸市場的保險，突然變得完全不想做了。「接著她把電話轉給她的老闆，因為我們說：『他媽的現在是什麼情況？』他說：『我真的很抱歉，別的事業單位發生了一些事，導致摩根士丹利最高層下達風險管理命令。』之後我們就再也沒和他們交易了。」雷德利不知道摩根士丹利裡究竟是哪個機制覺醒了，也沒去多想。他和哈克正忙著說服他在拉斯維加斯突襲的那位美聯銀行人士和康沃爾做交易。「他們沒有半個避險基金的客戶，所以看到我們上門時還有點興奮。」哈克說，「他們正想坐大。」所以這時美聯銀行竟然還願意賣便宜的次貸債券保險，他們的授信人員不願承擔的風險是和康沃爾直接交易的風險。於是雷德利花了一點時間，付錢請貝爾斯登的射擊伙伴當雙方交易的中介。他們在2007年2月左右，同意做4,500萬元的交易，但敲定細節的過程花了好幾個月，直到5月初才完成交易。「美聯銀行是上天的禮物。」哈克說，「那就好像我們搭機在30,000呎的高空上，飛機快停擺了，美聯還有幾套降落傘出售一樣。那時已經沒人賣降落傘了，不過也沒人真的認為他們需要降落傘……之後，市場就完全垮了。」

資金不到3,000萬的康沃爾,如今買了價值2.05億元的次貸債券信用違約交換,還為了不能買更多而煩躁不安。「我們為了買進更多而卯足了勁。」雷德利說,「我們以業者的報價直接出價,他們總是回電說:『哎呀,你差點就買到了!』基本上就像查理布朗和露西[4]那樣,我們要踢足球,他們就把球抽走。我們拉高出價,他們馬上就把報價又拉高。」

這實在沒道理:次貸CDO市場還是像過去一樣運作,華爾街的大公司卻突然不需要之前為次貸機器提供原料的投資人了(亦即那些想買信用違約交換的投資人)。「其他人明顯在做多,卻不准我們做空。」雷德利說。

雷德利不確定大公司裡究竟發生了什麼事,但他猜測:裡面一些交易員突然驚覺災難將至,紛紛在市場崩盤前退出市場。雷德利說:「從我和貝爾斯登的往來看來,我懷疑如果市面上還有信用違約交換可買,就是他們在幫自己買。」2月底,貝爾斯登的分析師吉安·辛哈(Gyan Sinha)發表長篇大論,主張次貸債券的價值下跌和債券品質無關,完全是「市場氣氛」造成的。雷德利讀到那內容時,心想寫那篇文章的人根本不知道市場發生什麼事。貝爾斯登的分析師認為,AA級CDO的價格比無風險交易高出75個基點,也就是說,雷德利應該可以用一年0.75%的保費買到信用違約交換。但實際上,即使他出那個價

---

4. 譯註:這裡指史努比漫畫裡的查理布朗、露西和足球。露西每次都讓查理布朗相信她會抱著足球讓他踢,但是每次都在最後一刻猛然抽走足球,害查理布朗摔得四腳朝天,苦苦反省自己為何總是上當。

格的5倍,貝爾斯登的交易員也不願賣信用違約交換給他。「我打電話給那個分析師說:『你他媽的在亂扯什麼?』他說:『資料就是這樣寫的。』我問他:『交易室真的以那個價格買賣嗎?』他說:『我該走了。』就把電話掛了。」

他們做的交易現在看來明顯極了:彷彿是針對被大火吞沒的房子買了便宜的火險一樣。如果次貸市場有絲毫想效率運作的想法,那當下應該會馬上停止運作才對。但整整十八個月,從2005年年中到2007年年初,次貸債券價格和標的貸款之價值脫勾愈來愈大。2007年1月底,次貸債券的價格(亦即由次貸債券組成的ABX指數)開始下跌。一開始是緩緩下滑,後來迅速走跌。到了6月初,BBB級次貸債券指數收在60多,也就是說,那些債券的價值跌了30%以上,所以由這些BBB級次貸債券創造出來的CDO當然也會崩盤。如果柳橙是爛的,榨出來的柳橙汁當然也是酸臭的。

怪的是,這種情況並沒有發生。相反的,在2007年2月到6月間,美林與花旗等華爾街大公司又創造與賣出價值500億元的新CDO。「我們整個傻眼,完全不解。」雷德利說,「因為一切就這樣恢復正常,即使市場看起來明明不正常。我們知道CDO的擔保品都垮了,但市場還是繼續運作,彷彿一切都沒變。」

這就好像整個金融市場原本改變了心意，卻發現它沒有本錢改變心意一樣。華爾街的公司（尤其是貝爾斯登和雷曼兄弟）持續發表債券市場研究報告，重申市場穩定。4月底，貝爾斯登舉辦一場CDO會議，雷德利溜了進去。原本會議議程上列了一場名為「如何做空CDO」的簡報，後來卻臨時刪除，連放上貝爾斯登網站上的簡報投影片也一併被移除了。穆迪和標準普爾的立場也明顯退縮，5月底，這兩大信評公司宣布他們正重新評估次貸債券的評等模型。雷德利和麥伊聘請了一位律師，請他打電話給穆迪，問他們是否未來會用不同標準為次貸債券評等，是否也考慮修改已嚴重誤評的兩兆元債券。穆迪覺得這不可行。「我們說：『你不需要重新評鑑所有債券，只要重新評鑑我們做空的那幾檔就好了。』」雷德利表示，「他們說：『嗯……不行。』」

雷德利等人可以明顯看出，華爾街是在硬撐這些CDO的價格，以便把損失轉嫁給不知情的顧客，或從這個腐敗的市場中趁機再撈個數十億元。無論是哪種情況，他們都是拿已經爛掉的柳橙來榨汁，再販售這些爛掉的柳橙汁。到了2007年3月，「我們已經很確定，以下兩種情況一定有一項為真。」雷德利說，「要不是遊戲被操弄了，就是我們已經完全瘋了。詐騙是如此明顯，我們覺得已經影響了民主，我們是真的害怕了起來。」他們都認識在《紐約時報》及《華爾街日報》工作的記者，但那些記者對他們的故事毫無興趣。一位在《華爾街日

報》的朋友幫他們牽線，聯絡上證管會法規執行部，但法規執行部也沒興趣了解。證管會在曼哈頓下城的辦公室接見他們，客氣地聆聽他們的意見。「那感覺就像接受心理治療一樣。」麥伊說，「因為我們坐下來說：『我們剛經歷了最瘋狂的體驗。』」他們一邊說，一邊感覺到對方似乎聽不懂他們的意思。「我們看起來大概像連續三天失眠那樣瞪大了雙眼。」雷德利說，「但是他們完全不知道什麼是CDO或ABS，我們還一一解說我們做了什麼交易，但我很肯定他們沒聽懂。」證管會後來完全沒有再追蹤這件事。

比起社會的崩解，康沃爾還有一個問題迫在眉睫──貝爾斯登的崩解。貝爾斯登資產管理公司（Bear Stearns Asset Management）是一家CDO公司，類似鄒文的管理公司，但是由獲得母公司支持的貝爾斯登前員工經營的。2007年6月14日，這家公司宣布他們在次貸債券的賭注上出現虧損，在關閉基金前，必須先出清這些價值38億元的賭注。在此之前，康沃爾一直不明白，為什麼貝爾斯登那麼急著賣他們CDO的保險，其他公司都不會這樣。「貝爾斯登讓我們看到CDO市場還有流動性，但我搞不清楚他們是怎麼辦到的。」哈克說，「我們和他們交易時，另一端一直都有買家承接。我不知道我們的交易是否直接進了他們的基金，但我也不知道除此之外還能去哪裡。」

問題就出在這：貝爾斯登的信用違約交換有七成都賣給康沃爾。由於

貝爾斯登是一家有份量的大公司，康沃爾則是微不足道的避險基金，所以貝爾斯登不必為康沃爾提列擔保品。如今康沃爾必須面對貝爾斯登無法償還賭債的可能。康沃爾很快就注意到貝爾斯登其實不算是次貸債券業的主導者，他們比較像是被改造者。「他們讓自己從低風險券商變成次貸引擎。」麥伊說。如果次貸市場垮了，貝爾斯登會跟著同歸於盡。

3月的時候，康沃爾從英國匯豐銀行買了1.05億元的貝爾斯登信用違約交換，也就是說，他們在賭貝爾斯登會崩垮。萬一貝爾斯登垮了，匯豐銀行就欠他們1.05億元。當然，這只是把他們的風險移轉給匯豐而已。匯豐是全世界第三大銀行，是比較不可能垮台的銀行。不過，2007年2月8日，匯豐宣布他們的次貸組合出現意外的大幅虧損，因此撼動了市場。匯豐是在2003年併購家戶融資企業時，跨入美國的次貸業務。家戶融資企業就是當初讓艾斯曼從華爾街懷疑論者變成憤世嫉俗者的主要因素。

———

從社會的觀點來看，價值數兆美元的美國債市一步步往詐騙發展，可說是一項災難。從避險基金的觀點來看，則是千載難逢的大好機會。艾斯曼從一開始管理6,000萬元的股票型基金起家，現在則放空近6億

元的多種次貸證券，他還想再進一步做空。「有時候他的想法無法用交易表現。」丹尼爾說，「但這次他可以了。」不過，艾斯曼受到尖端夥伴事業的牽制，更進一步來說，是受到摩根士丹利的羈絆。摩斯身為尖端夥伴事業的首席交易員，他覺得自己夾在艾斯曼和尖端夥伴事業的風險管理單位之間，左右為難。風險管理單位似乎無法完全了解他們在做什麼，「他們打電話給我：『你可以叫艾斯曼拿掉一些這類交易嗎？』我會轉告艾斯曼，艾斯曼會說：『叫他們滾開。』於是我說：『滾開。』」他們的風險管理單位死纏著不放，限制了艾斯曼管理資金的風格。「要是風險管理部門對我們說：『我們對這些交易很放心，你可以做這金額的十倍。』」摩斯說，「艾斯曼一定會做十倍。」這時李普曼不斷提供各種房市的負面消息給丹尼爾和摩斯，他們兩人也首度開始隱藏這些資訊，不讓艾斯曼看到。「我們擔心他會走出辦公室大喊：『給我做空一兆！』」摩斯說。

2007年春季，次貸債券市場不僅沒有衰退，反而增強了一些。「次貸市場對整體經濟和金融市場的衝擊可能控制下來。」3月7日的報紙如此引述美國聯準會主席柏南克的談話。「授信品質在3、4月向來都會變好。」艾斯曼說，「原因是3、4月時大家會收到退稅。你以為證券化市場的人會知道這點，他們的確多少有些了解，但是他們讓信用利差緊縮，我們覺得那實在很蠢。你在搞什麼，你是白癡嗎？」詭異的是，股市持續上揚，尖端夥伴事業的交易室上方掛著一台電視，電視

裡不斷傳出多頭的訊息。「我們關掉了CNBC。」摩斯說，「聽到他們完全和現實脫節，實在很沮喪。每次出現負面消息，他們都會把負面硬拗成正面。每次出現正面消息，他們又會誇張地放大傳播，那會改變你的看法，不能讓那種垃圾蒙蔽了你的觀點。」

他們從拉斯維加斯回來後，就開始纏著信評公司以及操弄信評模型的華爾街人士討更多的資訊。摩斯說：「我們想了解什麼可以讓信評公司降低評級？」過程中，他們收集到更多令人不安的消息。例如，他們常不解，信評公司為什麼不更嚴格地評估浮動利率次貸所擔保的債券。次貸借款人原本就容易違約，利率上揚時，很少人會償付利息。這些貸款大多是結構型融資，前兩年借款人可付固定的優惠利率（例如8％），第三年開始利率馬上跳升（例如12％），之後利率一直在高檔波動。我們可以輕易了解首選公司與新世紀等次貸業者為什麼會偏好貸放這類貸款：因為兩年後，借款人要不是違約，就是以上漲的房價再融資。對他們來說，違約其實無所謂，因為他們沒留下貸款的任何風險，再融資也只是向借款人多收新費用的機會。艾斯曼走訪信評機構與次貸包裝業的熟人，得知信貸機構假設貸款利率升到12％時，借款人還款的可能和利率8％時一樣；這表示貸款利率增加時，債券持有人的現金流量也增加，所以信評機構給浮動利率房貸擔保的債券較高評級。這就是過去五年浮動利率的次貸比率由40％上漲到80％的原因。

如今這些貸款大量違約，但次貸債券卻穩如泰山，因為穆迪和標準普爾還是沒有更改他們對債券的正式評價。尖端夥伴事業身為股票投資人，是由華爾街股票經紀人服務，艾斯曼請高盛、摩根士丹利等券商的股市業務員帶自家的債券業務員來訪。「每次我們都問一樣的問題。」艾斯曼說，「『在這一切亂象裡，信評機構跑哪去了？』我每次都得到同樣的回應，他們都是尷尬一笑，因為他們不想說。」為了更深入探索，艾斯曼打電話給標準普爾，問他們房價下跌時，違約率會有什麼變化？標準普爾的人不敢承認他們的房價模型不接受負數。「他們就是直接假設房價會不斷上漲。」艾斯曼說。[5]

最後，艾斯曼和丹尼爾搭地鐵去華爾街，和標準普爾的一位女士見面，她叫恩奈斯婷・華納（Ernestine Warner）。華納在監管部門擔任分析師，監管部門的目的是追蹤次貸債券，如果標的貸款開始違約，就將債券降級。如今貸款已經違約了，但債券並未降級，所以艾斯曼再次懷疑標準普爾是否知道什麼他不知道的事。他表示：「我們做空債券時，只有貸款集合的資料。」這些貸款集合的資料只告訴你一般特性，包括平均FICO得分、平均貸放成數、無證明貸款的平均數量等，但沒有個別貸款的細節。例如，貸款組合資料會告訴你，某個房貸組合裡，有25％的房貸有擔保品，但沒告訴你是哪些房貸（你不知道哪些貸款可能違約，哪些比較不可能違約）。我們也不可能判斷華爾街公司操弄信評系統的程度。「我們當然覺得信評機構擁有的資料

---

5. 後來標準普爾的發言人表示，標準普爾不會有員工說那種話，因為他們的模型可以處理負數。

比我們多，」艾斯曼說，「但其實不然。」

華納處理的原始資料和艾斯曼等交易員能取得的資料一樣，這實在很誇張——債券價值的仲裁者竟然無法取得債券的相關資訊。丹尼爾說：「我們問她為什麼時，她說：『債券發行者沒給我們。』我聽到這就發火了。『妳必須向他們要啊！』她看著我們，表情好像是說，我們不能那樣做似的。我們說：『這裡是誰負責？妳是成年人，妳是監督者！妳他媽的必須叫他們給妳資料！』」艾斯曼認為，「標準普爾擔心，如果向華爾街要資料，華爾街會轉而找穆迪評等。」[6]

艾斯曼是穆迪的投資人，所以穆迪每季舉行電話會議時，他可以參與聆聽，但不能提問。不過，穆迪的人知道艾斯曼想和他們做更深入的互動。執行長雷·麥丹尼爾（Ray McDaniel）還曾邀請艾斯曼等人到他的辦公室訪問，所以艾斯曼一直很欣賞他。「做空的人何時受歡迎了？」艾斯曼說，「當你做空時，全世界都與你為敵，在完全知道我們做空，還願意接見我們的公司只有穆迪。」從拉斯維加斯回來後，艾斯曼等人都很確定整個世界已經徹底扭曲，所以他們以為麥丹尼爾一定也知道這情況。「但是我們坐在那裡，」丹尼爾回憶，「他一本正經地對我們說：『我真的認為我們的評等正確無誤。』」艾斯曼一聽，馬上站起來問：「你剛說什麼？」彷彿那傢伙剛說了金融界有史以來最荒謬的話一樣。麥丹尼爾又說了一次，艾斯曼當面嘲笑他。他

---

6. 2008年10月22日，標準普爾的前次貸債券分析師法蘭克·雷特（Frank Raiter）在監管和政府改革委員會（Oversight and Government Reform）面前證實，標準普爾內部負責監管次貸債券業務的執行董事認為，「取得貸款細節並沒有必要，那也因此駁回了要求貸款組合建立內部資料庫的所有要求。」雷特引用標準普爾CDO評等執行董事顧杰達（Richard Gugliada）寫的電子郵件，信中寫道：「針對貸款細節提出的任何要求都完全不合理！多數債券發行商並沒有那些資料，也無法提供。不過，我們必須做出信用評價⋯⋯提出那些信用評價是你的責任，設計方法做出評價也是你的責任。」

們臨走前，丹尼爾畢恭畢敬地說：「我無意冒犯，但請恕我直言，您被騙了。」這不是惠譽，甚至不是標準普爾，而是穆迪！他們在信評業地位高高在上，巴菲特還持股20％。如今竟然淪落到由在皇后區出生的丹尼爾告訴他們的執行長：你要不是傻瓜，就是騙子。

6月初，次貸市場又開始走跌，這次走跌就再也沒回升了。尖端夥伴事業的投資部位開始有了起色，先是一天漲數千元，後來變成一天漲數百萬元。「我知道我在賺錢。」艾斯曼常問：「但誰在賠錢？」他們已經做空次貸發行商和營建業者的股票，現在他們的空頭部位又多了信評公司的股票。「他們為CDO評等的收入，是為通用汽車公司債評等的10倍。」艾斯曼說，「這一切都將結束。」

他們的注意力免不了也轉移到資本主義的核心：華爾街的大型投資銀行。「我們原本的看法是：證券化機器是華爾街的一大獲利中心，這台機器將會停擺。」艾斯曼說，「機器停擺時，他們的營收就會枯竭。」華爾街創造「結構型融資」這個新產業的原因之一，在於傳統事業的利潤愈來愈少。股票經紀和其他較傳統的債券經紀業務在網路競爭下，利潤受到壓縮。市場一停止購買次貸債券和次貸債券擔保的CDO，投資銀行就麻煩大了。在2007年年中以前，艾斯曼沒料到這些公司會傻到投資自己創造的東西。他看得出來他們的財務槓桿在過去幾年內大幅增加，也看得出來他們以借來的錢買進愈來愈多的風險

資產，但是他無法看出這些資產的性質。AAA級公司債或AAA級次貸
CDO是什麼？「你無法確切知道。」他說，「他們都沒揭露。你不知
道他們的資產負債表上有什麼，很容易就以為他們一創造出這些垃圾
便馬上出售。」

艾斯曼彙整了一些新資訊，又和經營這些大公司及信評機構的人實際
接觸後，他開始懷疑了起來。第一則新資訊是2007年2月匯豐銀行宣布
他們的次貸虧損嚴重，3月再次宣布他們要拋售次貸組合。丹尼爾說：
「匯豐銀行理論上還算正派，應該已經整頓好家戶融資企業才對。所
以我們得知消息後心想，老天！比他們爛的人實在太多了！」第二則
新資訊是美林的第二季盈餘報告。2007年7月，美林再次交出驚人的
盈餘季報，不過他也坦承，次貸債券的損失讓他們的抵押交易收入
減少。這資訊對多數投資人來說顯得微不足道，對艾斯曼來說卻是大
新聞──美林持有為數不少的次貸債券。美林的財務長傑夫·愛德華
茲（Jeff Edwards）告訴彭博新聞（Bloomberg News）：市場不需要擔
心這件事，因為「積極的風險管理」已經幫美林減少對劣級次貸債券
的曝險。愛德華茲說：「我不想太深入指出我們在任何時點的確切做
法。」但他又深入指出，市場太注意美林處理次貸債券的方式，他輕
描淡寫地說：「大家太注意某個國家的某個資產類別了。」

艾斯曼可不這麼認為，兩週後他說服瑞銀的分析師葛蘭·紹爾（Glenn

Schorr）陪他去參加愛德華茲和美林最大股東之間的小型會議。愛德華茲一開始就說，美林面對的次貸小問題完全在美林模型的掌控之中。一位當時也在場的人士表示：「會議開始沒多久，當愛德華茲還在講他準備好的內容時，艾斯曼就脫口說出：『你的模型是錯的！』現場突然靜得尷尬。你能笑嗎？你會努力想點問題，讓大家繼續開會嗎？艾斯曼坐在桌子的尾端，他開始大動作整理手上的文件，彷彿在告訴大家：『如果這還不夠無禮，我現在就走。』」

艾斯曼覺得他當時是在客氣地交換看法，之後他就失去興趣了。「沒什麼好說的了。我心想，這傢伙根本搞不清楚狀況。」

表面上，這些華爾街大公司看起來都很穩健。實際上，艾斯曼開始想，他們的問題可能不只是營收損失而已。如果他們不相信次貸市場是個問題，次貸市場可能是他們的目的。艾斯曼等人現在開始尋找潛在的次貸風險：誰在隱藏什麼？他說：「我們稱之為大尋寶。」他們不確定這些公司是不是和他們對賭次貸債券的對象，但他愈是深入觀察，愈肯定連這些公司自己也不知道。他和一些華爾街的執行長見面，問他們有關資產負債表的最基本問題。「他們也不知道。」他說，「他們連自己的資產負債表都不知道。」有一次美國銀行的執行長肯·路易士（Ken Lewis）邀他見面。「我坐在那裡聽他講，突然頓悟了。我心想：『噢，老天，他是傻瓜！』經營全球第一大銀行的傢

伙竟然是個傻瓜！」於是他們開始做空美國銀行、瑞銀、花旗、雷曼兄弟和其他幾家公司。他們無法做空摩根士丹利，因為他們隸屬在摩根士丹利旗下；但如果可以做空，他們也不會放過。他們針對華爾街的大銀行做好空頭部位後，在史福伯登證券（Sanford C. Bernstein & Co.）負責分析這些公司的知名分析師布萊德・亨茨（Brad Hintz）來拜訪他。亨茨問艾斯曼在做什麼。

「我們剛做空美林。」艾斯曼說。

「為什麼？」亨茨問。

「我們有個簡單的看法。」艾斯曼說，「我們覺得大難臨頭了，每逢災難，美林都有份。」橙郡（Orange County）因不當投資建議而破產時，美林有份；網路狂潮的泡沫破滅時，美林有份；更早之前的1980年代，第一位債券交易員虧空公司數百萬元時，美林也受到重創。這就是艾斯曼的邏輯，亦即華爾街的順位邏輯。高盛是主導遊戲的孩子王，美林是沒人氣的小胖子，能參加遊戲就已經很高興了。艾斯曼覺得他們在玩「甩鞭子」（crack the whip）[7]遊戲，他認為美林是排在長鞭最後面的孩子，最容易被甩開。

2007年7月17日，就在聯準會主席柏南克告訴美國參議院，他覺得次

---

7. 譯註：小孩子在草地或冰上玩的遊戲。一個小孩當鞭子「頭」，其他小孩依序手牽手，牽成一條長鞭。帶頭的孩子可以隨意往任何方向跑或溜冰，後面整條「鞭子」跟著他跑，排ës後面的人受力愈大，必須抓得愈緊，否則會被甩開或跌倒。有人跌倒時，後面的人可以馬上遞補上前，排愈前面，地位愈穩固。

貸市場的虧損不會超過1,000億美元的兩天前，尖端夥伴事業做了一件不尋常的事：自己辦了一場電話會議。他們以前曾為投資他們的一小群投資人舉辦過電話會議，但這次完全對外開放。此時的艾斯曼已經變成公開的秘密，一位知名的華爾街分析師說：「真正完全了解真相的投資人大概只有兩個，艾斯曼是其一。」有500人打電話進來聽艾斯曼想講什麼，還有500人在會後登入系統聆聽錄音。他解釋中層CDO的詭異煉金術，說他預期光是這塊市場就會虧損3,000億元。他告訴聽眾，想要衡量市場，「你們的模型都可以丟了，那些模型都是事後總結，不知道這世界已經變成什麼模樣……資產擔保證券化圈子裡的人有生以來第一次得真的動腦思考。」他解釋，信評機構的人道德淪喪，活在破產的恐懼中。他說：「信評公司怕得要死，因為他們什麼都沒做，看起來像傻瓜。」他預期美國房貸有半數會虧損，總價值高達數兆美元。「我們正處於這國家有史以來最大的社會實驗。」艾斯曼說，「這不會是一個有趣的實驗……如果你覺得這很邪惡，你還沒看到真相。」他講完後，下一位演講者是在尖端夥伴事業裡管理另一支基金的英國人，他反應有點慢，接著他苦笑說：「抱歉，剛剛聽艾斯曼說世界末日到了，我只是需要先冷靜一下。」語畢，大家都笑了。

當天稍後，貝爾斯登崩解的避險基金通知他們的投資人，價值16億元的AAA級次貸擔保CDO不單是損失一些價值而已，而是毫無價值。

此時艾斯曼確信，華爾街很多大公司都不懂自己的風險，狀況岌岌可危。而支撐這些信念的，正是他和鄒文共餐的那次記憶：當時他才了解中層CDO的關鍵角色，馬上針對那些CDO大舉押注對賭。這當然會讓人提出另一個問題：CDO裡面究竟是什麼？「我不知道那裡面究竟是什麼東西。」艾斯曼說，「你無法分析，你沒辦法說：『給我裡面全是加州次貸的CDO。』沒人知道那裡面是什麼。」就像摩斯說的，他們只知道「那裡面是把我們已經做空的垃圾包在一起。」除此之外，他們就一無所知了。「艾斯曼的習慣是先把東西抓出來，之後再進一步去了解。」丹尼爾說。

接著，消息出籠了。艾斯曼長期訂閱一份在華爾街圈內非常有名、但圈外鮮為人知的報紙——《葛朗特利率觀察家》（*Grant's Interest Rate Observer*）。該報編輯吉姆・葛朗特（Jim Grant）從1980年代中期的債務大週期開始，就一直預言末日即將到來。2006年年底，葛朗特決定開始調查華爾街創造出來的怪東西CDO，他要年輕的助理丹・葛納（Dan Gertner）去研究，看他能不能了解那些CDO究竟是什麼。葛納有化工和MBA企管碩士雙重背景，他拿了向潛在投資人說明CDO的文件開始研讀，讀得叫苦連天。葛朗特說：「後來葛納告訴我：『我看不懂這在寫什麼。』我說：『我想，我們有題材可寫了。』」

葛納一再鑽研，最後確定他再怎麼鑽研都無法弄清楚CDO裡面究竟是

什麼。對葛朗特來說，這表示應該也沒有其他的投資人會了解。這也證實了葛朗特已知的一點：太多人盲目相信財務報表。2007年年初，葛朗特寫了一系列的報導，指出信評公司已經放棄他們的職責，他幾乎可以肯定他們是在不知道CDO內容的情況下，為CDO做評等。葛朗特有篇報導一開始就說：「《葛朗特利率觀察家》的讀者已經看過一堆非投資級抵押債券如何重新包裝成CDO。他們都驚訝地看到，這個神秘的過程可以改善這些債券的信用評級……」倒楣的葛朗特和助理還因此被標準普爾找來刮了一頓。「我們真的被信評公司叫去說：『你們根本不懂。』」葛朗特說，「葛納在報導中使用了『煉金術』這個詞，他們不喜歡這說法。」

就在《葛朗特利率觀察家》華爾街辦公室北方數哩處，一位對世界悲觀的股票型避險基金經理人很不解，為什麼他都沒聽見其他人對債市及債市創造出來的深奧東西提出質疑。艾斯曼在葛朗特的報導中發現有人確認了他的金融界理論，他說：「我看到那篇報導時，心想：『老天，這就像擁有一座金礦一樣！』我看那報導時，大概是股市裡唯一幾乎快高潮的人吧。」

8 漫長的靜默

艾斯曼成為第一位看到《葛朗特利率觀察家》的報導就差點高潮的人那天，貝瑞也從財務長那裡收到同一則報導，還附帶一句玩笑話：「貝瑞，你該不會兼差幫《葛朗特利率觀察家》寫稿吧？」

「我沒有。」貝瑞回應，他發現有人和他的想法一樣時，似乎不覺得這是什麼明顯的好消息。「我有點意外，《葛朗特利率觀察家》沒聯絡我們……」他仍在金融界，但除此之外，他彷彿是站在玻璃窗的另一邊，不敢敲那片玻璃。他是美國金融體系中，第一位在2003年年初就發現異狀（「為了放款而放款」）的投資人。金融市場發明複雜的金融產品，只是為了把錢貸放給永遠無力償還的人。2003年4月，一位朋友不懂為什麼傳人基金每季寫給投資人的信變得那麼悲觀，貝瑞回信說：「我真的認為，這些做傻事的金融機構最後會陷入危機。我有個任務，就是幫客戶賺錢，就這麼簡單。但是，老天，當你開始做那些悲劇發生時可以幫你賺大錢的投資時，那感覺有點病態。」後來，2005年春季，他開始挑明對賭次貸債券，比任何投資人更早發現什麼悲劇最有可能發生。

如今，2007年2月，次貸以前所未有的驚人數量違約，金融機構日益動盪。除了貝瑞以外，似乎沒人記得他說過與做過什麼。他曾告訴投資人，他們必須耐心等候，他說過那些賭注要等2005年發行的房貸結束優惠利率後才會開始獲利。但他們沒有耐心，很多投資人不相信他，貝瑞也覺得他們背叛了自己。貝瑞一開始就想像了結局，但沒去想中間的過程。他說：「我猜，我想直接去睡覺，醒來就是2007年。」為了留住他對賭次貸債券的交易，他被迫解雇一半的小職員，也拋售了價值數十億元的交易（那些交易是對賭幾家和次貸債券最相關的公司）。如今他比以前更孤立，唯一改變的，是他為這一切提出的解釋。

不久前，貝瑞的太太拉著他去找史丹佛的心理學家，幼稚園老師注意到他們4歲的兒子尼可拉斯出現某種令人擔憂的行為，建議他們帶他去做測試。別的孩子在睡覺時，尼可拉斯都不睡。每次老師講話時，他都會分心。他的大腦似乎「非常活躍」。貝瑞聽了，必須克制生氣的衝動，畢竟他當過醫生，他懷疑老師是想告訴他們，他沒發現自己的兒子有過動症。「我當住院醫生時，曾在注意力不足過動症（ADHD）的病房服務過，所以我很懷疑那是誤診。」他說，「很多家長想用藥物治療孩子或解釋孩子的不良行為，就以這種診斷幫他們解套。」他也想過兒子可能和其他的小孩有點不一樣，不過是往好的方面的不一樣。「他會問很多問題。」貝瑞說，「我也鼓勵他發問，

因為我小時候也會問很多問題，大人叫我安靜時，我都很沮喪。」現
在他更仔細觀察兒子，發現這小孩雖然聰明，卻不善與人互動。「當
他努力和人互動時，即使他沒對別的孩子做什麼壞事，還是會惹毛別
人。」他回家告訴太太：「別擔心，他沒事！」

他太太盯著他問：「你怎麼知道？」

貝瑞回應：「因為他跟我一樣！我以前就是那樣。」

貝瑞在幫孩子申請到幾所幼稚園就讀時，都立刻遭到拒絕，園方也都
沒有提出解釋。一家幼稚園在貝瑞追問下才告訴他，他兒子的大動作
和小動作技能都不足。「他顯然在美術和勞作的測試得分很低。」貝
瑞說，「我心想，那有什麼大不了的，我現在畫圖也像4歲的小孩一
樣，我討厭美術。」不過，為了讓太太不再叨唸，他同意讓兒子接受
測試。「那可以證明他是個聰明的孩子，是『心不在焉的天才』。」

結果，兒童心理學家的測試卻證明他們的孩子有亞斯伯格症。她說，
他兒子是典型的案例，並建議他們讓孩子離開一般教育體系，改送特
殊教育學校。貝瑞震驚得說不出話來，他記得念醫學院時讀過亞斯伯
格症，不過印象有點模糊了。現在他太太收集了一疊有關自閉症和相
關症狀的書籍，全交給他研讀。最上面的是臨床心理學家東尼‧艾伍

德（Tony Attwood）寫的《亞斯伯格症：寫給家長、患者和專業人員的完全手冊》（*The Complete Guide to Asperger's Syndrome*）和《亞斯伯格症：寫給父母及專業人士的實用指南》（*Asperger's Syndrome: A Guide for Parents and Professionals*）。

「難以展現多重的非語言行為，例如與人四目相接……」
有。

「難以培養同儕關係……」
有。

「不會主動和人分享喜悅、興趣或成就……」
有。

「難以從別人的眼神中判讀社交／情感訊息……」
有。

「發怒時，情緒管理或控制機制有問題……」
有。

「電腦之所以那麼吸引人，不只是因為你不需要和電腦說話或社交，

也是因為它們很合邏輯，始終一致，沒有情緒。所以電腦對亞斯伯格症患者來說是理想的興趣……」

有。

「很多人都有嗜好……亞斯伯格症患者的嗜好通常是獨自進行的、獨樹一格，佔用他大部分的時間，也是他談話時的主要話題。」

有……有……有……

讀了幾頁以後，貝瑞發現他其實不是在讀兒子的症狀，而是自己的症狀。「多少人可以從書中找到人生的操作指南？」他問，「我討厭讀那種告訴我『我是誰』的書。我認為自己與眾不同，但是這本書告訴我，我和其他人一樣。我太太和我是典型的亞斯伯格症夫妻，我們生了一個亞斯伯格症的兒子。」他的義眼不再是一切的解答，令人驚訝的是，它曾經是一切的答案。一隻義眼怎麼解釋好強的游泳者對深水有異常的恐懼（不知道什麼潛伏在他下面的恐懼）？它又怎麼解釋孩提時期對洗淨金錢有莫名的熱愛？他以前會把一元紙鈔洗乾淨，用毛巾吸乾，夾在書本裡，然後在上面壓幾本書，這麼做只是希望有張看起來「很新」的鈔票。「突然間我好像變成諷刺漫畫的人物。」貝瑞說，「我向來都可以很快研讀與精通某樣東西，我以為那是因為我很特別。但現在卻變成：『喔，很多亞斯伯格症患者都可以做到那樣。』我變成一種失調症的患者。」

他不願接受這個事實。他對於自己很感興趣的主題，有發現與分析資訊的天分。一直以來他都對自己很感興趣，但是現在35歲的他，收到一則有關自己的新資訊。在得知那則資訊時，他的第一個反應是希望自己不知道這件事。「我第一個想法是，一定有很多人也是這樣，只是他們不曉得。」他說，「於是我心想，這個時點知道這件事，對我來說真的是好事嗎？為什麼知道這件事對我是好的？」

貝瑞自己去找了一個心理醫生，協助他釐清他的症狀對妻子和孩子的影響。不過，這件事並未影響到他的工作，例如，他沒改變做投資決策或是和投資人溝通的方式，也沒讓投資人知道他有亞斯伯格症。「我覺得那不是什麼必須揭露的重大事實。」他說，「那不是改變，我不是被診斷出新的症狀，那是我一直都有的情況。」另一方面，這件事也為他的職業及工作方式提出了許多解釋，例如為什麼他會為了取得確切的事實那麼投入，他對邏輯的堅持，他能迅速讀完一堆乏味冗長的財報。有亞斯伯格症的人無法控制自己對什麼感興趣，他很幸運他剛好對金融市場有特殊興趣，而不是對收集割草機目錄感興趣。當他這麼想時，他發現，複雜的現代金融市場對罹患亞斯伯格症的金融愛好者來說有如一大獎勵。「只有亞斯伯格症的患者會讀次貸債券的公開說明書。」他說。

2007年年初，貝瑞發現自己處在典型的詭異狀況中。他為很多真的很

爛的次貸債券買了保險,那些都是以2005年的貸款創造出來的債券,不過那是他的信用違約交換,別人不常交易那些東西。很多人覺得2005年的貸款比2006年的貸款安全,套句債市的術語,他選的是「冷門券」,業者宣稱他對賭的那些貸款「比較乾淨」。為了反駁這項說法,他委託外界私下研究,發現他做空的貸款組合之破產機率,是2005年一般次貸破產機率的兩倍,喪失贖回抵押品權利的可能性也比一般貸款高出三分之一。2006年的貸款的確比2005年糟,不過2005年的貸款還是很爛,離優惠利率結束的時間也比較近,所以他挑來對賭的貸款對象挑得正好。

2006年一整年以及2007年的前幾個月,貝瑞把他的信用違約交換清單寄給高盛、美國銀行和摩根士丹利,他想他們應該會把那份清單拿給潛在買家看,這樣他就可以大略知道那些東西的市價,畢竟那正是券商的功能:居中當經紀人。然而,他們並未提供造市的功能,貝瑞說:「感覺這些券商就只是擱著我的清單,自己極盡所能地投機出價。」次貸服務業者發佈的資料一個月比一個月糟,債券標的貸款違約的速度愈來愈快,但他們卻說這些貸款的保險金額在下降。「我完全看不出邏輯在哪。」他說,「無法解釋我看到的情況。」每天結束時,理論上應該都會有小結算:如果次貸市場下跌,他們會匯錢給貝瑞;如果次貸市場走強,貝瑞就得匯錢給他們。傳人基金的命運是看這些賭注而定,但短期來看,那命運並非由開放的自由市場決定,而

是由高盛、美國銀行、摩根士丹利決定，他們決定了每天貝瑞的信用合約交換是盈或虧。

不過，貝瑞的信用違約交換的確很罕見，那是一位對金融市場抱持罕見觀點的罕見人物獨自挑選的。光是這點，就讓華爾街市場得以支配那些交易的價格。在沒有其他人買賣貝瑞的交易下，並沒有明確的證據顯示這些東西的價值，所以高盛和摩根士丹利說它們值多少就值多少。貝瑞發現他們管理市場的模式：所有關於房市或經濟的好消息，都被他們當作向傳人基金要求擔保品的藉口；所有壞消息都被貶抑為和貝瑞的賭注無關。這些公司一直宣稱他們沒有持有部位，是居中牽線，但他們的行為卻不是這麼回事。他說：「這些銀行的淨部位決定了結算值，我覺得他們並不是依市價結算，而是依自己的需求結算。」也就是說，他們不願承認貝瑞的賭注已經獲利，就是因為他們是賭注的另一方。2006年3月，他在寫給自家律師德拉斯金的信中提到：「你和券商談話時，他們是根據自己的投資部位提出觀點。他們自己投資了什麼，那就是他們的觀點。高盛剛好持有大量的這個風險，他們會講得好像貸款組合都沒事一樣，無需恐慌……結果這招奏效了。只要他們可以一直吸引資金流入這個市場，問題就解決了。過去三、四年的歷史就是這樣演的。」

2006年4月，貝瑞不再購買次貸債券的保險。在價值5.55億美元的投資

組合中，他針對次貸債券押了19億元的賭注，這些都是應該要獲利卻毫無動靜的賭注。5月時，他採取新的策略：詢問華爾街交易員願不願意以他們宣稱的價值，再賣更多的信用違約交換給他，他知道他們不會答應。「從來沒有交易對手願意以我的價格，賣我那份清單上的東西。」他在電子郵件中寫道，「我清單上有80％到90％的東西都無法以任何價格買到。」正常運作的市場會把新資訊納入證券價格中，但是這個價值數兆元的次貸市場卻從來沒動過。「投資界有句老格言，你在報紙上看到消息時，為時已晚。」他說，「但這次不一樣。」德拉斯金在市場的參與愈來愈深，他無法相信這市場竟然受到那麼嚴重的操弄。「最驚人的是，他們為這個幻想出來的東西創造市場。」德拉斯金說，「那不是真的資產。」這就好像華爾街決定讓大家賭飛機航班的準時起降一樣。聯合航空001號班機準時抵達的可能性顯然會隨著天候、機械問題、飛行員素質等因素而改變。但是在航班抵達前，機率都可以不予理會。擁它貸款（Ownit）和住資貸款（ResCap）等大型貸款業者會不會倒，或某些次貸組合的虧損是否比預期高都不重要，只有高盛和摩根士丹利認為重要的東西，才真正重要。

全球最大的資本市場不是市場，而是別的東西，但那到底是什麼？「我其實是在向對手抗議，市場裡一定有詐騙，信用違約交換才會在史上新低點。」貝瑞在寫給某位信賴的投資人信中提道，「萬一信用違約交換是詐騙怎麼辦？我一直在問自己這個問題，如今這想法更在

腦海裡揮之不去,今年我們的次貸信用違約交換不應該是下跌5%。」他在寫給高盛業務員的信中提到:「我以為我在做空莊家,結果卻不是,這是因為信用違約交換是犯罪嗎?」幾個月後,當高盛宣布他們為每位員工提撥542,000美元到2006年的紅利組合時,他又寫道:「身為前加油站員工、停車場員工、住院醫生,以及高盛現在坑殺的對象,我對此感到憤怒。」

2006年年中,貝瑞開始聽到其他基金經理人想和他做一樣的賭注,有幾位甚至還打電話來尋求協助。「一堆人叫我快點退出交易。」他說,「我看到這些來找我的基金經理人,覺得他們好幸運,可以投入這些交易。」如果市場是理性的,應該老早就崩盤了。「有些全球最大的基金也學我的想法,複製我的投資策略。」他在一封電子郵件中寫道,「所以市場崩盤時,不會只有傳人基金獲利,不過也不是每個人都會獲利。」

不可否認的,他現在的情況很慘。9月中,他在寫給妻子的信裡提到:「感覺我的五臟六腑正承受著這些壓力。」讓他痛苦的來源一如往常是其他人,這些人之中最令他困擾的是他自己的投資人。2000年他成立傳人基金時,只公佈每季報酬,他也告訴投資人,他不打算告訴他們投資的細節。現在他們每月要求報表,甚至是雙週報,還一再質疑他的悲觀看法。貝瑞說:「我幾乎覺得,你的想法愈好,投資人愈不

領情，他們愈有可能反對你。」他並不擔心有些證券的市場變得多扭曲，因為他知道一切終究都會矯正回來——事業要不蓬勃發展，就是失敗；貸款要不是還清，就是違約。偏偏貝瑞的投資人就是無法把情感抽離市場，他們現在也跟著扭曲次貸市場的表面刺激起舞，逼他跟著群魔亂舞。「我盡量維持耐心。」他寫信給一位投資人，「但我能保有的耐心程度全由投資人決定。」他對另一位抱怨的投資人說：「在避險基金界，所謂的『睿智經理人』是：有好的投資觀點，在點子獲利的前夕看著投資人棄他而去。」貝瑞為投資人賺取龐大獲利時，他們幾乎都無聲無息，他才剛虧損一點，他們就紛紛提出質疑：

聽起來拖我們下海的怪獸是信用違約交換，你創造了老人與海的困境。

你覺得我們會虧到什麼時候？（8月又跌5％了）你現在採用比較冒險的投資策略嗎？

你讓我感到身體不適……你真敢啊！

你可不可以解釋一下，為什麼這個投資部位一直賠錢？如果我們的潛在損失是固定的，理論上我們虧損的金額應該只占投資組合的極小部分才對。

最後這問題則一再出現：為什麼一位挑選股票的基金經理人會在這個
罕見的債市賭注上賠那麼多？貝瑞一直努力回答：只要標的貸款存在
（很可能是五年，但也有可能長達三十年），他就必須每年支付相當
於投資組合8％的保費。8％連付五年就是40％。如果信用違約交換的
價值跌一半，傳人基金按市價結算的損失就是20％。

更令人擔心的是，貝瑞的信用違約交換之合約裡有個條款，允許華爾
街大公司在傳人基金的資產跌破某個水準時，取消雙方之間的賭注。
突然間，這個真正的風險似乎可能發生。貝瑞的投資人大多同意資
金「鎖住」兩年的規定，無法隨意贖回。但在貝瑞管理的5.55億資金
中，有3.02億元可以在2006年底或2007年中贖回，現在投資人已經排
隊等著贖回了。2006年10月，美國房價出現三十五年來最大的跌幅。
就在BBB級次貸債券的ABX指數首次出現「信用事件」（亦即虧損）
的前幾週，貝瑞面臨基金擠兌的可能（這個基金如今專門和次貸市場
對賭）。貝瑞雇用了幾位分析師，其中一位表示：「我們都得了憂鬱
症。」但他們都不知道該如何是好，因為貝瑞堅持自己做所有的分
析。「你上班時會一直有個感覺：『我不想待在這裡。』交易一直往
不利的方向發展，投資人想抽身。」

某晚，貝瑞向太太抱怨金融市場完全欠缺長期觀點時，他突然想到一
件事：他和投資人的協議裡規定，如果他把錢投資在「沒有公開市價

的證券，或無法自由交易的證券」上，他有權把某項投資移至「側袋」帳戶（side-pocket）[1]凍結起來。證券是否有公開市場是由基金經理人決定的，如果貝瑞認為沒有公開市場（例如，他覺得某個市場暫時停擺或有詐欺現象），他就有權留住投資。也就是說，他可以告訴投資人，他們必須等他下的賭注自然發展過後，才能把錢贖回去。

所以他做了自覺恰當與合理的唯一選擇：把信用違約交換移到側袋帳戶裡。急著把錢贖回的大批投資人（那長串名單裡，包括最早投資他的高譚資本公司）收到他一封簡短的信：他鎖住他們50％至55％的資金。寄出這封信後，貝瑞接著寄出季報，他希望能讓大家感覺好些。但是他又不善於領會大家對他的看法，他表現出來的行為就好像他不知道該怎麼做一樣。他的信給人的感覺不像道歉，反倒像是在挑釁。那封信開宗明義就寫：「我從來沒有為了無關股票的理由，對投資組合那麼樂觀過。」接著他開始解釋，為什麼他在市場上建立的部位應該是任何基金經理人都會豔羨的目標；為什麼他不是賭「房市末日」而已（儘管他也懷疑那即將到來），而是賭「2005年貸款中最糟的5％」；為什麼他的投資人應該感到幸運。他寫得好像自己高高在上放眼世界，但是大家卻認為，他應該要覺得世界把他壓在底下才對。紐約一位投資大戶馬上回信：「我要是你，未來會小心使用以下這類貶損用語：『如果大家都知道自己在做什麼，就會想要我們做空的抵押組合了。』『這些大型券商遲早會後悔他們沒讀公開說明書。』」他

---

1. 譯註：側袋帳戶是把無法評價或無法賣出的資產，以類似「凍結」的方式處理，以免投資人不理性的贖回，造成基金流動性不足。

有兩位交情始終很好、通信密切的朋友，其中一位寫道：「除了北韓獨裁者金正日以外，沒人會在基金下跌17%時寫那樣的信。」

高譚資本公司的合夥人馬上揚言要告他，其他人也很快聲援高譚，合組法律反抗陣線。不一樣的是，高譚的領導人還從紐約飛到聖荷西，逼貝瑞歸還他們投資的1億美元。2006年1月，高譚資本的創辦人葛林布雷上電視打書，當主持人問他最愛的「價值投資人」是誰時，他還盛讚貝瑞的罕見大分。十個月後，他卻和合夥人約翰·沛翠（John Petry）飛了3,000哩，當面指責貝瑞是騙子，逼他放棄他自覺職業生涯以來做過最精明的投資。貝瑞說：「要說我差點讓步的時刻，大概就是那次。葛林布雷就像是我乾爹，也是我公司的合夥人，當初是他『發掘』我，他也是家人以外第一位支持我的人，我非常尊敬他。」如今，葛林布雷告訴他，任何法院的法官都不會認同他把顯然可交易的證券移至側袋帳戶的決策，貝瑞原本對他的任何感情都消失了。當葛林布雷要求看貝瑞對賭的次貸債券清單時，貝瑞拒絕提供。葛林布雷認為，他給了這傢伙1億美元，結果這傢伙不但拒絕把錢還他，還不願和他談話。

葛林布雷的看法也有道理，把顯然有市場交易的投資移至側袋帳戶是很不尋常的做法。貝瑞顯然可以用某個低價退出他對賭次貸債市的交易。對不少投資人來說，貝瑞看起來就是不想接受市場給他的判斷：

他下錯賭注,不願服輸。但是對貝瑞來說,市場的判斷有詐騙之嫌,葛林布雷不知道自己在講什麼。「我這才明白,他們還不了解信用違約交換的投資部位。」他說。

他很清楚很多給他資金的投資人現在都很看不起他。那樣的認知導致他:(a)縮回辦公室裡,比過去更頻繁地大聲罵「幹」;(b)開始鄙視自己的投資人;(c)即使投資人顯然已經不再聽他解釋,他還是努力解釋自己的做法。2006年10月,他的律師德拉斯金寫信告訴他:「我希望你能少說一些,多聆聽。他們正在規畫訴訟。」

「那情況有點有趣。」安排白山保險成為貝瑞原始投資人的歐柏丁在轉往其他基金服務之前表示,「因為他已經解釋過他確切做了什麼,他也幫大家賺過很多錢,你以為大家都會挺他。」結果大家不但沒挺貝瑞,反而逃得比什麼都快,他們痛恨他。「我只是不明白,為什麼大家就是不懂我並沒有惡意。」貝瑞說。12月29日深夜,貝瑞獨自坐在辦公室裡,迅速寫了一封信給他太太:「這實在太令人沮喪了。我想回家,但我現在很生氣,很消沉。」

所以2007年1月,就在艾斯曼和雷德利等人開心地前往拉斯維加斯之前,貝瑞坐下來向投資人解釋,為什麼S&P一年上漲10%,他卻賠了18.4%。如果投資人從一開始就投資他,這六年間他的年獲利會是

。

186％，相較之下，S&P 500指數是10.13％，但是貝瑞長期的投資績效在他們眼裡已經不再重要，現在他們是按月為他打分數。他寫道：「剛結束的這一年，我的績效幾乎比所有同儕與朋友都差，差幅介於30到40個百分點不等。一個基金經理人不可能就這樣從近乎默默無聞，到被眾人讚許，再變成被眾人撻伐，卻絲毫不受影響。」他接著說明，那影響讓他更加確信整個金融界錯了，他才是對的。「我一直認為，優秀的分析師在非常認真下，可以分析很多的投資環境，這樣的信念在我腦海中依舊沒變。」

接著，一如既往，他又回頭談他那些信用違約交換：所有的重要事實都顯示，它們最後一定會獲利。光是過去兩個月，就已經有三家大型的貸款業者倒了……責任借貸中心（The Center for Responsible Lending）現在預測，2007年會有220萬借款人失去家園，2005與2006年發行的次貸中，每五筆就有一筆會違約……。

貝瑞這時已經快變成華爾街的全民公敵了。貝瑞認為他每季寫給投資人的信是私密的，但現在這些信常流到媒體手中。業界期刊上出現一篇措辭強硬的報導，指他把賭注移至側袋帳戶的做法是不道德的，貝瑞確定那是投資人栽贓的指控。一位紐約的投資人眼看著傳人基金裡其他紐約投資人的行徑，他表示：「貝瑞不是多疑的人，眾人確實是卯足全力醜化他。當他變成全民公敵時，大家把他醜化成想偷走所有

資金的貪婪者。由於他永遠都能回去當神經科醫師，所以反對他的人都會馬上指出：他是醫生。」貝瑞開始聽到一些關於他的奇怪謠言，說他離開妻子，躲了起來，還說他逃到了南美。他在寫給朋友的信裡提到：「我最近的生活很有意思。」

　　最近發生的事，讓我有機會和許多投資人交談，這也是我成立基金以來第一次這麼做。我聽到的資訊嚇了我一跳，投資人似乎只是隨便看一下我寫的信，很多人喜歡道聽途說，並不在意分析或原始想法。我聽到有人說我推出私募基金、想買委內瑞拉的黃金公司、推出另一支名為彌爾頓巨作的避險基金、離婚、把基金做垮了、從未揭露衍生性商品的交易、借了80億元、過去兩年大多在亞洲、自認市場上除了我以外，每個人都是白癡、把基金的錢挪到我個人帳上、把傳人基金變成下一個阿瑪蘭斯（Amaranth）避險基金[2]。以上這些都不是我瞎掰的。

　　一直以來，貝瑞都和一般人所預期的避險基金經理人不一樣。他會一連幾天穿一樣的短褲和T恤上班，拒穿有鞋帶的鞋子，不戴錶，甚至連婚戒都不願意戴。工作時為了靜下心來，他常把重金屬音樂開得很大聲。「我想只要一切順利，很多人都會包容這些個人怪癖。」他說，「但一旦情況不順利，這些怪癖就變成我無能或不穩定的症兆，就連員工和事業伙伴也這麼認為。」

---

2. 設於康乃狄格州的避險基金，2006年初因為賭天然氣的價格走勢而大虧68億，以驚人之勢崩解。

拉斯維加斯的會議結束後，市場下滑，後來又反彈直到5月底。對康沃爾的雷德利來說，美國的金融體系在華爾街銀行、信評公司、政府主管機關的勾結下普遍墮落。對尖端夥伴事業的艾斯曼來說，市場似乎完全傻了或充滿妄想：金融文化在歷經太多的小恐慌後，體驗了穩健的榮景，如今看到任何拋售都覺得那不過是另一次逢低買進的機會。對貝瑞來說，次貸市場看起來愈來愈像是一群次貸債券交易員弄出來的騙局。2007年3月底他寫道：「由於我們的交易對手大舉作弊，把信用違約交換移出側袋帳戶的想法已經不值得考慮了。」

2007年上半年，是金融史上非常奇怪的時期。房市實況和債券及債券保險價格之間的乖離狀況愈來愈明顯。華爾街大公司面對壞消息時，似乎乾脆不予理會。不過，市場上有一些微妙的改變，這些改變也出現在貝瑞的電子郵件收件匣中。3月19日，花旗的業務員首度寄給他房貸集合的嚴謹分析。那些房貸不是次貸，而是次優房貸（Alt-A）。[3]不過，那傢伙還是想說明那個貸款集合裡無本金貸款占了多少、屋主自住的比例等等——就像一個人在思考借款者的信用好壞時會有的舉動。「2005年我分析這些東西時，」貝瑞在電子郵件裡寫道，語氣就像是在叢林裡獨闢蹊徑的墾荒者，看著後人在那些小路上昂首闊步一樣，「券商根本沒有類似這樣的分析。我還抓了『二胎房貸』[4]的資料作為資金拮据者的指標，以它作為挑選過程中的高係數標準，當時沒有任何交易衍生性商品的人了解我在說什麼，也沒人覺得那很重

---

3. 這已經變成表面上的區別，次優貸款的借款人FICO信用得分是680以上，次貸借款人的FICO得分則低於680。不過，次優貸款的證明文件少，例如借款人可能沒有收入證明。實務上，2004年到2008年美國貸放的次優貸款總額是1.2兆，這些貸款和總額1.8兆的次貸一樣容易違約。

4. 二胎房貸是指購屋時用來補充第一筆房貸的第二筆房貸。只有第一筆房貸的業者不知道二胎房貸的存在，也比較不會收到還款，因為房產淨值已非借款人所有。

要。」在2007年2月到6月這段漫長的平靜期,它們開始變得重要了,市場變得岌岌可危。2007年第一季,傳人基金上漲近18%。

接著,出現了變化,儘管一開始很難看得出來。6月14日,貝爾斯登旗下的兩支次貸債券避險基金破產。接下來的兩週,公開交易的BBB級次貸債券指數下滑了近20%。這時貝瑞覺得高盛好像精神崩潰一樣,貝瑞的最大投資部位是和高盛做的,高盛突然無法或不願判斷那些部位的價值,所以也無法確定他們之間到底該做多少擔保品的移轉。6月15日星期五,貝瑞的高盛業務員葛林斯坦消失,他打電話和寫電子郵件給她都沒有回應,直到隔週一葛林斯坦才回覆,說她「出去一天」。

「每次市場變動對我們有利時,就一再發生這種事。」貝瑞說,「有人生病,或因不明理由休假。」

6月20日,葛林斯坦終於告訴他,高盛出現「系統故障」。

貝瑞回應,那真好笑,因為摩根士丹利也講了類似的話,美國銀行的業務則宣稱他們公司「停電」。

他說:「我把這些『系統故障』當成爭取時間,釐清背後亂象的藉

口。」儘管次貸債券指數崩盤，高盛的業務員還是宣稱次貸債券的保險市場沒變，不過她是用手機講的，而不是用辦公室的電話，否則他們的對話就留下記錄了。

他們都在崩解，所有的公司都是。近兩年來，每個月底，貝瑞都看到華爾街的交易員做出對他不利的部位結算。也就是說，每個月底他對賭次貸債券的部位都會神秘地虧損。月底正好也是華爾街交易員把損益表傳給他們的主管及風險管理者的日子。6月29日，貝瑞收到摩根士丹利業務員亞特·瑞尼斯（Art Ringness）來函，說摩根士丹利現在想確定「結算是公平的」。隔天，高盛也跟進，這是兩年來高盛第一次沒有在月底給他不利的部位結算。貝瑞寫道：「那是高盛第一次正確結算，因為高盛自己也參與了交易。」市場終於承認他們失序了。

高盛處理貝瑞的交易那一刻，正是市場反轉的時候，現在市場開始混亂了起來——每個人似乎都急著找貝瑞講話。摩根士丹利一直以來最不願承認次貸市場的負面消息，現在卻打電話來，說他們想買貝瑞持有的任何部位，「任何規模都行」。貝瑞聽到一個傳言（後來很快就證實了），高盛管理的全球阿爾法基金（Global Alpha）出現鉅額的次貸虧損，高盛已經迅速從做多次貸市場，變成做空次貸市場。

貝瑞早在2005年夏季就告訴他的投資人，他們只要等到這個時刻就行

了。7,500億元的垃圾貸款在此時結束優惠利率，改換更高的新利率。我們可以用貝瑞對賭的某個貸款組合OOMLT 2005-3來說明大致的情況。OOMLT 2005-3是首選貸款公司某批次貸組合的代號（首選公司的執行長在拉斯維加斯會議中演講，艾斯曼把手舉起來比零之後，就掉頭離開了）。這個貸款集合裡的多數貸款都是在2005年4月到7月之間做的。從2007年1月到6月，這個貸款組合一直傳出逾期還款、破產、房屋贖回權取消的消息。以它們擔保的債券評級而言，虧損程度比預期嚴重許多，但每月虧損程度並未有太大改變。從2月25日到5月25日（匯款資料都是每月25日提供），OOMLT 2005-3裡的逾期還款、破產、房屋贖回權取消個案加總的比率從15.6％上升至16.9％。6月25日，貸款違約總數飆升至18.68％。7月又再次飆升到21.4％，8月躍升為25.44％，到了年底已高達37.7％，超過三分之一的借款人都違約了。這些損失不僅足以讓貝瑞對賭的債券價格歸零，也侵蝕同一個債券高塔中評級較高的債券。6月25日以前，華爾街公司內部就開始恐慌了。貝瑞從這點推斷，他們可能是在處理匯款資料的內線消息。他寫道：「券商通常擁有這些貸款服務機構（servicer），或許可以先拿到貸款惡化的數字。」

在OOMLT 2005-3（以及貝瑞對賭的其他貸款組合）崩解前幾個月，貝瑞注意到柏南克和美國財政部長亨利・鮑爾森（Henry Paulson）提出的說法，他們一再表示次貸損失不可能波及金融市場。貝瑞在電子

郵件中寫道：「2005年我開始做空這些貸款時，就已經很肯定這些貸款會因為很簡單的理由而在兩年內違約。過去幾年貸放出去的絕大多數貸款都有一個致命的特點：優惠利率期。這些2005年的貸款現在才剛結束優惠利率期，2006年的貸款要等到2008年才結束優惠利率。世界上有哪個理智的人會在2007年年初（就在優惠利率矇騙大家之際），大膽斷定次貸危機不會波及金融市場？那時貸款的優惠利率期都還沒結束。」

整個華爾街，次貸債券的交易員都是做多，他們在驚覺錯誤後連忙拋售部位，或是為投資部位買保險。貝瑞的信用違約交換突然熱門了起來。不過，令他震驚的是，市場納入重大資訊的速度竟然那麼慢。「你可以看出這些交易在利率重設之前全部都在虧損，利率重設只是一舉把他們提升至耗盡的新境界。我一直難以置信，我原本以為有人會在2007年6月以前就發現情況不對勁。如果真的要等拿到6月的匯款資料才突然覺醒，我不禁懷疑『華爾街分析師』整天都在幹嘛。」

7月底，貝瑞的投資部位結算迅速看漲，他也開始看到保爾森等人智勝市場的報導（保爾森比他晚一年做這類交易）。彭博新聞出現了一篇報導，提到少數預見災難到來的人，只有一位是華爾街大公司的債券交易員——之前沒什麼名氣，在德意志銀行擔任資產擔保債券交易員的李普曼。尖端夥伴事業和康沃爾並未出現在報導中，不過彭博新聞

裡最明顯遺漏的投資人，是獨自坐在加州庫帕提諾辦公室裡的貝瑞。貝瑞將這報導附在電子郵件裡寄給辦公室的每個人，信中提到：「李普曼基本上是拿了我的點子，變成他的功勞。」貝瑞幫投資人賺了加倍的獲利，但沒人道歉，也沒人表示感謝。貝瑞說：「沒人回來說：『你是對的。』大家都很安靜，極其安靜，那靜默令我感到憤怒。」他只能用他喜歡的溝通方式：寫信給投資人。2007年7月初市場崩盤時，貝瑞提出一個很棒的問題。他寫道：「這事件有點令人意外，媒體很少報導因次貸危機而受損的投資人……為什麼我們都還沒聽到這時代的長期資本管理公司？」

9 興趣不再

浩伊‧哈伯勒（Howie Hubler）在紐澤西成長，是蒙特克萊爾州立學院（Montclair State College）的美式足球隊球員。見過他的人都會注意到他的大塊頭，以及盛氣凌人的姿態。有人認為他態度直接，值得讚賞；也有人覺得那是一種自我防衛。他嗓門大，任性固執，橫行霸道。「每次有人質疑哈伯勒的交易，他不會和你講理。」一位早期在摩根士丹利曾是哈伯勒上司的人表示，「他會說：『少來煩我！』」有些人喜歡和哈伯勒共事，有些人不喜歡。不過，到了2004年年初，別人怎麼看他已經無所謂了，因為哈伯勒近十年為摩根士丹利交易債券，獲利不少。他負責摩根士丹利的資產擔保債券交易，所以摩根士丹利的次貸賭注基本上是他負責的。在次貸債券市場開始蓬勃發展，並改變它對資產擔保債券交易員的意義之前，哈伯勒的職業生涯和李普曼很類似。他就像每位資產擔保債券交易員一樣，會操弄價格，賭一些對自己有利的交易，因為市場上從來沒出現過嚴重的問題。價格會跌，但總會反彈回來。你可以喜歡或喜愛資產擔保債券，但沒必要痛恨它們，因為你沒有工具做空它們。

在摩根士丹利裡，次貸市場蓬勃發展創造了大好商機。摩根士丹利一向是把企業貸款的包裝技巧套用到消費貸款的領先者；他們的金融人才（金融計量分析師）也教導穆迪與標準普爾等信評機構如何評估以資產擔保債券組成的CDO。所以在摩根士丹利有人想到「可否發明資產擔保債券的信用違約交換」也是很自然的事。哈伯勒的次貸交易室以更快的速度創造債券，為此他們必須「庫存」貸款，有時一放就是好幾個月。從買進貸款到賣出這些貸款組成的債券，哈伯勒面臨價格下跌的風險。發明者之一表示：「我們創造信用違約交換就是為了保護哈伯勒負責的債券交易室。」如果摩根士丹利可以找到人賣出這些貸款的保險，哈伯勒就可以消除「庫存」這些房貸的市場風險。

2003年，次貸信用違約交換的原始設計，是摩根士丹利和其他銀行或保險公司之間的單次、非標準化保險合約，外界並不知情。一般人沒聽過這種信用違約交換，即使摩根士丹利對外透露，也不會有人了解。這些信用違約交換都故意設計得很神秘、不透明、缺乏流動性，所以除了摩根士丹利以外，沒人知道怎麼定價，套用市場上的行話就是「訂製的」。2004年年底，哈伯勒開始看壞某些次貸債券，想找個巧妙的方法對賭它們，摩根士丹利裡的金融人才也有同樣的想法。2003年初，他們之中便有人提議不要只做金融計量分析，而是把它們組成集合，由他管理，但交易員很快就忘了這件事。一位曾就近觀察

這段流程的摩根士丹利債券銷售員表示：「有一位金融計量分析師真的創造出這些東西，他們（哈伯勒和他的交易員）偷了他的點子。」哈伯勒有位往來密切的交易員麥克‧艾德曼（Mike Edman），後來變成這個新點子（次貸集合的信用違約交換）的正式發明者。

對賭次貸的風險之一是，只要房價持續上漲，借款人就可以再融資，借新還舊，你買保險的貸款組合會因此縮水，保險理賠也跟著縮水。艾德曼用合約細則解決了這問題。細則規定，摩根士丹利是買組合中最新未償還貸款的保險。也就是說，摩根士丹利賭的並非整個次貸集合，而是次貸集合中最不可能還款的少數貸款；但賭注的大小不變，彷彿集合中的貸款全都未償還一般。他們買的洪水保險是：大水只要波及房子的任何部分，他們就可以獲賠整間屋子的價值。

這麼一來，摩根士丹利訂製的信用違約交換幾乎可以確定一定會獲利，因為集合只要虧損4%，就可獲得全數理賠。**景氣好**的時候，一般次貸集合的損失率就是4%。在艾德曼看來，唯一的問題是摩根士丹利得找到夠笨的客戶承保。意思就是，得找到有人肯針對註定會壞的房子，賣房屋保險給摩根士丹利。哈伯勒等人的前同事表示：「他們找到一位客戶承接某個垃圾貸款集合的BBB層級多頭部位。」簡言之，就是找到了容易上當的傻瓜，占對方的便宜。「一切就是這樣開始

的，那是哈伯勒的第一筆交易。」

2005年年初，哈伯勒已經在市場上找到夠多傻瓜，承保價值20億元的信用違約交換。那些傻瓜一定覺得，哈伯勒買信用違約交換的保費對他們來說有如天外飛來的橫財——他們等於買下摩根士丹利發行的投資級（BBB級）資產擔保債券，每年摩根士丹利都會付他們無風險利率加2.5％。這點子特別吸引德國的投資法人，他們可能沒讀到合約細則，或光看表面信用評等就完全採信了。

到了2005年春季，哈伯勒和他的交易員都合理地相信，他們創造出來的邪惡保單鐵定會獲利，他們想製造更多保單。但此時貝瑞開始煽動券商讓他買標準化的信用違約交換，於是德意志銀行的李普曼、高盛的兩位交易員，以及其他幾位人士便聯手設計合約細則。連摩根士丹利的艾德曼也被硬拉進來一起討論。突然間，次貸債券的信用違約交換變得標準化，並開始公開交易，哈伯勒的團隊無法再販售他們自製的模糊版信用違約交換。

2006年4月，次貸債券機器轟隆隆地運作。哈伯勒是摩根士丹利的明星債券交易員，估計他旗下八位交易員為摩根士丹利創造約20％的獲利。他們的獲利從2004年約4億美元，成長到2005年約7億美元，2006

年更上看10億美元。年終時，哈伯勒可以領到2,500萬美元的紅利。但此時，他已經不再以身為一般債券交易員為樂。華爾街裡最優秀、最聰明的交易員都辭去大公司的工作，轉戰避險基金，不只能賺個幾千萬，而是海撈好幾億。從不動大腦的投資人身上賺點小錢，感覺有失華爾街一流債券交易員的身份。「哈伯勒認為做這種業務很愚蠢。」一位和他往來密切的交易員說，「他一直以來都負責那些業務，但他已失去興趣了。」[1]哈伯勒促成顧客做這些愚蠢的交易可以賺好幾億，運用公司的資金和他們對賭更可以賺數十億之多。

摩根士丹利管理高層一直很怕哈伯勒和他旗下一小群交易員辭職，自創避險基金。為了留住他們，高層和哈伯勒達成一項特殊協議；讓他成立自己的自營部，掛個氣派的名稱——全球自營信貸集團（Global Proprietary Credit Group，簡稱CPCG）。在這個新的安排下，哈伯勒可以自己留下部份由這小組創造的利潤。一位小組成員表示：「目的是讓我們從一年賺10億，馬上變成一年賺20億。」此外，這也是為了讓哈伯勒和他的交易員可以留下小組創造的一大塊獲利。摩根士丹利也承諾，公司會盡快在可行的範圍內，讓哈伯勒把這個單位獨立出去，變成資金管理事業，讓他擁有50％的股權。這個事業將管理次貸擔保的CDO，和鄒文的哈定諮詢公司等業者競爭。

---

1. 涉入金融危機的人只要被發現在談論他看過和做過的事，幾乎都等著賠錢。那些還在華爾街大公司上班的人，甚至是已經離開的人，顯然都簽了保密協定。摩根士丹利的前員工不像高盛員工那麼噤若寒蟬，但他們也不願多談。

摩根士丹利債券交易室裡，大家普遍認為最優秀、最聰明的交易員都想加入哈伯勒的單位。「那應該是精英裡的精英。」一位交易員說，「哈伯勒把最聰明的人才都帶走了。」這些少數精英搬到摩根士丹利曼哈頓中城辦公大樓的獨立樓層內，在原交易室上方八個樓層。他們在周遭築起新牆，至少營造出他們和摩根士丹利沒有利益衝突的幻覺。原本2樓的交易員仍持續和顧客買賣，但不會向10樓的哈伯勒等人透露相關的交易資訊。摩根士丹利全球債券交易部的主管是湯尼・涂法里耶羅（Tony Tufariello），理論上他是哈伯勒的上司，他在哈伯勒的單位裡矛盾地設立了自己的辦公室，在2樓與10樓之間來來回回。[2]

哈伯勒不只要人而已，他更想把他旗下交易的投資部位也一起帶走。這些交易的細節極其複雜，一位摩根士丹利的次貸債券交易員表示：「我覺得哈伯勒上面的人並不是很了解他做了什麼交易。」不過那些交易的重點很簡單：哈伯勒等人豪賭次貸會違約。他們複雜的交易部位中，最重要的還是那價值20億元的訂製信用違約交換。哈伯勒認為，那些交易很快一定會賺進20億元的純利。貸款集合正要出現第一批損失，一旦出現，哈伯勒就可以獲得全額賠償。

不過，還有一個瑣碎的問題：這些保險合約的保費會侵蝕哈伯勒團隊的短期報酬。「這個團隊理論上每年要賺20億元。」一位成員說，「但持有這些信用違約交換部位的成本是2億元。」為了抵銷這些管理

---

2. 華爾街債券交易公司裡出現的所有利益衝突中，這是最致命，也最少人討論的一項。公司以自己的帳戶投資股票和債券，同時也當顧客的經紀人交易這些股票和債券時，他們會很想利用顧客，為自己抬轎。華爾街公司喜歡說他們已經築好防火牆，分隔職能，避免自營的交易得知顧客交易的資訊。對此藉口，尖端夥伴事業的丹尼爾提出最簡明扼要的回應：「每次聽到『防火牆』時，我都會心想，你這個他媽的騙子！」

成本，哈伯勒決定出售一些AAA級次貸CDO的信用違約交換，自己收點保費。[3]問題是，風險較小的AAA級CDO的保費只有BBB級保費的十分之一，為了收取將近等額的保費，他賣出的信用違約交換必須是他已擁有的信用違約交換的十倍左右。哈伯勒和交易員迅速和高盛、德意志及其他幾家公司做了六筆左右的大交易，顯然沒有多做討論。

2007年1月底，整個次貸債券業前往拉斯維加斯慶祝時，哈伯勒已經賣出約160億元AAA級CDO的信用違約交換，由此可見華爾街優秀的債券交易員及整個次貸債券市場誤判之嚴重——在2006年9月到2007年1月間，摩根士丹利內部地位最高的債券交易員其實等於買了160億元的AAA級CDO，那些CDO全由BBB級次貸債券組成，只要標的次貸組合出現約8％的損失，債券就毫無價值。哈伯勒其實是賭一些BBB級次貸債券會違約，而不是全部都違約。他有足夠智慧看壞這市場，卻不知道他要看壞到什麼程度。

摩根士丹利裡，顯然從來沒有人質疑是否應該讓公司的明星交易員買160億元的次貸債券。哈伯勒的自營部當然必須提供交易的資料給管理高層和風險管理部，但他們提交的資訊掩蓋了風險的性質。哈伯勒承擔的160億元次貸風險，在摩根士丹利的風險報告上標示AAA級。也就是說，和美國公債的等級無異。在所謂「風險值」（value at risk，簡稱

---

3. 這裡謹記一點有助於通盤的了解——賣出某項東西的信用違約交換，相當於擁有那項東西的金融風險。如果AAA級CDO的最後價值是零，不論你是直接買它，或賣出它的信用違約交換，你虧損的金額都一樣。

VaR）的計算中，它們也會出現。風險值是華爾街管理高層最常用來了解交易員做了什麼的工具，它只衡量某檔股票或債券過去的波動程度，最近的變動又比很久之前的變動權重更高。AAA級次貸擔保CDO的價值從來沒什麼大變動，在摩根士丹利的內部報告裡幾乎是無風險的。2007年3月，哈伯勒的交易員準備一份簡報，由哈伯勒的上司向摩根士丹利的董事會報告，吹噓他們在次貸市場中做了「優異的結構型部位」。沒人提出一個顯而易見的問題：萬一次貸借款人違約的數量多於預期，這些結構型部位會發生什麼事？

無論哈伯勒是沒有揭露，還是不懂這些風險，總之他都承擔了龐大的風險。他賭的CDO層級幾乎就是康沃爾對賭的CDO層級，裡面的組成幾乎就是尖端夥伴事業和傳人基金對賭的次貸債券。二十多年來，債市的複雜性讓華爾街的債券交易員得以欺騙華爾街的顧客，如今卻演變成交易員自我欺騙的情境。

問題在於CDO裡面多種次貸債券的價格相關性有多高，可能的答案是介於0％（彼此的價格毫無關係）到100％（每個價格都同步移動）。穆迪和標準普爾判斷BBB級債券組合的價格相關性約30％，其實這數字的意義並不像表面上看起來那樣。例如，它並非指某檔債券違約時，其他債券也違約的機率是30％；它是指某檔債券違約時，其他債

券幾乎沒什麼下跌。

假裝這些貸款基本上不一樣，不會在房價停止上漲時集體違約，這假設讓穆迪和標準普爾有理由給每檔CDO約80％的內容AAA級的評價（也因此促成了整個CDO事業）。這也為哈伯勒購買160億元CDO的決定提供了合理的理由。摩根士丹利和其他華爾街公司一樣，竭盡所能地說服信評公司以企業貸款的方式處理消費貸款（亦即把不同的貸款集合在一起可以大幅降低風險）。這些人把說服信評公司這事視為業務工作，他們其實都知道企業貸款和消費貸款不一樣，但信評公司並不知道差異何在。差別在於次貸債券市場沒什麼歷史資料，全國房市崩盤更完全沒有資料。但摩根士丹利的優秀債券交易員沒花多少時間擔心這點，哈伯勒完全相信了信評。

在電話另一頭接哈伯勒生意的華爾街債券交易員當時的感覺是，哈伯勒認為這些賭注完全沒有風險，他以為自己不用承擔風險就可以收一點利息。當然，有這種想法的人不只他一個。哈伯勒和一位美林的交易員為了摩根士丹利可能從美林購買的20億元AAA級CDO爭論不休，哈伯勒希望美林付他高於無風險利率28個基點（0.28％），美林只想付他24個基點。針對價值20億元的交易（這交易最後是把20億元的損失從美林移給摩根士丹利），兩個交易員為了一年約80萬元的利息爭

論不休。後來金額談不攏，導致交易破局。哈伯勒和德意志銀行也為了同樣的細節爭論過，不過有個差別。在德意志銀行裡，這時李普曼已經拉高分貝主張這些AAA級CDO有一天會毫無價值。德意志銀行付給哈伯勒他想要的28個基點，在2006年12月和2007年1月和他各做了一筆20億元的交易。當初和哈伯勒交易的德意志銀行CDO管理高層表示：「我們做那些交易時，雙方都以為這些東西沒有風險。」

———

2007年2月初到6月，局勢渾沌又詭異，次貸市場就像一個巨型的氫氣球，被十幾家華爾街大公司綁在地上，每家公司抓一條繩子。但他們一一了解到，不管多用力拉，氣球終究會把他們拉離地面。6月，他們一個接一個默默鬆開緊握的繩索。在摩根大通執行長傑米·戴蒙（Jamie Dimon）的命令下，摩根大通在2006年秋末放棄市場。德意志銀行因為有李普曼，所以繩子一直沒拉得很緊。高盛接著鬆手，但他們不只是放手而已，而是轉而大舉對賭次貸市場，加速氣球致命的升空。[4]6月，貝爾斯登的次貸避險基金破產時，他們被迫切斷繩索，氣球又離地面更遠了。

在那之前沒多久，2007年4月，哈伯勒或許是擔心他的賭注太大，所

---

4. 高盛離開次貸市場的時間點很有意思。事件發生很久以後，高盛宣稱他們在2006年12月就脫離次貸市場了。但是和高盛交易的華爾街大公司交易員則確定，高盛是到2007年春季和夏初才反向操作，在全美最大的次貸業者新世紀公司宣布破產以後。如果高盛真的是在這時開始「做空」，這就可以解釋為什麼貝瑞和其他人都覺得次貸市場和高盛在6月底都出現混亂。高盛並沒有在失火前離開房子，他們只是率先衝出火場，然後還隨手把門關上。

以和管理貝爾斯登那兩支避險基金的拉夫‧喬菲（Ralph Cioffi）做了一筆交易。4月2日，美國最大次貸業者新世紀公司因為貸款違約案例太多而宣告破產。摩根士丹利從160億元的AAA級CDO裡，拿出60億元CDO賣給喬菲。這時價格降了一些，喬菲要求高於無風險利率40個基點（0.4%）。哈伯勒找摩根士丹利總裁佐伊‧克魯茲（Zoe Cruz）商量，他們一起決定，寧可保留次貸風險，也不要認列相當於數千萬美元的損失，這決定後來導致摩根士丹利虧損近60億美元，但摩根士丹利的執行長麥晉桁卻從來沒參與這件事。一位和哈伯勒熟稔的同事說：「麥晉桁從來沒找哈伯勒談過。那段期間，哈伯勒從未單獨和麥晉桁坐下來對談。」[5]

不過，2007年5月，哈伯勒和摩根士丹利之間的爭執愈來愈多。令人驚訝的是，那些爭執和持有160億元的複雜證券是否合理無關（這些證券的最後價值，是看擁有五棟房產的拉斯維加斯脫衣舞孃，或買75萬元房子的墨西哥籍草莓農，能否在貸款利率迅速增加下清償貸款），而是因為摩根士丹利沒按承諾把哈伯勒的自營部門獨立出去，讓他持有50%股權的資金管理公司。哈伯勒對摩根士丹利的拖延感到憤怒，揚言要辭職。摩根士丹利為了留他，承諾分給他和旗下交易員更多的GPCG獲利。2006年哈伯勒領了2,500萬的紅利，2007年大家都覺得他

---

5. 關於哈伯勒和克魯茲討論的詳情，眾說紛紜。接近克魯茲人士所說的版本是：克魯茲擔心，他們和貝爾斯登有問題的避險基金交易，會有法律風險。哈伯勒從來沒向她完全說明AAA級CDO的風險，讓她以為摩根士丹利不可能出現鉅額損失，這可能因為哈伯勒自己也不了解那風險。但哈伯勒的朋友則宣稱，克魯茲掌控哈伯勒的交易，阻止他拋售一些AAA級CDO。在我和華爾街交易員看來，哈伯勒的說法比較不可信。一位接近當時情況的交易員表示：「根本不可能在哈伯勒說『我現在得退出交易』時，克魯茲還不讓他退出。哈伯勒不可能說過『如果我們現在不退出，可能虧損100億』這樣的話。哈伯勒對她提出的，是不退出交易的論點。」華爾街交易員一向很善於在成功時爭功，在失敗時諉過，這點和華爾街公司在經營好時鄙視政府規範，在經營不善時又堅持政府幫忙抒困的做法如出一轍。成功都是自己的功勞，失敗都是社會的問題。

會領到更多。

哈伯勒和交易員改善了和雇主間的交易條件後，事隔一個月，摩根士丹利終於提出令人不安的問題——萬一中低階層美國人貸款違約的數量比預期多，他們在次貸市場做的龐大賭注會發生什麼事？例如，用華爾街最悲觀的分析師所提出的損失假設來看，那些賭注的結果如何？在那之前，哈伯勒的賭注做過次貸集合出現6％虧損時的「壓力測試」，6％是最近出現過最高的損失比率。現在，公司要求哈伯勒的交易員想像，萬一損失是10％，他們的賭注會變成怎樣。這項要求是由摩根士丹利的風險長湯姆·道拉（Tom Daula）直接提出。哈伯勒和他的交易員對於道拉提出這項要求都很生氣，也感到煩躁不安。他們其中一位說：「那不是有點怪而已，而是充滿了疑慮。當時我們都覺得：這些傢伙根本不知道自己在講什麼。如果損失高達10％，可能有100萬人無家可歸。」（哈伯勒等人賭的貸款組合後來損失高達40％）。一位不屬於哈伯勒團隊的摩根士丹利資深管理者表示：「他們不願意提供結果，他們一直說：**那種情境不會發生。**」

哈伯勒的交易員花了十天，才交出他們不想讓人知道的結果：貸款損失10％時，他們在次貸市場中做的複雜賭注會從預期獲利10億元，變成虧損27億元。一位摩根士丹利的資深管理者說：「風險管理部門的

人做完壓力測試後，看起來非常生氣。」哈伯勒等人努力安撫他們說，放心，那樣的虧損永遠不會發生。

風險管理部門根本無法放鬆，他們覺得哈伯勒等人似乎不完全明白自己做的賭注。哈伯勒一直說他是和次貸市場對賭，如果真是那樣，為什麼次貸市場崩解時他會虧損數十億？就像一位摩根士丹利資深風險管理者所說的：「你賭紅或黑，並知道你賭的是紅色或黑色，那是一回事；你賭一種紅色，但不知道那是什麼，又是另一回事了。」

———

7月初，摩根士丹利第一次接到警訊，那來自德意志銀行的李普曼和他的老闆，他們在電話會議中告訴哈伯勒和他的老闆，哈伯勒六個月前賣給德意志銀行CDO交易室的40億元信用違約交換，現在對德意志銀行來說已經有獲利，能否在當天結束前匯給德意志銀行12億元？當時聽到雙方對話的人表示，李普曼是這麼說的：「老兄，你欠我們12億。」

李普曼告訴他們，眾多華爾街公司原本認為毫無風險而做了數千億元交易的AAA級次貸CDO，如今每塊錢只剩70美分。當時一位參與電話

會議的摩根士丹利人士表示，哈伯勒回應：你說70是什麼意思？我們的模型說它們仍值95。

德意志銀行的人說：**我們的模型說它們只剩70。**

哈伯勒重複：**我們的模型說95。**接著他開始說明，他的CDO裡數千筆BBB債券之間的相關性很低，所以一些債券違約不表示全部債券都沒有價值。

這時，李普曼就只是說：**老兄，去你媽的模型。我給你開個價：70-77。你有三個選擇，用70賣給我，你也可以用77買進更多，或者你匯給我那他媽的12億元。**

摩根士丹利不想再買任何次貸債券，哈伯勒亦然，他鬆開手中那條拉著上升氣球的繩索。但哈伯勒又不想認賠，儘管他不願以77買進更多，但他堅稱他的AAA級CDO每塊錢仍然值95美分。他直接把事情丟給老闆處理。他的老闆和德意志銀行主管商量，後來終於同意匯6億元給德意志銀行。對德意志銀行來說，另一種做法是把這件事提交給三家華爾街銀行所組成的小組（隨機挑選的銀行），讓他們判斷這些AAA級CDO實際上的價值是多少。這麼做是為了衡量華爾街的混亂和

錯覺，德意志銀行並不在乎冒那樣的風險。

其實，從德意志銀行的角度來看，擔保品沒什麼大不了。德意志銀行一位資深管理高層表示：「李普曼打那通電話時，這件事對我們的營運來說一點都不重要。摩根士丹利有700億的資本，我們知道他們有那些錢。」德意志銀行裡甚至有些人懷疑李普曼說的價格是否正確。當時曾參與討論的人說：「那數字太大了，所以很多人覺得不可能是對的，摩根士丹利不可能欠我們12億元。」

不過，摩根士丹利的確欠了這麼多錢。這只是崩解的開始，這場崩解在幾個月後摩根士丹利執行長和華爾街分析師開電話會議時才結束。違約數量愈來愈多，債券普遍虧損，由這些債券組成的CDO也跟著崩解。在崩解的過程中，德意志銀行提供摩根士丹利退出交易的機會。李普曼第一次打電話給哈伯勒時，哈伯勒本來可以認賠12億元，退出和德意志銀行的40億元交易。第二次李普曼打電話給他時，退出交易的代價已經增加到15億元。每一次哈伯勒或他的交易員都對債券價格提出反駁，拒絕退出交易。一位德意志銀行的交易員說：「我們和那些混蛋一路爭到債券價格跌到谷底。」這整個過程中，德意志銀行的人都可以感覺到摩根士丹利的債券交易員誤解了他們自己做的交易。他們不是在說謊，他們是真的不懂次貸CDO的性質，BBB級次貸債券

之間的相關性不是30％，而是100％。一檔債券破產，所有的債券都會破產，因為它們受同樣的經濟力量所影響。最後，CDO從100跌到95、77、70、7已經沒意義了，反正裡面的次貸債券要不全部違約，就是全部都正常。CDO的價值要不是0，就是100。

CDO的價值只剩7時，李普曼讓摩根士丹利退出他們當初以1塊錢約100美分投入的交易。這筆40億元的交易最後大約虧損了37億元，但此時李普曼面對的不再是哈伯勒，哈伯勒已經離開摩根士丹利。哈伯勒的團隊成員說：「哈伯勒去度假幾週，之後就永遠沒有再回來。」2007年10月，哈伯勒獲准請辭，還領了數百萬元，那是公司在2006年底為避免他辭職而承諾給他的錢。後來公司高層向董事會報告，哈伯勒留給公司的虧損是90億美元，那也是華爾街史上最大的一筆交易虧損。其他公司虧損更多，但那些虧損通常和次級抵押貸款的創造有關。次貸市場崩盤時，花旗、美林等公司都持有龐大的次貸資產。但摩根士丹利的虧損是CDO機器的產物，他們持有次貸擔保CDO不是為了自己，而是為了收費。哈伯勒的虧損是簡單賭注的結果，哈伯勒和他的交易員以為自己是利用市場無能的聰明人，結果他們反而讓市場變得更無能。

哈伯勒退休後回到紐澤西，隱姓埋名，對自己並非檯面上最大的傻瓜

感到慶幸。他可能太晚鬆開氣球的繩索而沒救到摩根士丹利，但在
他著地時，他可以抬頭看到氣球飛得更高，看到華爾街的人還掛在
上面。7月初，就在李普曼打電話向他討12億元的前幾天，哈伯勒找
到兩個買家購買他的AAA級CDO。第一個是瑞穗金融集團（Mizuho
Financial Group），屬日本第二大銀行的交易分支。整體而言，日本人
對這些美國的金融創新始終感到困惑不解，所以他們避而不碰。但瑞
穗金融集團不知怎的（原因可能只有他們自己知道），突然以美國次
貸債券的精明交易者自居，從摩根士丹利手中買下10億元的次貸擔保
CDO。

另一個更大的買家是瑞銀，他們向哈伯勒買了20億元的AAA級CDO，
連同他價值數億元的BBB債券空頭部位。也就是說，7月，就在市場崩
解前，瑞銀看著哈伯勒的交易說：「我們也想要一些。」所以哈伯勒
原本買的160億元AAA級CDO一下縮減成130億元。幾個月後，瑞銀為
了向股東解釋他們在美國次貸市場虧損的374億元，發表了一份半坦白
的報告，透露他們雇用的一小群美國債券交易員在市場崩盤前還一直
遊說公司買更多其他華爾街公司的次貸債券。但一位當時接近交易的
瑞銀債券交易員表示：「要是當初大家知道有那筆交易，應該會公然
反對。那在瑞銀裡是爭議性很高的交易，一直很隱密。很多人要是知
道，一定會大聲否決。當大家都知道貸款違約的相關性是100％時，我

們從哈伯勒手中接下這塊燙手山芋。」他接著解釋，執行那筆交易的瑞銀交易員主要是根據他們自己的模型，當時那模型顯示他們的獲利是3,000萬元。

2007年12月19日，摩根士丹利為投資人舉行一場電話會議，他們想解釋為什麼92億元的交易損失（上下差不了數十億）一舉勾消50,000名員工所創造的獲利。麥晉桁一開始就說：「今天我們宣布的營運結果，對我個人和公司來說都不光彩。這是我們固定收益部門判斷錯誤，也是我們沒有妥善管理風險的結果……這一季認列的損失，幾乎都是我們抵押事業的某個交易室造成的。」麥晉桁解釋摩根士丹利對次貸風險做了某些「避險」，「那些避險在10月和11月的特殊市場狀況下，並未產生足夠的避險效果。」但是10月和11月的市場狀況並不特殊，10月和11月是市場價格首次精確反映次貸風險，真正特殊的是10月和11月以前發生的事。

在麥晉桁表示他願以「公司負責人的身份釐清此事件，為公司績效負責」後，便開始接受其他華爾街公司的分析師提問。這群人花了一點時間才問出真正讓摩根士丹利感到不光彩的源由，不過最終他們都了解了。四位分析師並沒有深入詰問麥晉桁那筆幾乎肯定是華爾街史上最大的自營虧損交易，接著換高盛的威廉・塔諾納（William Tanona）

發問：

塔諾納：我想再提出風險方面的問題，我知道大家一直避而不談……請為我們說明一下，為什麼會發生這種事，讓你們吞下那麼龐大的損失。我的意思是，我可以想像你們應該有投資部位限制和風險限制，我只是不解，你們為什麼會有一個交易室可以虧損80億元。

麥晉桁：那樣問不對。

塔諾納：抱歉，您說什麼？

麥晉桁：嗯……

塔諾納：我沒聽懂。

麥晉桁：塔諾納，我就直說吧。第一，我們確認過這筆交易，也把它記在我們的帳上。第二，這筆交易也輸入我們的風險管理系統中。這很簡單。當它出問題時，很痛苦，所以我不是在辯解。這些交易員做這些投資部位時，他們

並未想到會碰到這麼嚴重的違約狀況。我們的風險管理
部門也沒注意那些損失。[6]就那麼簡單。那些是讓我們損
失慘重的極端風險（fat tail risk）[7]，事情就是這樣。

塔諾納：好吧，我了解了。我想問的另一個問題是，我很訝異，
　　　　你們出現那麼嚴重的虧損，這些又是交易資產，但是那
　　　　一季的交易風險值竟然都很穩定。可以請你說明一下，
　　　　為什麼那一季的風險值並未大增？[8]

麥晉桁：塔諾納，我想，風險值可以充分代表流動性的交易風
　　　　險，但是就（這段內容聽不到）來說，我很樂意在會後
　　　　回你這個問題，因為我現在沒辦法回答。

這些無意義的辭令，可能會讓人覺得摩根士丹利的債券交易業務極其
複雜，難以剖析，但這些言詞只是透露出執行長本身其實不了解情
況。同業間普遍認為，麥晉桁相對來說算是比較了解其債券公司交易
風險的執行長，畢竟，他自己就是債券交易員出身，當初摩根士丹利
延攬他加入，就是為了強化他們的冒險文化。然而，如今他不僅無法
了解他的交易員在做什麼，連在虧空了90億元之後，他還是無法完全
解釋他們做了什麼。

---

6. 我們不能預期華爾街大公司的負責人講白話英文，因為他們之所以能夠吃這行飯，靠的就是讓大
　 家覺得他們做的事無法翻成白話英文。麥晉桁講的是，摩根士丹利裡沒人知道哈伯勒承擔了什
　 麼風險，連哈伯勒自己也不知道，但他又不能這樣明講。
7. 譯註：指極端事件出現的風險異常高。
8. 同樣問題的另一種問法是：為什麼哈伯勒的債券價值從100暴跌至7，但是你收到的報表還是顯示
　 它們不會有劇烈的變動？

———

終於，這一刻來了：次貸風險的最後一位買家也停止購買。2007年8月
1日，貝爾斯登的股東第一次對貝爾斯登提出訴訟，指控他們拖垮旗下
的次貸擔保避險基金。這件事引起了諸多效應，其中較不為人知的，
是康沃爾資本三名年輕男子的極大恐慌。他們持有龐大的信用違約交
換部位，絕大多數都是向貝爾斯登買的。自從去過拉斯維加斯後，雷
德利就一直覺得他們正經歷一場窮凶極惡的風暴，三人中唯一曾在華
爾街大公司工作的哈特也常聯想到慘烈的結局。麥伊則認為華爾街有
很多人都是卑鄙的混蛋。他們三人都擔心貝爾斯登可能破產，無法履
約。哈克說：「可能有一天你再也無法和華爾街的公司交易了，那情
況大概就像當時那樣。」

2007年8月的第一週，他們到處詢問，想了解AA級CDO的價格。數月
前這東西的交易價格，還顯示它們幾乎毫無風險。雷德利說：「標的
債券正在崩解，和我們往來的人都說價格是2點。」在7月底以前，貝
爾斯登和摩根士丹利都說AA級CDO每塊錢還有98美分的價值。也就是
說，哈伯勒和李普曼之間的爭論在市場上不斷地重演。

康沃爾擁有20檔垃圾CDO的信用違約交換，但每一檔有不同的爛法，

所以很難確切知道它們的價值。但有一點很清楚：原本看似勝算渺茫的賭注，如今看來已有勝利的希望。過去華爾街券商一直告訴他們，這些冷門的AA級CDO的信用違約交換永遠無法脫手，但現在市場恐慌了起來，似乎急著買任何和次貸債券有關的保險。另外，原本的預測也改變了：這是第一次萬一有某事件導致市場止跌反彈，康沃爾可能虧損嚴重（例如美國政府介入，為所有次貸提供擔保）。當然，萬一貝爾斯登垮了，他們便一無所有。原本他們對災難的可能發生異常地敏感警覺，如今則是有種大禍臨頭的詭異感。他們連忙自保：為他們囤積已久、現在突然熱門起來的奇怪保險尋找買家。

這項任務後來落在哈特身上，因為雷德利以康沃爾的交易員自居，試了幾次都沒成功。「小規則太多了。」雷德利說，「你必須確切知道該怎麼說，如果你不知道，大家就不理你。我以為我在喊『賣！』，結果別人都以為我在喊『買！』，我突然領悟到我不該做交易。」哈特曾經是交易員，是他們三人之中唯一知道該說什麼及怎麼說的人；但哈特此時正和太太娘家的人一起在英國南部度假。

所以，哈特是在英國德文郡（Devon）埃斯茅斯鎮（Exmouth）上的酒吧裡，為他們的2.05億元AA級CDO信用合約交換尋找買家。那家酒吧名為彈藥搬運工（Powder Monkey），全鎮只有這裡提供穩定的無線上

網。酒性正濃的英國顧客似乎都不在意,也沒發現角落有個老美猛按
Bloomberg機器,從下午2點一直講手機到晚上11點。在那之前,只有
三家華爾街公司願意和康沃爾交易,並提供交易信用合約交換所需的
ISDA協議——貝爾斯登、德意志、摩根士丹利。雷德利說:「哈特一
直告訴我們,沒有ISDA也可能做交易,但那真的不是一般常態。」即
使到現在,這也不是常態。8月3日週五,哈特打電話給華爾街各大公
司說:**你不認識我,我知道你們不會給ISDA。但我有次貸擔保CDO的
保險,我願意出售,你願意在沒有ISDA合約下和我交易嗎?**「大家一
聽都回絕。」哈特說,「於是我說:『你和信用交易室的老闆及風險
管理長談一下,看他們是不是有不一樣的看法。』」那個週五只有一
家銀行似乎急著和哈特交易——瑞銀。而且他們急得要命。最後一個
拉著氫氣球繩索的人,剛剛也鬆開了手中的繩索。

8月6日週一,哈特又回到那家酒吧開始交易。成本0.5%的保險合約,
現在瑞銀出價預付30點,也就是說,康沃爾當初以約100萬元買下價
值2.05億元的信用合約交換,突然間價值超過6,000萬元(2.05億元的
30%)。但現在不光是瑞銀感興趣而已,花旗、美林、雷曼兄弟的人
本來週五還非常不屑,到了週一都急了起來,他們全都焦急地為自己
創造出來的CDO風險定價。「我比較輕鬆,因為他們必須檢視每一筆
交易。」哈特說,「而我只是想賺錢而已。」康沃爾有20筆不同的部

位要賣，哈特的網路連線斷斷續續，手機收訊也是如此，只有華爾街公司急著為燒起來的房子買火險的狂熱絲毫未減。「這是我們第一次看到價格反映接近它們的真實價值。」雷德利說，「我們擁有貝爾斯登評價才60萬元的部位，隔天價值暴漲為600萬。」

週四深夜11點，哈特終於結束交易。那是8月9日，當天法國巴黎銀行（BNP）宣布，因美國次貸問題，貨幣市場基金的投資人暫時不准贖回。雷德利三人不太清楚為什麼一家瑞士銀行會買走他們四分之三的賭注，在瑞銀開始懇求他們出售如今很貴的次貸保險以前，康沃爾內部鮮少提及瑞銀UBS那幾個字母。「我沒想到瑞銀也參與次貸市場。」雷德利說，「現在回想起來，我不敢相信我們當時竟然沒有反過來做空瑞銀。」瑞銀或其他任何華爾街買家從康沃爾買來信用違約交換時，絲毫沒有想到他們現在承擔的是貝爾斯登可能破產的風險——這在華爾街大公司裡依舊是令人無法想像的事。四年半前以11萬元資金起家的康沃爾，現在剛從50萬元的賭注中淨賺八千多萬。麥伊說：「想到我們不是賭桌上的呆子，就鬆了一口氣。」他們一直都不是賭桌上的呆子，原本勝算渺茫的賭注讓他們翻賺了80倍。酒店裡完全沒人問哈特他在做什麼。

哈特太太娘家的人當然都很好奇哈特到哪去了，他也試著向他們解

釋。他覺得現在發生的事很重要,他認為銀行體系無力償債,那表示會有嚴重的動盪。銀行停擺時,授信停擺;授信停擺時,交易停擺;交易停擺時,芝加哥市只有八天份的氯可以消毒用水。整個現代世界是靠著先買後付款的機制運作。「我半夜回家和我的小舅子談孩子的未來。」哈特說,「我叫大家去確定他們在匯豐銀行的帳戶有保險,叫他們手邊要留一些現金,因為我們可能會面臨一些金融崩垮的狀況,但這很難解釋清楚。」你要怎麼對單純無知的自由世界公民解釋AA級次貸擔保CDO的信用違約交換有多重要?哈特努力解釋,但英國的親屬只是一臉奇怪地看著他。他們只知道有人剛賠了很多錢,哈特賺了一大筆錢,其他的事就聽不太懂了。「我真的沒辦法向他們解釋這些。」他說,「他們是英國人。」

二十二天後,2007年8月31日,貝瑞取消側袋帳戶,開始認真出清他的信用違約交換,現在投資人可以把錢贖回了,他可以加倍奉還當初他們投資的資金。數個月前,券商出價200基點(亦即本金的2%)向貝瑞買他的信用違約交換,最高價達19億元。如今華爾街公司急著出價75%、80%、85%以減少衝擊。第三季結束時,貝瑞向投資人報告傳人基金漲了100%以上。年底,在不到5.5億元的投資組合中,他賺了7.2億元以上的獲利。但他還是完全沒收到投資人的回應,「即使這顯然是個豐收的一年,證明我是對的,卻毫無勝利的感覺。」他說,

「獲利的感覺和我以前想的不一樣了。」他主動寄了一封電子郵件給創始投資人高譚資本，信裡只有一句話：「不客氣。」貝瑞已決定把高譚資本踢出基金，並堅持對方需賣掉貝瑞公司的持股。當高譚資本要貝瑞出個價時，他回道：「你們乾脆把去年差點害我無法幫你們賺錢的幾千萬元拿回去吧，我們就此扯平。」

貝瑞創立基金時，決定不向投資人收取業界普遍要求的2％管理費。但沒幫投資人賺錢的那年，因為沒有管理費收入，他不得不解僱員工。現在他寫信告訴投資人，他改變政策了。這又再次掀起投資人的不滿，即使貝瑞讓他們變得更富有。「我只是在想，你是從哪學到惹毛大家的方式。」一位常和他通信的友人寫信給他，「你有這方面的天賦。」

自從他發現自己罹患亞斯伯格症以後，他開始了解興趣對他的意義。興趣是讓他抽離這個敵意世界的安全地帶，所以亞斯伯格症患者才會對興趣那麼投入，那也是他們無法控制這些興趣的原因。「我的治療師幫我了解這點。」他在電子郵件裡寫道，「我回顧自己的人生時，覺得很有道理。」

　　治療師總是講得比較好，不過我試試看能不能把它講清楚。如果

你遇到一個人，他很難融入社會的社交運作，常覺得自己被誤解、輕忽，因此孤伶伶的獨處，你會看到強烈的興趣可以用最傳統的方式幫他建立自我。亞斯伯格症的孩子可以非常專心，對他們感興趣的東西迅速地累積知識，通常遠超越同儕水準。那種自我強化過程令人快慰，提供亞斯伯格症的孩子不常體驗的感覺。只要興趣可以給他那種強化的效果，改變不會有什麼危險。但是，當興趣碰到重重障礙，或他在興趣中失敗時，他會感受到強烈的負面衝擊，尤其當障礙又來自其他人的時候。這時興趣會開始變得像亞斯伯格症患者原本想逃避的所有一切——他人的明顯迫害、誤解、排擠。亞斯伯格症患者就必須另尋其他興趣，才能建立與維持自我。

2006年大部分時間及2007年年初，貝瑞經歷了人生的夢魘。他在一封電子郵件裡寫道：「和我關係最密切的合夥人通常最後都會恨我……這個事業扼殺了我生命很重要的一部份。問題是，我還找不出它扼殺了什麼，不過死去的重要東西是在我心裡，我可以感覺得到。」隨著對金融市場的興趣逐漸流失，貝瑞買了第一把吉他。這很奇怪，因為他不會彈吉他，對吉他也沒有天分，他甚至不想彈吉他，他就只是需要徹底了解用來製造吉他的木材種類。貝瑞買了吉他、真空管、擴音器。他就只是需要……了解有關吉他的一切。

貝瑞興趣喪失的時點選得正好，那時正是事件的尾聲，一切已成定局。在那之後的六個月，國際貨幣基金（IMF）宣布美國創造的次貸資產損失高達1兆美元。美國金融家就這樣憑空創造了1兆美元的損失，讓這損失深嵌在美國的金融體系裡。華爾街每家公司都受到波及，無法迴避，他們都無法脫身，因為再也沒有買家了。這就好像把大小不同的炸彈擺在西方各大金融機構裡一樣。引信已經點燃，無法撲滅。你只能旁觀引信燃燒的速度和爆炸的威力。

10 兩人同船

幾乎沒人料到會發生這種事——屋主、金融機構、信評公司、主
管機關或是投資人，大家都沒料到。

——標準普爾總裁　德馮・夏瑪（Deven Sharma）

2008年10月22日於美國眾議院之證詞

義大利財政部長朱利奧・特雷蒙蒂（Giulio Tremonti）指出，
教宗本篤十六世是第一位預測到全球金融體系危機的人。特雷蒙
蒂昨天在米蘭聖心天主教大學表示，「欠缺紀律的經濟會自我崩
解的預言」可以在1985年若瑟・拉辛格樞機（Cardinal Joseph
Ratzinger）[1]寫的一篇文章中找到。

——彭博新聞，2008年11月20日

李普曼想像次貸市場是金融界的一大拔河戰——一邊是製造貸款、包
裝債券、把最糟的債券重新包裝成CDO的華爾街機器，當他們用完貸
款時，就憑空創造假貸款。另一邊則是他的做空團隊，專門對賭這些
貸款。這場拔河是樂觀派與悲觀派之戰，幻想派與務實派之戰，信用
違約交換的賣家與買家之戰，也是對與錯的戰爭。這些比喻在某種程

1.譯註：即教宗本篤十六世。

度上都很貼切。不過，如今則有如兩人在同一艘船上，用一條繩子綁在一起，兩人相鬥，至死方休。其中一人殺死另一人，把屍體拋出船外，自己也跟著甩出船外。「2007年做空獲利很有趣，因為我們是做空壞蛋。」艾斯曼說，「2008年是整個金融體系都岌岌可危，我們還是做空，但你並不希望系統崩垮。那感覺就像大洪水快來了，而你是諾亞，你在方舟上。你沒事，但你看著洪水並不覺得開心。那對諾亞來說，並非快樂的時刻。」

2007年底，尖端夥伴事業對賭次貸的賭注都獲利了，而且獲利大到讓他們的基金規模倍增，從七億多暴增為15億元。他們顯然大舉獲利的當下，摩斯和丹尼爾都想趕快兌現。他們從不曾完全信任李普曼，即使這天大的禮物是李普曼送的，他們的不信任還是持續擴大。「我從來沒向李普曼買過車。」摩斯說，「但我向他買了價值5億元的信用違約交換。」丹尼爾對於這麼快就賺了一大筆錢，甚至覺得是一種果報。他說：「那是千載難逢的交易。如果我們因為貪婪而放棄這個千載難逢的交易，我想我會自殺。」

他們（包括艾斯曼自己）都認為，艾斯曼的性格不適合做短期交易判斷。他很情緒化，常意氣用事。對賭次貸債券對他來說不僅是賭注而已，他更想藉此教訓這些人。每次當華爾街的人宣稱次貸問題是美國一般民眾說謊和財務上不負責任所造成的（他們每次都來這套），他

都會說：「什麼！難道所有的美國人某天早上起床會說『我想說謊貸個款』嗎？大家的確會說謊，但他們說謊是因為有人叫他們說謊。」促使他押注的怒火，其實不是針對整個金融市場，而是主導這些業務的人——華爾街大公司裡的人。他們知道得更多，理應知道不該這麼做才對。艾斯曼說：「那不只是主張而已，更是一種道德運動，整個世界都顛倒了，是非不分。」艾斯曼認為，他們對賭的次貸毫無價值，如果那些貸款沒有價值，他們持有的貸款保險應該只漲不跌。所以他們緊守信用違約交換，等更多的貸款違約。「換成丹尼爾和我，可能只會做5,000萬元的交易，賺2,500萬。」摩斯說，「但艾斯曼做了5.5億元的交易，賺了4億。」

他們在大尋寶的過程中，找到了一長串面臨次貸風險的公司。2008年3月14日，他們幾乎做空了每一家和次貸機器有關的金融機構股票。「我們是為世界末日做準備。」艾斯曼說，「但我們總是在想：『萬一世界末日沒發生怎麼辦？』」

3月14日，那問題再也不重要了。從2007年6月貝爾斯登的次貸基金崩解開始，市場都在問貝爾斯登的其他營運會怎樣。過去十年，貝爾斯登就像所有的華爾街公司一樣，用每塊錢資金擴大下注的規模。光是過去五年，貝爾斯登的槓桿就從20:1變成40:1。美林則從2001年的16:1增至2007年的32:1。摩根士丹利和花旗現在是33:1，高盛的25:1看起來

保守，但高盛向來善於隱藏實際的槓桿程度。想要讓這些公司破產，只要讓他們的資產價值稍微下降就夠了。重點是：那些資產是什麼？在3月14日以前，股市都很相信華爾街的大公司，沒人知道貝爾斯登、美林或花旗裡面發生什麼事，但這些地方一向是「聰明錢」（smart money）的所在，因此他們的賭注想必也是聰明的賭注。但在3月14日，市場改觀了。

那天早上，艾斯曼臨時接到德意志銀行知名銀行分析師麥克‧梅奧（Mike Mayo）的邀請，請他來為整屋子的投資大戶演講。在德意志銀行華爾街總部的講堂裡，艾斯曼的演講排在聯準會前主席葛林斯潘之前，他和投資名人比爾‧米勒（Bill Miller）併肩而坐，米勒剛好持有2億元以上的貝爾斯登股票。艾斯曼顯然認為任何人把那麼多錢投資在華爾街公司一定是瘋了，他也不屑葛林斯潘，每次一有機會艾斯曼都會說：「我覺得葛林斯潘會是聯準會史上最糟糕主席。他不只是把利率降得太低，又維持低利太久；我相信他知道次貸市場發生什麼事，但他不予理會，因為消費者被整死了也和他無關。我還真替他感到可惜，因為他確實很聰明，但基本上一切都做錯了。」

現在華爾街上的重要人物，幾乎沒有人不曾被艾斯曼污辱過。有次在香港的公開場合，匯豐銀行董事長宣稱該行的次貸損失已經「控制住了」，艾斯曼舉手說：「你其實不相信吧？因為你們整個帳冊都搞砸

了。」艾斯曼曾把看多次貸市場的貝爾斯登分析師辛哈找來辦公室，狠狠地拷問他，後來貝爾斯登的業務員還因此打電話來抱怨。

「辛哈很不高興。」他說。

「告訴他，沒必要不高興。」艾斯曼說，「我們很開心！」

不過，2007年底，貝爾斯登還邀請艾斯曼參加一場溫馨的見面會，認識新執行長艾倫・舒瓦茲（Alan Schwartz）。那次會面的名稱是「與貝爾共度耶誕」。舒瓦茲告訴來賓次貸市場有多「瘋狂」，因為市場裡的人似乎無法同意任何債券的價格。

「那是誰的錯？」艾斯曼突然脫口問道，「那不就是你們想要的情況嗎？這樣你們才可以剝削顧客。」

新任執行長回應：「我不想隨便怪罪任何人。」

艾斯曼會污辱哪位華爾街的大人物，其實全看他獲准出現在哪些大人物的面前而定。2008年3月14日，他受邀出席這個場合，見到最看多華爾街銀行的某大投資人，以及赫赫有名的聯準會前主席。那天市場很忙，有傳言指出貝爾斯登可能有難。但讓你在看盤和觀察艾斯曼之間

選擇，摩斯、丹尼爾、柯林斯都會毫不猶豫地選擇看艾斯曼。丹尼爾說：「坦白講，我們是去看戲，那就像阿里對弗蘭澤的拳王爭霸戰，怎麼可以錯過呢？」他們和艾斯曼一起開車去參加會議，但是坐在最後一排，準備好躲起來。

艾斯曼和傳奇人物米勒一起坐在長桌邊，米勒大概只講了三分鐘，說明他投資貝爾斯登的想法。「現在換我們的悲觀者上場。」梅奧說，「有請艾斯曼。」

「我得站起來講。」艾斯曼說。

米勒剛剛是坐著說話，那場會議其實比較像座談會，而不是演講。但艾斯曼還是走向講台，他注意到他的母親坐在第三排。他不管坐在最後一排的伙伴，以及伙伴們事前通知來看好戲的二十幾位聽眾（來看免費的阿里對弗蘭澤拳王爭霸戰！），開始不留情面地合理剖析美國金融體系。他的演講題目是「為什麼這次不一樣」，不過大家還是沒想到他會做那麼正式的演講。「我們正經歷金融服務史上最大的去槓桿化（deleverage）[2]，這過程會一直持續下去。」他說，「除了時間之外，別無其他方法，只能讓時間撫平傷痛……。」

艾斯曼站起來時，摩斯直覺地把身體往下沉。「總是有可能出現尷尬

---

2. 譯註：沽售資產還債，使槓桿比率降到正常水平。

的情況。」摩斯說,「但這就像看到撞車事故一樣,你無法不看。」他周遭的人都低頭猛看著黑莓機,他們想聽艾斯曼說什麼,但股市發展又讓他們分心。9點13分,艾斯曼進場到前排找位子時,貝爾斯登宣布他們從摩根大通獲得一筆貸款。9分鐘後,當米勒在解釋為何持有貝爾斯登的股票很棒時,舒瓦茲發出新聞稿,那份新聞稿一開始就說:「最近市場上有許多關於貝爾斯登流動性的謠傳。」**流動性**。當管理高層宣稱他的銀行有許多流動性時,一定都是缺乏流動性。

9點41分,大約是艾斯曼走向講台的時候,摩西以每股53元賣出一些艾斯曼前一天才詭異買進的貝爾斯登股票。他們賺了一些錢,但是艾斯曼在不顧眾人反對下買進那些股票還是很怪。艾斯曼偶爾會做一些和他們的想法完全相反的短期小交易。摩斯和丹尼爾都認為這次可能是因為艾斯曼對貝爾斯登有一些好感。貝爾斯登是華爾街眾人最痛恨的公司,以完全漠視競爭對手的看法而出名,艾斯曼認同他們的做法。「他總是說,貝爾斯登永遠不會被任何人收購,因為他們的企業文化永遠無法融入其他公司。」丹尼爾說,「我想他從貝爾斯登中看到一些自己的特質。」艾斯曼的太太維勒莉則有她的一套看法,她說:「對艾斯曼『世界即將崩解』的理論來說,這是一種奇怪的解套方式。偶爾他會突然買進一些奇怪的標的。」

不管艾斯曼前一天下午為什麼會一時衝動買進幾股貝爾斯登股票,摩

斯都很高興他把那些部位解決掉了。這時艾斯曼正在說明為什麼世界快崩解了，但他的伙伴並沒有完全注意聽他演講……因為金融界正在崩解。丹尼爾說：「艾斯曼一開始演講，股市就開始跌了。」當艾斯曼正在說明為什麼沒有正常人會持有16小時前他才剛買的那檔股票時，摩斯迅速傳送訊息給伙伴。

9點49分。老天，貝爾剩47。

「如果你覺得美國金融體系聽起來像迂迴的龐茲騙局，那是因為它的確是。」

9點55分。貝爾剩43，我的天！

「美國的銀行才剛開始正視他們龐大的貸款問題。例如，我無法擁有佛羅里達州的任何一家銀行，因為我覺得他們可能都會消失。」

10點02分。貝爾剩29！！！！

「這個國家的上層階級剝削整個國家，你們惡搞人民，建立虛無飄渺的城堡來剝削人民。這些年來，我從沒遇過華爾街的人出現良心危機，從來沒有人說過：『這是錯的。』，也沒人在意我說的話。」

其實，艾斯曼當天早上並沒有說最後那幾句話，他只是在心裡想而已。他不知道股市發生了什麼事，他唯一無法檢閱黑莓機的時候，是在他說話的時候。但**在他說話時**，華爾街有一家投資銀行正在崩解，原因不是詐騙。所以大家顯然會問，那是為什麼？

貝爾斯登的崩解後來被歸類為擠兌效應，就某方面來說，那是正確的，因為其他銀行拒絕和它往來，避險基金紛紛抽離。不過，這也衍生了另一個問題（同樣的問題六個月後又再次出現）：為什麼不久前大家還覺得應該會長久存在的華爾街大公司，市場會突然不信任它？2007年3月，貝爾斯登的崩解是如此令人意外，所以康沃爾用不到千分之三的價格買了貝爾斯登崩解的保險，他們投入30萬元，賺了1.05億元。

「槓桿」是艾斯曼當天提出的答案。為了獲利，貝爾斯登就像華爾街的其他公司一樣，用每塊錢資本做一些愈來愈投機的賭注。但問題顯然比這還複雜，問題也出在這些投機賭注的性質上。

次貸市場經歷了至少兩個不同的階段。第一階段是由AIG承擔市場崩解的多數風險，這階段一直延續到2005年底。AIG突然改弦易轍時，AIG FP的交易員以為他們的決定可能讓次貸市場完全停擺。[3]當然後來並不是那樣。華爾街靠著CDO，把BBB級次貸債券變成公認無風險的

---

3. 如果當初AIG FP繼續承擔所有的風險，災難會怎麼發生？想像這情況還滿有意思的。如果華爾街跟著高盛把次貸債券的所有風險都丟給AIG FP，這問題很可能會被歸為和華爾街無關，而是這家奇怪的保險公司應負起全責。

AAA級債券，賺了太多錢，不可能就這樣放著不賺。每家公司裡操縱CDO機器的人都獲得了太多的職權。從2005年底到2007年中，華爾街公司創造的次貸擔保CDO介於2,000億到4,000億元之間，沒人確切知道究竟有多少。就算3,000億元好了，其中約2,400億被評為AAA級，會計上也當成AAA級的無風險證券處理，所以無需揭露，它們絕大多數都列在資產負債表外。

2008年3月，股市終於了解每位抵押債券銷售員早就知道的事——有人至少虧損了2,400億。但是，是誰？摩根士丹利拜哈伯勒所賜，還持有130億元左右的CDO。德國的傻瓜也持有一些，鄒文之類的CDO管理者也持有一些，不過他們是用誰的錢來買這些債券倒不太清楚。安巴金融集團（Ambac Financial Group）和MBIA公司（MBIA Inc.）長久以來為地方政府的債券提供保險，他們承接了AIG留下的部分，各自可能擁有100億元的CDO。事實上，我們永遠不可能知道損失是多少，或誰持有這些東西。大家只知道深入參與次貸市場的華爾街公司可能陷得比他們承認的還深。貝爾斯登深入參與次貸市場，相對於對賭次貸的每塊錢資金，他們有40元投資在次貸債券上。問題不在於貝爾斯登怎麼可能會倒，而是它怎麼可能存活下來。

艾斯曼演講完後走回座位，經過米勒，輕拍他的背，近乎是表達同情。在後來簡短的問答時間裡，米勒指出貝爾斯登有多不可能倒閉，

因為截至目前為止，大型投資銀行只有在捲入犯罪活動時才會倒閉。艾斯曼脫口回應：「現在還早，等著瞧。」除此之外，大致上艾斯曼的表現還算禮貌，最後一排的丹尼爾和摩斯為此鬆了一口氣，同時也有些失望，就像龍捲風差點席捲大城市的感覺一樣。

當時破壞場內氣氛的不是艾斯曼，而是後方一位年輕人。他看起來只二十出頭，就像現場其他人一樣，當米勒和艾斯曼在說話時，他一直猛按黑莓機。他說：「米勒先生，從你談話開始，貝爾斯登的股價已經跌了20％以上，你現在會買進更多嗎？」

米勒一臉震驚，「他顯然不知道發生了什麼事。」丹尼爾說，「他只是回答：『喔，當然，我會買更多。』」

之後，大家紛紛衝往出口，顯然是去賣他們的貝爾斯登股票。等葛林斯潘到場演講時，幾乎已經沒人想聽他說什麼了，聽眾都走了。週一，貝爾斯登當然也消失了，以每股2元賣給摩根大通。[4]

———

對於早上6點40分從麥迪遜大道和47街東北角地鐵口走出來的人，如果你懂得觀察某些細節，可以從他們身上看出很多相關資訊。例如，

---

4. 後來改為約每股10元。

那時出現在該處的人可能在華爾街上班。不過，同時間從賓州車站周圍的地鐵口走出來的人（丹尼爾的地鐵也在同時間到站），就不是那麼容易猜了。「丹尼爾搭的車只有55％是金融業的人，因為建築工人也搭那班車。」摩斯說，「我搭的車95％都是金融業。」對外行人來說，從康乃狄格州近郊搭車到紐約中央車站的華爾街上班族，是一群無法區別的乘客，但摩斯可以從那群人中看出許多重要的小差異。如果他們在用黑莓機，他們可能是避險基金的人，正在查看亞洲市場的損益。如果他們在車上睡覺，他們可能是賣方的人──經紀人，市場漲跌和他沒有利害關係。拿著公事包或袋子的人可能不是在賣方上班，因為你會拿袋子的唯一原因是帶著券商研究報告，券商的人不看自己的研究報告，至少空閒時不看。任何拿著《紐約時報》的人可能是律師或後台員工，或是在金融市場工作、但沒實際投入市場交易的人。

他們的衣著也透露了很多訊息。管理資金的人穿得像他們要去看洋基隊打球一樣，對他們來說，金融績效才是最重要的事，所以他們穿得太好會引人懷疑。如果你看到買方的人穿西裝，通常表示他麻煩大了，或約好和投資人見面，或兩者皆然。除此之外，很難從買方的人穿什麼看出其他訊息。不過，賣方的穿著倒像他們的名片一樣清楚。穿休閒西裝和卡其褲的是二流公司的經紀人；穿3,000美元西裝、梳整齊頭髮的，是在摩根大通等公司上班的投資銀行家。摩斯還可以從

他們在車上的座位判斷他們在哪工作。高盛、德意志銀行、美林的人搭往市中心，座位偏前。但摩斯後來又想了一下，高盛的人現在已經很少搭公共交通工具，他們都有私家車。像摩斯那樣在避險基金上班的人是在上城工作，所以是在中央車站的北邊下車，那裡偶爾會突然出現計程車來載他們，就像養殖場的鱒魚冒出來吃玉米粒一樣。雷曼兄弟和貝爾斯登的人，以前也和他從一樣的出口出來，但他們已經消失。這是2008年9月18日早上6點40分，不像過去有那麼多人出現在麥迪遜大道和47街東北角的原因之一。

摩斯會注意很多金融界同業的細節——就某方面來說，那也是他的工作：注意小細節。艾斯曼看的是大局，丹尼爾是分析師，摩斯是首席交易員，他是艾斯曼和丹尼爾關注市場的耳目，是他們獲得從未公布或寫下之資訊（例如謠傳、賣方經紀人的行為、螢幕上的走勢）的來源。他的任務是注意細節，對數字反應靈敏，避免被坑。

為此，他的桌上有五個電腦螢幕。一個是用來追蹤新聞，一個顯示投資組合的即時變動，另外三個螢幕是摩斯和40個華爾街券商及投資人之間的對話。他的電子郵件收件匣一個月有33,000封信。圈外人可能會覺得這麼多細微的金融市場資訊令人眼花撩亂，茫然失措。對摩斯來說，只要不用真的去理解每則訊息，這一切都很有道理。摩斯是負責關注細節的人。

不過，2008年9月18日星期四，大局已經變得如此動盪，細節對他來說幾乎都亂了套。週一，雷曼兄弟申請破產。美國銀行收購在次貸債券擔保CDO上慘賠552億元的美林。美國股市出現九一一恐怖攻擊以來最大跌幅。週二，美國聯準會宣布他們已放款850億元給保險公司AIG，讓他們清償出售次貸信用違約交換給華爾街銀行的損失（AIG積欠最多的對象是高盛，欠139億元）。如果再把AIG已經付給高盛做擔保的84億元加進去，你就可以看出高盛把兩百多億元的次貸債券風險轉給保險公司，那些爛帳全都由美國納稅人買單。光是這點就足以讓大家馬上懷疑，這些爛帳究竟還有多少，是誰持有。

聯準會和財政部竭盡所能地安撫投資人，但週三顯然沒人是平靜的。一家叫首選準備基金（Reserve Primary Fund）的貨幣市場基金宣布，他們給雷曼兄弟的短期貸款損失慘重，不太可能全部拿回借款，所以凍結投資人贖回。貨幣市場不是現金，他們是付利息，所以有風險，但是當時大家都覺得它們是現金，你連自己的現金都無法信任了。全世界的企業開始從貨幣市場基金大舉贖回，短期利率飆漲到前所未有的境界。道瓊工業指數下滑了449點，到四年來的新低，影響市場的新聞大多不是來自民間，而是出自官員口中。週四早上6點50分，摩斯抵達辦公室時，他得知英國金融監管機構正考慮禁止賣空──這舉動等於是迫使避險基金業關門大吉，但這還不能解釋現在發生了什麼事。「一切開始崩解，在我職場生涯中，此情此景，前所未見。」摩斯

說。

這些日子以來,尖端夥伴事業所做的一切準備,就是為了這一刻。他們和投資人的協議是,他們的基金可以在股市裡持有25%的淨空頭部位或50%的淨多頭部位,總部位不得超過200%。例如,每1億元的投資資金,他們可以有2,500萬元的淨空頭部位,或5,000萬元的淨多頭部位,所有投資部位加起來不得超過2億元。協議中並未規範信用違約交換,但那已經不重要了(艾斯曼說:「我們從來不知道該怎麼歸類。」)。兩個月前(7月初),他們把最後一筆信用違約交換賣回給李普曼,現在又恢復成純股市投資人。

當時,他們做空的程度已近允許的極限,他們做空的對象都是銀行,就是那些崩解最快的公司。市場一開盤,他們的投資部位就增值了1,000萬元。空頭部位在跌,多頭部位(主要是遠離次貸市場的較小銀行)跌得較少。摩斯應該為此興高采烈才對,畢竟他們認為可能會發生的事,現在都發生了。但是,他實在高興不起來,而且感到焦躁不安。開盤一小時後,10點30分,每檔金融股不管該不該跌,全數暴跌。「所有資訊都會經過我這邊,」他說,「我應該要知道怎麼傳遞資訊,但價格變動實在太快,我抓不到固定點,那感覺就像黑洞一樣,是無盡深淵。」

雷曼兄弟倒閉已經四天了，但大家現在才感覺到崩解所造成的最強烈衝擊。摩根士丹利和高盛的股價大跌，顯然除了美國政府以外，沒人救得了他們。他說：「那就像發生地震，接著，更久之後，海嘯跟著來襲。」摩斯的交易生涯一向是人與人之間的往來，但這次卻感覺像是人與大自然的對抗，合成CDO變成合成的天災。「通常你覺得自己有能力掌控環境。」摩斯說，「你做得很好是因為你了解情況。現在我知道什麼已經不重要了，感覺已經完全失靈。」

尖端夥伴事業在世界各地股市做了約七十筆不同的賭注，全部都是以金融機構為對象，摩斯連忙掌握這些投資的行情，卻無法做到。他們持有關鍵銀行（KeyBank）的股份，做空美國銀行的股票，兩者都出現前所未有的狀態。摩斯說：「市場上完全沒有出價，沒有市場。那時我才明白，我們面臨的問題比我們的投資組合還大，基本面並不重要，股票光是靠著市場氣氛和臆測政府應對措施，就會上上下下波動了。」這時他腦中最不安的念頭就是摩根士丹利可能也快倒了。他們的基金隸屬摩根士丹利旗下，但他們和摩根士丹利毫無關係，也沒什麼感情。他們的行事作風或感覺都不像摩根士丹利的員工，艾斯曼常說他真的很希望可以做空摩根士丹利的股票。他們的行事作風就像是獨立的基金管理者，不過萬一摩根士丹利倒了，摩根士丹利對他們基金的持有會被納入破產處分的資產中。「我當時心想：**我們終於逮到世界的弱點，但我們的公司卻要倒了？**」

接著摩斯察覺到有件事極不對勁——是他自己。就在早上11點前,他發現自己盯著螢幕看時眼前出現波浪狀黑線,螢幕看起來時亮時暗。「我覺得頭痛欲裂。」他說,「我平常不會頭痛,我以為我有動脈瘤。」這時他注意到自己的心臟,他低下頭,真的可以看到胸膛怦怦跳。「我整個早上努力掌控所有精力和一切資訊,」他說,「但我還是失控了。」

同樣的情況他過去只經歷過一次。2001年9月11日上午8點46分,當時他在世貿中心頂樓,坐在桌邊。「那時感覺就像你在都市裡,垃圾車呼嘯而過,你會說:『他媽的,是在搞什麼鬼?』」後來有人告訴他,一架客機撞上世貿中心北塔,他以為第一架飛機是垃圾車。他走到窗邊看對街那棟大樓,他覺得一架小客機不會造成那麼大的破壞,他原本預期客機會從大樓另一端鑽出。但他只看到黑洞和黑煙。「我腦中第一個念頭是:這不是意外,他媽的不可能。」當時他還在奧本海默上班,艾斯曼和丹尼爾已經離職了。擴音器傳來命令式的口吻,叫大家不准離開大樓。摩斯一直站在窗邊,他說:「這時開始有人跳樓,一個接一個。」這時又傳來另一個轟隆隆的垃圾車聲響。「第二架飛機撞上時,我說:『各位,我走了。』」他走到電梯時,護送了兩位孕婦。他陪她們走到上城,把其中一位送回她位於14街的公寓,另一位則安置到廣場飯店,接著走回72街的住家,和懷孕的妻子會合。

四天後，摩斯和妻子帶著幼子逃離紐約市。他們夜晚在公路上行駛，陷在暴風雨中，他一直覺得樹木會倒下來壓垮他的車子，開始恐懼地顫抖，冒冷汗。路樹離他們有45米遠，其實不可能壓到車子。他太太說：「你得去看醫生。」他照做了，原本他以為是心臟有問題，還花了半天做心電圖。他覺得失控的感覺很難為情，不願多談，但後來發作的頻率逐漸減少，症狀愈來愈輕微，他因此鬆了一口氣。恐怖攻擊後幾個月，就沒有再發作過了。

2008年9月18日，他沒想到當時的情況和過去的情況有關。他從桌邊站起來想找人，艾斯曼通常坐在他對面，但是艾斯曼正好出門參加會議籌資，由此可見，儘管他們覺得自己已經為這一刻做好充分準備，但是這一刻真的來臨時，他們卻如此意外。摩斯轉向身邊的同事說：「柯林斯，我想我心臟病快發作了。」

柯林斯笑著說：「你不會的。」曾是奧運划槳國手的柯林斯對於別人的病痛已經有點習以為常，因為他覺得大家通常不知道什麼叫痛。

摩斯說：「我需要去醫院一趟。」他的臉色蒼白，不過還能站穩。最糟會是怎樣？摩斯向來有點神經質。

「所以他的工作表現才會那麼優異。」柯林斯說，「我一直說：『你

不會心臟病發的。』然後他就不說了,於是我說:『好吧,或許你會。』」這其實對摩斯一點幫助也沒有,所以他搖搖晃晃地轉向丹尼爾,丹尼爾一直從交易室長桌的另一端看著他,正想著打電話叫救護車。

「我得離開這裡,現在就走。」他說。

———

康沃爾對賭次貸債券的交易讓他們的資金翻了四倍,從原本僅3,000萬元,變成1.35億元,但三位創辦人卻從來沒有開香檳慶祝。哈特說:「我們一直在想,把錢放哪裡才安全?」之前他們沒什麼錢,現在他們有錢了,卻擔心無法保留財富。他們生性就比較杞人憂天,現在又更加恐慌。他們甚至花時間思考,判斷出奇準確的人(亦即他們自己)如何維持欠缺信心、充滿懷疑和不確定感的能力(因為這些正是幫他們正確判斷的能力)。當你對自己及個人的判斷愈篤定時,就愈難發現自己誤判下的機會。

就某個奇怪的角度來看,勝算渺茫的賭注是年輕人的遊戲。雷德利和麥伊已經不覺得自己年輕了,雷德利現在有偏頭痛,因為擔心接下來可能發生什麼事而心力交瘁。「我想我們的民主根本上有個令人提心

吊膽的特質。」雷德利說，「因為大家覺得系統受到操弄，這點又很難反駁。」他和麥伊花了很多時間與精力，想辦法破解他們認為腐敗至極的金融體系。例如，他們為了對信評公司展開報復，構想了一套計畫。他們組成非營利的法律單位，主要目的就是為了控告穆迪和標準普爾，把賠償金捐給投資AAA級證券而虧損的投資人。

就像麥伊說的：「我們的計畫是去各地找投資人，告訴他們：『你們不知道自己被惡搞得多慘，應該告他們才對。』」他們和華爾街大公司及靠這些公司維生的人往來時，有過太多糟糕的經驗，所以他們很怕向紐約的律師透露這些想法。他們開車到緬因州的波特蘭，找到一家願意聆聽他們想法的律師事務所。雷德利表示：「他們說：『你們瘋了。』」緬因州的律師告訴他們，控告信評公司的評等不精確，就好像控告《汽車趨勢》雜誌（Motor Trend）推薦的車子竟然會撞毀一樣。

雷德利認識一位知名的金融危機史學家，那也是他以前的教授，他打電話給他。「這類電話通常是深夜打來。」希望匿名的史學家說，「通常一講就講很久。我記得雷德利一開始是問：『您知道什麼是中層CDO嗎？』接著他開始為我解釋那是怎麼運作的。」包括：華爾街投資銀行如何欺騙信評公司把垃圾貸款漂白，讓他們把上兆資金貸放給一般美國民眾；美國民眾如何在業者的指導下欣然說謊以取得貸

款;把貸款轉成無風險證券的機器為什麼會複雜到讓投資人不再評估風險;問題為什麼會大到最後一定會釀成災難,對社會和政治產生重大的影響。史學家說:「他想說明他的推論,看我會不會覺得他瘋了。他問我聯準會會不會買次貸,我說我覺得不可能,那必須是極大的災難,聯準會才會考慮做那種事。」這位知名的金融史學家除了對雷德利陳述的驚人事實感到意外,他最驚訝的是……他第一次聽到這些事,竟然是出自雷德利之口。「我會料到雷德利預測到經濟大蕭條以來最大的金融危機嗎?」他說,「不會。」他這麼說不是因為雷德利很笨,一點都不是,而是因為雷德利不是個愛錢的人。教授說:「他不是物欲很高的人,也不是為了錢,但是他很生氣,很在意這件事。」

即便如此,2008年9月18日,雷德利還是大吃一驚。他和麥伊通常不會坐在Bloomerg螢幕前瀏覽新聞,但是17日星期三,那正是他們做的事。華爾街大公司宣布龐大的次貸虧損數字,而且規模還持續擴大。美林一開始宣布虧損70億元,現在坦承虧損超過500億。花旗虧損約600億,摩根士丹利自己的交易就虧了九十多億,誰知道背後還有多少爛帳。雷德利說:「我們對現況的解讀一直錯了,我們一直以為他們是把AAA級CDO賣給韓國農民公司(Korean Farmers Corporation)之類的單位。但從他們崩解的樣子來看,他們並未出售,而是自己留著。」

華爾街大公司看起來是如此的精明與自負，卻不知怎的也淪為傻錢一族。他們的經營者不懂自己的事業，主管機關顯然更不懂。雷德利和麥伊一直以為金融體系裡應該有大人負責，只是他們從沒見入而已，現在他們才知道根本不是這麼回事。雷德利說：「我們從來沒進入金融業的核心，只看到傷兵被抬出，從來沒進去裡面過。」一則彭博新聞的標題引起麥伊的注意，讓他印象深刻──「參院多數黨領袖談危機：沒人知道該怎麼辦」。

───

早在大家了解貝瑞的世界觀以前，貝瑞就已經注意到把投資組合變成押「金融體系即將崩解」的賭注有多麼病態。他從那次崩解中大舉獲利後，才開始思考他的財務策略對社會的影響，擔心別人對自己的看法，會不會有天也變得像自己看金融體系一樣扭曲。2008年6月19日，在貝爾斯登崩解後三個月，FBI到喬菲和馬修・丹寧（Matthew Tannin）的家中逮捕他們，用手銬帶走，貝爾斯登兩支破產的次貸避險基金就是他們管理的。[5]那天晚上，貝瑞寫了一封電子郵件給自己的律師德拉斯金：「私底下，這件事對我來說是很大的壓力。我擔心我一時激動寄出的電子郵件可能被斷章取義、惹上麻煩，即使我的行動和最終結果完全是正確的……我無法想像，我沒做錯什麼事，卻因為沒仔細過濾困難時期的思緒以及電子郵件的內容而入獄，那要叫我如

---

5. 美國司法部對喬菲和丹寧的指控，是想證明這兩人蓄意欺騙他們的投資人，卻沒考慮到他們可能也不知道自己在做什麼，也不了解AAA級次貸擔保CDO的真實風險。司法部的立論薄弱，只看幾封斷章取義的電子郵件。陪審團中一位贊成無罪釋放貝爾斯登次貸債券交易員的女士在事後告訴彭博新聞，她不只覺得他們是無辜的，還很樂於拿資金讓他們投資。

何忍受。我實在太擔心這件事了，以致於今晚我甚至開始思考結束基金營運。」

貝瑞現在正在找理由放棄資金管理，他的投資人倒是在這方面幫上了忙——貝瑞幫他們賺了很多錢，但他們看起來似乎不覺得這筆錢彌補了他們過去三年跟著貝瑞所做的投資。截至2008年6月30日，任何從2000年11月1日傳人基金創辦時就加入的投資人，在扣完費用與支出後，獲利高達489.34％（基金的總獲利是726％）。同期間，S&P 500的報酬只比2％稍高一點而已。光是2007年，貝瑞就幫投資人賺進7.5億元，但他現在管理的資金只有6億元，投資人贖回資金的要求來得又快又急，沒有新的投資人打電話來，一個也沒有。沒人打電話詢問他對世界的看法，或對未來的預測，他甚至覺得沒人想知道他是怎麼做到這一切的。「我們一直沒什麼人氣。」他寫道。

他看到那些受封為先知的人，都是花最多時間迎合媒體的人，這點令他憤恨不平。沒有什麼事業比管理資金更客觀的了，但即使在這一行，模糊不清的社會面還是會掩蓋事實與邏輯。「我不得不說，現在看到那麼多人說他們預見次貸風暴、大宗物資蓬勃發展、經濟低迷即將到來，讓我覺得很震驚。」2008年4月，貝瑞在寫給剩下的投資人的信裡提到：「他們平常不說，而是上電視發表看法，或接受記者的訪問，暢談未來。當然，這些人永遠不敢告訴你接下來會發生什麼事，

畢竟他們上次錯得那麼離譜，對吧？但我實在不記得過去認同我看法的人有很多。」那感覺就像他完全看準了卻對自己不利一樣，他的存在讓很多人感到不安。一本業界雜誌公布2007年表現最佳的75支避險基金，傳人完全沒上榜，即使它的績效幾乎可以稱冠，卻榜上無名。「那感覺就像他們叫一個奧運游泳選手到另一個泳池裡游泳一樣。」貝瑞說，「他的成績可以奪冠，卻得不到獎牌。老實說，我覺得那是讓我完全失去興趣的原因。我想獲得肯定，卻得不到，我是為參加奧運而受訓，但他們卻叫我去游殘障池。」幾位留下來的投資人問他為什麼不更積極做公關——彷彿那是事業的一部份似的！

2008年10月初，美國政府介入表示他們會吸收金融體系的所有損失，以避免任何華爾街大公司倒閉。貝瑞開始積極買進股票，這也是這幾年來的第一次。他認為這項刺激方案免不了會導致通貨膨脹，但也會使股價大漲。當然，他可能買得有點早，股票可能還會再跌一些才止跌回升，但這對他來說並不重要——現在市場上已經存在價值了，投資長期而言都會獲利。結果，在剩下的投資人中，投入資金最多的投資人（在貝瑞的基金投入1.5億元）馬上質疑他的判斷，揚言要贖回資金。

10月27日，貝瑞寫信給常通信的一位朋友：「今晚我要出清投資部位，我想我已經到了崩潰的極限，我今天都沒吃飯，睡不著，沒和孩

子說話,也沒和太太說話,我崩潰了。亞斯伯格症給了我一些很棒的天賦,但這些天賦也讓我的人生痛苦太久了。」11月初的週五下午,他感到胸口疼痛,前往急診室,血壓飆升,他寫道:「我覺得我會很短命。」一週後,11月12日,他寄出最後一封給投資人的信。「我個人的行為、投資人、事業伙伴、甚至是前員工,一再把我逼到絕境。」他寫道,「一直以來,我都可以抽離,延續我對這事業的極度熱愛。但如今,個人因素把我推過了門檻,讓我難過地領悟到我必須關閉這檔基金。」於是,他就這樣消失了,留下許多人不解究竟發生了什麼事。

這一切總結來說就是——他是對的,世界錯了,但世界因此痛恨他。所以貝瑞結束一切,回到原點——孤獨,孤獨為他帶來慰藉。他待在加州庫帕提諾的辦公室裡,那辦公室大到足以容納25名員工,但基金關了,辦公室空了。最後一位離開的是德拉斯金,德拉斯金最後的任務之一是了解如何處理貝瑞的次貸債券信用違約交換。「貝瑞留下兩筆,只是為了好玩。」他說,「就只有兩筆而已,他想看我們能不能獲得全額賠償。」貝瑞的確獲得全額賠償了,不過並不是為了好玩,而是為了替自己辯白——向世界證明,他對賭的投資級債券其實毫無價值。他留下的那兩筆是對賭2005年雷曼兄弟發行的次貸債券,它們在雷曼兄弟快要倒閉時變得一文不值,貝瑞在每檔債券各押了10萬元,每筆賺了500萬元。

對於關閉投資基金的律師來說,問題在於這些奇怪的合約要到2035年才到期。券商老早就全額賠償他們了,沒有華爾街公司還特地寄給他們報價。「我沒收到券商的報表說,我們和他們還有開放部位。」德拉斯金說,「但我們的確還有,感覺沒人想再談這件事,他們彷彿是說:『你們都已經拿走1,000萬元了,別再來煩我這些。』」

在華爾街上,律師的角色有如戰爭中的審醫:他們在槍林彈雨後進來收拾殘局。幾乎沒有償還風險的三十年期合約(至於確切還有什麼風險,他還在努力判斷)是貝瑞留下的最後殘局。「很可能券商早就把合約丟了。」德拉斯金說,「三年前沒人料到券商會發生這種事,所以沒人受過相關的處理訓練。我們基本上是說:『我們要關門大吉了。』他們就只是回答:『好吧。』」

———

摩斯打電話給艾斯曼,告訴他自己快心臟病發,現在正和丹尼爾與柯林斯坐在聖派翠克大教堂的階梯上時,艾斯曼也經歷著緩慢的改變,近乎更年期似的。2007年秋末第一次經歷金融震撼時,他毫無準備。如今,很多人都知道艾斯曼一直以來都是對的,其他人才是錯的,也知道他因此變得很富有。艾斯曼去參加了美林舉辦的會議,那場會議是在美林解雇執行長史坦·歐尼爾(Stan O'Neal),並揭露200億元的

次貸損失後（總損失是520億元）不久召開的。艾斯曼悄悄走到美林財務長愛德華茲的旁邊，幾個月前艾斯曼才當著愛德華茲的面嗆過美林的風險模式是錯的。「你還記得我之前對你們的風險模式所做的評論嗎？」艾斯曼說，「我想我說的沒錯吧？」妙的是，艾斯曼當場就後悔他說了那些話。「我覺得很不好意思。」艾斯曼說，「那樣講令人討厭，他其實是個不錯的人，只是判斷錯誤而已。我不再是弱勢者，行事作風應該要改變。」

維勒莉眼看著她先生逐漸學會比較得體的應對方式，還有點疑惑。「等一切都發生後，出現一段空虛期。」她說，「他證明自己是對的之後，所有的不安、憤怒、能量都消失了，出現一個龐大的虛無。他意氣風發了一陣子，整個人有點不可一世。」艾斯曼一直很積極主張金融末日即將到來，所以現在連八竿子打不著的人都想聽聽他的看法。在拉斯維加斯那場會議後，他感染了寄生蟲，他告訴醫生金融界快完蛋了。一年後，他回去找同樣的醫生做結腸鏡檢查。他躺在檢查桌上，聽到醫生說：「這就是預測到危機的人！大家來聽聽他的說法。」所以艾斯曼在做結腸鏡檢查時，有滿屋子的醫生和護士重述艾斯曼的過人事蹟。

維勒莉很快就聽膩了艾斯曼的過人事蹟，她老早就和艾斯曼的治療師組成艾斯曼社交緊急應變小組。「我們狠狠地教訓了他一頓，告訴

他：『你真的不能再那麼囂張了。』他也聽懂了，開始收斂自己，而他也喜歡收斂後的自己！對他來說是一種新的體驗。」她和其他人都發現一些證據顯示，艾斯曼的確已經改頭換面。例如，隔壁大樓舉辦聖誕派對，維勒莉原本不打算讓艾斯曼知道這件事，因為她永遠不知道他可能做出什麼事或說出什麼話。她說：「我正準備偷偷溜出我們的公寓，他攔住我說：『如果我沒去，會不會怎樣？』」艾斯曼表達關切的誠懇態度，嚇得維勒莉只好給他一次機會，她說：「你可以去，但要規矩一點。」艾斯曼回答：「我現在知道怎麼守規矩了。」所以她就帶他去參加聖誕派對了，當晚他乖得不得了。「他變得很討人喜歡。」維勒莉說，「意外吧！」

2008年9月18日下午，改頭換面的艾斯曼朝著坐在聖派翠克大教堂階梯上的伙伴漫步過去。每次艾斯曼徒步到某個地方時，總是要走很久。「艾斯曼走路真他媽的慢。」摩斯說，「他走起路來像大象只能跨出人類的步伐那樣地緩慢。」那天的天氣好極了，湛藍的天空劃過櫛比鱗次的高樓而下，暖和了人心。摩斯說：「我們就坐在那裡，看著人來人往。」

他們一起坐在大教堂的階梯上大約一小時。「我們坐在那裡時，內心出奇的平靜。」摩斯說，「我們感覺和整個市場都隔絕了，彷如靈魂出竅似的。我們就只是坐在那裡，看著人來人往，談論接下來可能發

生什麼事，這些人裡有多少人會失業？華爾街的公司崩解後，誰會承租這些大樓？」

柯林斯覺得「那就像世界停止運轉了一樣，我們看著這些人說：『這些人要不是毀了，就是快毀了。』」除此之外，尖端夥伴事業並沒有出現什麼歇斯底里的狀態，這正是他們所等待的──完全崩解。

「投資銀行業完蛋了。」六週前艾斯曼這麼說過，「這些傢伙現在才開始了解事態有多嚴重。就像你是牛頓之前的老學究，後來牛頓出現了，有一天你突然驚覺：『該死！我錯了！』」雷曼兄弟灰飛煙滅，美林賣身求存，高盛和摩根士丹利一週後也不再是投資銀行。投資銀行不僅完蛋，也滅絕了。艾斯曼說：「華爾街垮了，因為這才是正義。」他們之中唯一一對自身角色（指對賭社會而致富這件事）感到有點掙扎的人是丹尼爾。艾斯曼說：「丹尼爾來自皇后區，他看每件事都得注意它的黑暗面。」

對此，丹尼爾回應：「我們的想法是『做空這個市場，是在創造維持市場運作的流動性』，但這也是我們討厭的想法。」

「那感覺就像餵養怪獸一樣。」艾斯曼說，「我們一直餵養這頭怪獸，直到牠撐爆為止。」

怪獸正在爆炸，但曼哈頓的街上卻沒有大事剛發生的跡象。即將影響每個人生活的力量，潛藏在大家看不見的地方。這就是金錢的問題——金錢的運用會產生後果，但是那後果和原始行動之間相隔如此遙遠，所以我們從來沒想過兩者間的關係。你提供優惠利率貸款給沒能力償還的人，這些貸款不會馬上出事，而是兩年後利息上漲時才會違約。你用這些貸款組成的許多種債券不會在貸款違約時出事，而是在數個月之後，在發生許多抵押品贖回權喪失、破產、拍賣後才會發生。你用這些債券組成的CDO也不會在債券違約時馬上出事，而要等一些受託人釐清是否有足夠現金償付他們以後才會發生。最後，CDO的最終擁有者會收到一張通知：「敬啟者，我們很遺憾地通知您，您的債券已經不存在了……。」不過延遲最久的反應在這裡，在街上。聖派翠克大教堂前來來往往的人們，他們要多久以後才會知道剛剛發生了什麼事？

結語 —切息息相關

艾斯曼和夥伴一起坐在大教堂的階梯上時，我則坐在東城的人行道上，等我的前老闆古弗蘭來共進午餐，心裡對許多事百思不解。比如當下我就在納悶，為什麼會有餐廳願意讓兩個毫無興趣聯絡的人並肩坐在一起。

我出版描述1980年代金融界的書時，那年代已近尾聲，由於時機正巧，我收到許多過譽的肯定。那本書還一度掀起大家短暫的反思，鋒頭超越儲貸業崩解導致的社會混亂、惡意收購與融資併購的崛起等。當俄亥俄州立大學的多數學生把《老千騙局》當成指導手冊來研讀時，多數電視與廣播節目的主持人把我當成揭弊者（吉拉德‧李維拉〔Geraldo Rivera〕是例外，他邀我和一些後來染上毒癮的童星一起上節目，那節目叫做《成名太早》〔*People Who Succeed Too Early in Life*〕）。後來反華爾街的情緒高漲，讓魯道夫‧朱利安尼（Rudolph Giuliani）打著這個旗幟，順利踏入政壇，但結果反倒像是政治迫害，並未誠實地重新檢視金融秩序。大眾對垃圾債大王米爾肯及所羅門兄弟執行長古弗蘭的公開指責，都只是逃避現實的藉口，因為大家並不

想處理促成他們崛起的不安動力，也不想整肅華爾街的交易文化。不久，華爾街的公司又因為對女性不敬而遭到抨擊，迫使他們的男性員工必須和女性平起平坐，甚至交易員看個脫衣舞表演也會被開除。2008年的貝爾斯登與雷曼兄弟其實比1985年左右的華爾街任一家公司，更像具有扎實美國中產階級價值觀的一般企業。

那改變是一種偽裝，讓局外人不再注意真正的醜陋面——買賣金融風險者和廣大群眾之間的利益日益乖離。表面上波紋蕩漾，但深處的紅利獎金毫不受擾。

美國金融文化之所以如此積習難改（官方介入迫使它改變也是如此緩慢，即使在次貸災難後亦然），是因為它的創造就花了很久的時間，其假設已經根深柢固，難以動搖。這頭爆炸的怪獸有一條臍帶連回1980年代的金融界，2008年的危機不僅根源於2005年貸放的次級抵押貸款，也源自於1985年醞釀的想法。和我一起參加所羅門兄弟訓練課程的朋友在1986年（我結訓後隔年）發明了第一筆抵押債券衍生性商品。（朋友到現在還是喜歡說：「衍生性商品就像槍支，問題不是出在工具，而是使用工具的人。」）中層CDO是1987年米爾肯的德崇證券垃圾債券部門發明的。第一筆抵押貸款擔保的CDO是2000年瑞士信貸的交易員創造出來的，他初出茅廬時（1980年代與1990年代初

期）在所羅門兄弟抵押貸款部門任職。他的名字是安迪‧史東（Andy Stone），他除了和次貸危機有此發明淵源外，還有另一個人際上的關聯——他是李普曼在華爾街的第一個老闆。

我離開華爾街以後就再也沒見過古弗蘭了。辭職前，我在交易室緊張地見到他幾次。我辭職前的幾個月，老闆叫我向執行長解釋當時我和歐洲避險基金做的一筆衍生性商品交易，當時那交易還算罕見，我努力嘗試了。古弗蘭當時謙稱自己不夠聰明，聽不懂這東西。我以為這是華爾街執行長慣用的伎倆，不執著細節是為了表示他是老闆。他沒必要記得和我見過面，也的確不記得了。我的書出版後，為他的形象帶來很多的麻煩，他告訴記者我們從未見過。多年來，我陸陸續續聽到一些和他有關的訊息，我知道他被迫從所羅門兄弟請辭後，就過得不太好。後來我又聽說，幾年前他到哥倫比亞商學院參加華爾街的座談會。輪到他開講時，他建議學生找比較有意義的事情做，而不是到華爾街工作。聽說，當他開始描述自己的華爾街歲月時，還忍不住潸然淚下。

我寄電子郵件給古弗蘭邀他共進午餐時，他的回應異常禮貌和親切。他被護送來餐廳，和餐廳老闆寒暄與點餐時，態度也是如此。他的舉止慢半拍，行動比較謹慎小心，但除此之外還是可以一眼認得。同樣

的謙遜虛飾，掩蓋著不變的獸性衝動，他眼中的世界是實際真相，而不是世界該有的樣子。

我們先聊了約20分鐘左右，確定我們同桌共餐不會導致世界毀滅。我們發現一位共同認識的朋友，都覺得華爾街的執行長沒有能力隨時掌握公司裡不斷推陳出新的創新發明。（「我不完全了解這些產品，他們也一樣。」）我們也都覺得華爾街投資銀行的執行長對屬下的掌控權意外薄弱。（「他們表面上拍你馬屁，私下為所欲為。」）他認為金融危機的肇因「很簡單，就是雙方的貪婪——投資人的貪婪和銀行家的貪婪」。我覺得原因比較複雜，華爾街本來就貪婪，那幾乎是一種職責，問題在於獎勵機制助長了貪念。

賭博與投資之間的分界是人定的，僅一線之隔。最完善的投資都有賭注的關鍵特質（為了賺更多而輸光一切），最瘋狂的投機也都具有投資的顯著特質（你可能連本帶利拿回資金）。或許「投資」的最佳定義是「以對自己有利的賠率賭博」。做空次貸市場的人就是以有利自己的方式押注，他們的交易對手（基本上是整個金融體系）則是以不利自己的方式押注。到此為止，《大賣空》的故事可說是再簡單不過的了。但是，這故事最詭異與複雜的一點是，這賭局雙方的重要人物幾乎都在賭完後海撈了一票。艾斯曼、貝瑞及康沃爾的年輕人當然為

自己賺進數千萬獲利。2007年李普曼領了4,700萬元（不過其中2,400萬元是限制性股票，他得在德意志銀行多待幾年才能兌領）。這些人是因為看對了賭局，是賭局中的贏家。鄒文的CDO管理事業破產了，但他還是捲走了數千萬元，而且還有膽子成立事業，專門以低價收購他害人慘賠數十億元的次貸債券。哈伯勒造成的虧損，創下華爾街史上單一交易員的最高記錄，但他卻可以留下之前賺的數千萬獎金。華爾街各大執行長也在賭局中站錯邊，他們要不是把上市公司經營成破產，就是靠美國政府的抒困而免於破產，但他們依舊荷包滿滿。

如果人不需要做聰明的決策，做了愚蠢的決策還可以致富，你期望他們做出聰明決策的機率是多少？華爾街的獎勵機制完全錯了，現在還是錯的，但我沒和古弗蘭爭辯。就像你回家探望父母時會變回9歲小孩一樣，你在前執行長面前也變得不敢造次，乖乖聽話。古弗蘭還是華爾街之王，我還是金融界的怪咖。他說起話來不改宣示意味，我則喜歡以問句陳述。不過他在說話時，我的眼睛不時會去瞄他的手。他那雙又厚又粗壯的手，那不是華爾街溫和銀行家的手，而是拳擊運動員的手。我抬起頭，拳擊手正在微笑（不過那比較不像微笑，而是他沒表情時的表情），接著他故意說：「你那本……他媽的……書。」

我微笑回應，不過那也不太算是微笑。

「你為什麼要邀我共進午餐？」他問，不過語氣還滿愉悅。他是真的好奇。

你不可能告訴一個人，你請他吃飯是想讓他知道你不覺得他很邪惡；你也不能告訴他，你請他吃飯是因為你覺得史上最大金融危機可能溯及他做過的決策。1981年，當古弗蘭把所羅門兄弟從私人企業變成華爾街第一家上市公司時，他破壞了華爾街的社會秩序，也因此獲得「華爾街之王」的稱號。他忽視所羅門退休合夥人的憤怒（所羅門創始人之子威廉・所羅門表示：「我討厭他那物質主義至上的風格。」威廉告訴我，他是在古弗蘭承諾永遠不賣公司股權的情況下，才任命古弗蘭當執行長），他蔑視其他華爾街執行長對他欠缺道德良知的不以為然；他也把握時機，不僅和其他合夥人大撈一筆，也把他們的金融風險轉給股東。最後，股東吃了悶虧（1986年我進所羅門兄弟交易室時，所羅門股價是42元。2010年第一個交易日，則值2.26股的花旗股票[1]，約合市值7.48元），但債券交易員肥了自己。

但從那時起，華爾街就變成黑盒子。資助金融風險的股東不懂投入風險的金融人士在做什麼，後來風險愈來愈複雜，他們的了解也愈來愈少。唯一清楚的是，這些聰明人靠著複雜賭注所賺的獲利，遠高於服務顧客或資金配置的利得。顧客的觀點也偏離正軌（債券市場的買家

---

1. 譯註：1990年代末期被旅行者集團併購，現屬花旗集團。

對賣家的不信任,已經膨脹到連李普曼這樣的賣家想提供迅速致富的產品時,買家卻不知道他葫蘆裡賣什麼藥),市場演變到這種狀態也沒什麼好訝異的了。1980年代末期與1990年代初期,所羅門兄弟有好幾年是靠五位自營部的交易員(他們可說是哈伯勒的前輩)創造比公司整年淨利還高的獲利。也就是說,公司上萬名員工整體而言是賠錢貨。

所羅門兄弟證明把投資銀行變成上市公司、並以資產負債表的槓桿玩複雜的風險可能大舉獲利後,華爾街的心理基礎就從信任變成盲從。沒有一家由員工擁有的投資銀行會把自己的槓桿弄到35:1,或是買進500億元的中層CDO。我很懷疑會有任何合夥企業會想要欺騙信評公司,或是和借貸業者同流合污,或允許他們的人把中層CDO賣給顧客。短期的預期利得並不值得承擔那些長期的預期虧損。

也因此,不會有任何合夥事業雇用我,或和我有幾分相似的人。進出普林斯頓大學[2]和承擔金融風險的天分之間有任何關聯嗎?

———

在康沃爾對賭次貸債券之後,雷德利最擔心的就是有關當局可能隨時

---

2. 譯註:作者畢業自普林斯頓大學藝術史系,當初誤打誤撞進入華爾街。他在《老千騙局》裡提過他進入華爾街的經過,他一直覺得所羅門兄弟會雇用他那樣的人,就表示他們已經開始走下坡了。

介入，避免每位次貸借款人違約。當然，後來有關當局並沒有這麼做，而是介入阻止那些愚蠢投資次貸借款人而搞垮自己的華爾街大公司倒閉。

貝爾斯登崩解後，政府開出極低的價格並擔保貝爾斯登最危險的資產，藉此鼓勵摩根大通收購它。貝爾斯登的債券持有人都獲得了清償，股東賠了多數的資金。接著換成政府資助的房利美和房地美崩垮，兩者立即收歸國有。管理高層遭到撤換，股東資產大幅稀釋，債權人完整無傷，但面臨一些不確定性。接著是雷曼兄弟破產，政府就放著讓它倒閉，於是事情變得更加複雜。剛開始，財政部和聯準會宣稱他們讓雷曼兄弟破產是想告誡大家：不當管理的華爾街公司不一定都會獲得政府的擔保。但後來，掀起一片混亂，市場為之凍結後，大家開始說放任雷曼倒閉是一件愚蠢的決定，於是政府又改變說法，宣稱他們是缺乏拯救雷曼的法源依據。但是隔幾天，AIG也垮了，聯準會放款850億元給AIG，之後很快又增為1,800億元，幫他們因應次貸債券的虧損。這次財政部收取很高的貸款利率，並取得多數股權。接著是華盛頓互惠銀行倒閉，財政部沒多說什麼就直接接管，把債權人和股東一舉撤除。然後是美聯銀行倒閉，財政部和聯邦存款保險公司（FDIC）也是以低價及擔保不良資產為誘因，慫恿花旗收購它。

負責解決金融危機的人,當然是未能預見危機的同一批人——當時的財政部長鮑爾森、後來的財政部長提摩西·蓋特納(Timothy Geithner)、聯準會主席柏南克、高盛執行長勞伊德·貝蘭克梵(Lloyd Blankfein)、摩根士丹利執行長麥晉桁、花旗執行長潘偉迪(Vikram Pandit)等人。有些華爾街執行長已經因為次貸風暴下台,但多數還留在原來的崗位上。他們變成在幕後操控的重要人物,試圖找出接下來該怎麼做。和他們在一起的還有一些政府官員——同一批早該更了解華爾街公司在做什麼的政府官員。他們都有一個共同的特點——他們比罹患亞斯伯格症的單眼基金經理人更不了解美國金融體系核心的基本真相。

2008年9月底,美國財政部長鮑爾森說服國會,他需要7,000億元向銀行買次貸資產,於是問題資產紓困計劃(Troubled Asset Relief Program,簡稱TARP)就此誕生。鮑爾森一拿到錢後,便放棄他承諾的策略,開始把幾千億的鈔票送給花旗、摩根士丹利、高盛,以及幾家異常篩選的紓困對象。例如,AIG因為押注次貸債券而積欠高盛的130億元全由美國政府償還,而且是全額還清。這些大禮,外加政府暗中附帶提供的擔保,不僅防止華爾街公司倒閉,也讓他們免於承認次貸組合中的虧損。即便如此,花旗在收到第一筆250億元的納稅人資助後,又去向財政部坦承(你瞧瞧!)市場還是不相信花旗能夠存活下來。於

是財政部在11月24日又從TARP撥款200億元，並擔保花旗3,060億元的
資產。財政部沒要求一分好處，或要求管理高層改變或任何東西，只
拿到一丁點的價外認股權證和優先股。3,060億元的擔保相當於2％的
美國GDP，大約是農業部、教育部、能源部、國土安全部、住宅暨都
市發展部以及交通部的預算總和，就這樣大喇喇地當禮物送出。財政
部從來沒有公開解釋危機是什麼，就這樣逕自採取行動，以因應花旗
「下滑的股價」。

後來，顯然連7,000億元都不足以解決過去幾年華爾街債券交易員取得
的問題資產。這時美國聯準會意外地採取了前所未有的行動，開始直
接向銀行購買不良的次貸債券。2009年年初，上兆元與不良投資有關
的風險與虧損，全都從華爾街大公司轉給美國納稅人。鮑爾森和蓋特
納都宣稱雷曼兄弟倒閉引發的混亂與恐慌證明，系統無法再承受另一
大金融公司的倒閉。他們也宣稱（儘管是在事件發生幾個月後），他
們欠缺法源依據讓大型金融公司以平和的方式慢慢結束營運。然而，
即使在一年後，他們也沒有為了取得法源基礎而做什麼，這實在很奇
怪，因為這些人向來不會為了要求權力而扭扭捏捏。

2008年華爾街的事件很快就被華爾街領導者、美國財政部及聯準會重
新塑造成「信心危機」，他們說那是雷曼兄弟的倒閉所促發的傳統金

融恐慌，很單純。2009年8月，高盛總裁蓋瑞‧科恩（Gary Cohn）甚至公開宣稱，高盛其實從來都不需要政府協助，因為高盛有足夠的本錢抵禦任何暫時的恐慌。但是傳統金融恐慌與2008年華爾街發生的情況是有差異的。在傳統金融恐慌中，觀感創造了事實——有人在擁擠的戲院裡大喊「失火了！」，觀眾在你推我擠衝向出口之際，反而造成無謂的死傷。2008年的華爾街，則是事實終於凌駕了觀感——擁擠的戲院燒毀時，很多人還坐在位子上。華爾街各大公司不是破產，就是瀕臨破產。問題不在於政府讓雷曼兄弟倒閉，而是之前竟放任雷曼兄弟成功。

這種新體制（提供免費資金給資本家，提供自由市場給其他人），以及近乎即時竄改金融史的做法，激怒了許多人，不過很少人比艾斯曼更憤怒。全球權力最大、最高薪的金融人士已經完全不可信了，如果政府不介入，他們每個人早就丟了飯碗，但他們現在竟然利用政府自肥。「我可以了解為什麼高盛希望被納入『如何處理華爾街』的討論中，」艾斯曼說，「但我不解的是，為什麼會有人想聽他們說。」艾斯曼認為，美國政府不願讓銀行倒閉並非解決之道，那是金融體系依舊嚴重失常的象徵。問題不在於這些銀行本身對美國經濟的成敗關係重大。他肯定，問題在於這些金融機構買賣了不知多少天量的信用違約交換。「市場裡的風險是無上限的。」他說，「市值10億元的銀行

可能持有1兆元的信用違約交換，沒人確切知道究竟有多少！也沒人知道它們在哪裡！」花旗的倒閉可能是經濟可以承受的，那會導致花旗股東、債券持有人、員工的損失，但至少這涉及的金額是大家都知道的。不過，花旗倒閉也會讓大量不明層面的賭注產生收益——出售花旗信用違約交換的人必須賠償買家。

這是把華爾街合夥事業變成上市公司的另一個後果——把它們變成投機的目標。銀行之所以大到不能倒，已經和社會與經濟之意義無關，而是針對銀行從旁下注的數量所造成的。

———

這時我忍不住問古弗蘭有關他做過最大、最決定性的行動——把華爾街的合夥事業轉變成上市公司的決定。當我們在雪崩的碎石中搜索時，那個上市的決定看起來就像從山頂崩落的第一顆石頭一樣。他說：「沒錯，其他華爾街公司的老闆都說，讓公司上市實在很糟糕，你怎麼會做這種事，但是當誘惑出現時，大家都妥協了。」不過，他也覺得把合夥事業改成上市公司的主要作用是將金融風險轉嫁給股東。他說：「出事時，那是他們的問題。」不過現在看來顯然不只股東吃虧而已。當華爾街投資銀行搞砸時，它的風險變成美國政府的問

題。他半笑著說：「基本上就是放任你惡搞，直到你捅出大簍子。」他已經退出局外，現在都是別人的錯了。

我迅速記下他的話時，他好奇地看著我，問道：「你這是要做什麼？」

我告訴他，既然金融界終於奄奄一息，或許現在值得再回顧一下我在《老千騙局》裡提到的世界，或許出個二十週年紀念版之類的。

他說：「真噁心。」

難得他和我在一起那麼自在，我也喜歡和他這樣交談，這點更令我意外。他看起來還是很硬派、坦率、直言不諱，他雖然幫忙製造了一頭怪獸，但本身還是保有許多老華爾街人的元素，那時的人會說「言出必行」這樣的話，不會在離職後寫回憶錄，為老闆製造麻煩。「不，」他說，「我想我們有一點共識：你那本該死的書毀了我的事業，但成就了你的事業。」語畢，這位前華爾街之王拿起裝開胃小菜的盤子，親切地問我：「要不要嚐嚐這個魔鬼蛋[3]？」

在此之前，我都沒注意古弗蘭吃的是什麼。現在我看到他點了這家餐

---

3. 譯註：把煮熟蛋的蛋黃取出，調美乃滋等配料後，再置回白煮蛋的蛋白裡。

廳最棒的餐點，這道美味、簡單的傳統點心。是誰發明了魔鬼蛋？誰會想到一顆簡單的蛋可以變得這麼複雜，卻又這麼誘人？我伸手拿了一個。不勞而獲的東西總是特別誘人。

謝辭

當我開始回顧華爾街的生涯時，Portfolio出版社（如今已歇業）的編輯凱爾·波普（Kyle Pope）從一開始就鼓勵我。布蘭登·亞當斯（Brandon Adams）大方地幫我搜尋奇怪的事實和數據，他對這主題是如此擅長，我都懷疑這本書換他來寫或許比較恰當。他挖到了許多寶藏，哈佛大學的學生芭聶-哈特（A. K. Barnett-Hart）就是其一。她才剛為次貸擔保CDO市場寫了一篇論文，那份論文比華爾街上任何相關研究更有趣。馬可·羅森索（Marc Rosenthal）是引領我了解次貸世界及信評模型內部運作的嚮導，他總是大方地騰出時間為我解說，分享他的觀點。Writers House的艾爾·扎克曼（Al Zuckerman）巧手包裝這本書，一如我過去的每本著作。有些人讀了這本書的全部或部分手稿，提供了許多寶貴的意見——約翰·席歐（John Seo）、道格·史坦（Doug Stumpf）、家父湯姆·路易士（Tom Lewis）、內人塔比莎·索倫（Tabitha Soren）。珍妮·拜恩（Janet Byrne）以生花妙筆詳細地編輯與審校手稿，她也是理想的讀者。W. W. Norton出版公司的斯塔林·勞倫斯（Starling Lawrence）是《老千騙局》的編輯（我的著作中只有一本並非出自他巧手），他還是像過去一樣睿智與完美。

沒有受訪者的大力配合，我不可能寫出一本像樣的寫實故事，感謝艾斯曼、貝瑞、雷德利、麥伊、丹尼爾、摩斯、柯林斯、哈特等人讓我跨入他們的生活。他們不畏一些無法量化的風險，和我分享想法與感受，對此我永遠感激不盡。

投資理財135

大賣空——預見史上最大金融浩劫之投資英雄傳
The Big Short: Inside the Doomsday Machine

作者	麥克‧路易士 Michael Lewis
譯者	洪慧芳
總編輯	楊　森
副總編輯	許秀惠
主編	陳盈華
行銷企劃	呂鈺清
視覺設計	莊謹銘
發行部	黃坤玉　賴曉芳
出版者	財信出版有限公司
	台北市中山區10444南京東路一段52號11樓
訂購服務專線	886-2-2511-1107
訂購傳真	886-2-2511-0185
郵撥	50052757財信出版有限公司
部落格	http://wealthpress.pixnet.net/blog
印製	中原造像股份有限公司
總經銷	聯合發行股份有限公司
	台北縣231新店市寶橋路235巷6弄6號2樓　電話886-2-2917-8022
初版一刷	2011年4月
定價	320元

國家圖書館出版品預行編目資料

大賣空——預見史上最大金融浩劫之投資英雄傳 / 麥
克‧路易士 Michael Lewis著；洪慧芳譯. -- 初版. --
臺北市：財信，2011.4
面；　公分. -- (投資理財；135)
譯自：The Big Short: Inside the Doomsday Machine
ISBN 978-986-6165-14-6 (平裝)
1.金融危機　2.美國
561.952　　　　　　　　　　　　　100000125